新媒体营销理论与运营策略研究

杨雅雯　徐国正　肖雨璇　著

群言出版社
QUNYAN PRESS
·北京·

图书在版编目（CIP）数据

新媒体营销理论与运营策略研究 / 杨雅雯，徐国正，肖雨璇著. -- 北京 : 群言出版社，2023.12
ISBN 978-7-5193-0907-7

Ⅰ. ①新… Ⅱ. ①杨… ②徐… ③肖… Ⅲ. ①传播媒介－网络营销－研究②传播媒介－运营管理－研究 Ⅳ. ①G206.2

中国国家版本馆CIP数据核字（2023）第254118号

责任编辑：侯　莹
封面设计：知更壹点

出版发行：群言出版社
地　　址：北京市东城区东厂胡同北巷1号（100006）
网　　址：www.qypublish.com（官网书城）
电子信箱：qunyancbs@126.com
联系电话：010-65267783　65263836
法律顾问：北京法政安邦律师事务所
经　　销：全国新华书店

印　　刷：三河市腾飞印务有限公司
版　　次：2023年12月第1版
印　　次：2023年12月第1次印刷
开　　本：710mm×1000mm　1/16
印　　张：13
字　　数：260千字
书　　号：ISBN 978-7-5193-0907-7
定　　价：60.00元

作者简介

杨雅雯，女，讲师，艺术学硕士，湖南大学新闻与传播学院在读博士研究生。现为湖南涉外经济学院网络与新媒体专业教师，校级中青年骨干教师，双师双能型教师。研究方向：新媒体传播、文化产业、轨道交通传媒。先后在《中国出版》《教育现代化》等期刊上发表多篇论文，参与编著教材《新媒体新闻典型案例评析》。主持省厅级课题 4 项，参与国家级、省部级课题 10 余项。曾获全国数字创意教学技能大赛一等奖。

徐国正，男，研究员，法学博士，毕业于湖南大学。研究方向：思政教育、行政管理、廉政教育。在《光明日报》（理论版）、《中国日报》、《湖南大学学报》（社会科学版）、《武汉大学学报》（社会科学版）等刊物发表论文 10 余篇，主编或参与编著专著 5 部。主持或参与省部级以上项目 10 余项。

肖雨璇，女，讲师，管理学硕士，湖南大学新闻与传播学院在读博士研究生。现为长沙理工大学设计艺术学院专业教师。研究方向：文化传播、品牌策划、广告创意。先后在《湖南日报》（理论·智库）、《湖南大学学报》（社会科学版）等报刊上发表多篇论文。主持省厅级课题 4 项，参与国家级、省部级课题 10 余项。曾获全国数字创意教学技能大赛一等奖，湖南省高等教育教学成果奖团队一等奖，湖南省普通高等学校课程思政教学比赛人文社科组团队二等奖。

前 言

随着移动互联网的快速发展，传统的市场营销形式发生了变化，企业纷纷搭上了互联网的快车，开始享受互联网营销方式带来的红利。在这种环境下，新媒体营销与运营打破了传统市场营销的限制，进入了迅猛发展时期。无论是个人还是企业，都可以利用新媒体营销快捷高效的特点达到较好的营销效果。对于个人来讲，新媒体可以提供多渠道、多模式的创业机会，最大限度地塑造个人品牌、实现个人价值。对于企业来讲，新媒体的营销方式更加丰富，使企业的营销渠道得到了有效拓宽，为企业带来了更广阔的营销空间。随着新媒体营销队伍的日益扩大和新媒体营销阵营的发展壮大，社会对新媒体营销与运营人才的需求也在不断增加。不管是通过互联网自主创业的人员，还是有志从事新媒体工作的人员，都应该紧跟新媒体发展的步伐，以便在未来的营销市场中占有一席之地。

全书共七章。第一章为走进新媒体，主要阐述了新媒体的概念、新媒体的主要特征、新媒体的基本功能、新媒体的发展趋势、新媒体对营销的影响与变革等内容；第二章为新媒体营销的基本理论，主要阐述了新媒体营销的演进与发展、新媒体营销的概念与内涵、新媒体营销的特点与法则、新媒体营销的体系等内容；第三章为新媒体营销的定位分析，主要阐述了用户定位、内容定位、平台定位等内容；第四章为新媒体营销的主要方式，主要阐述了微信营销、微博营销、App营销、社群营销、自媒体营销等内容；第五章为新媒体营销的基本模式，主要阐述了病毒式营销、场景营销、饥饿营销、口碑营销等内容；第六章为新媒体营销的团队组建，主要阐述了新媒体营销人员的素质、新媒体营销团队的构成、新媒体营销团队的组建等内容；第七章为新媒体营销的运营策略，主要阐述了新媒体营销的运营流程、新媒体营销分析阶段的运营策略、新媒体营销设计阶段的运营策略、新媒体营销执行阶段的运营策略、新媒体营销创新阶段的运营策略等内容。

在撰写本书的过程中，笔者借鉴了许多前人的研究成果，在此表示衷心的感谢，并衷心期待这本书在读者的学习生活以及工作实践中结出丰硕的果实。

探索知识的道路是永无止境的，本书还存在着不足之处，恳请前辈、同行以及广大读者予以斧正，以便改进和提高。

目 录

第一章　走进新媒体

新媒体的迅猛发展让不少企业看到了蕴藏其中的营销机会，过去的传统媒体投放大户也纷纷开始调整其营销预算分配，转战新媒体，或进行新媒体与传统媒体的整合投放。在移动互联网迅速发展的当下，新媒体给传统媒体带来了很大的冲击，为许多行业的发展提供了新的营销平台。本章围绕新媒体的概念、新媒体的主要特征、新媒体的基本功能、新媒体的发展趋势、新媒体对营销的影响与变革等内容展开研究。

第一节　新媒体的概念

一、新媒体的出现

新媒体是相对于旧媒体而言的。对于新媒体一词最早提出的具体时间，学界有不同的看法。主流观点倾向于新媒体概念正式现世于 1967 年，即由美国哥伦比亚广播公司（CBS）技术研究所所长、美国国家电视标准委员会（NTSC）电视制式的发明者戈德马克（Goldmark）首创。“新媒体”见于他当年发表的一份关于开发电子录像（EVR）商品的计划书。

1969 年，美国传播政策总统特别委员会主席罗斯托（Rostow）在向尼克松总统提交的《罗斯托报告》中也曾多处提到新媒体概念。从此，新媒体一词开始在美国风行，并影响了全世界。新与旧长久以来都是相对存在的，新媒体亦然。正如四川大学吴信训教授所言：“从传播史的角度来看，新媒介与旧媒介也可以说是世事沧桑必然的推陈出新的相对概念。”[①] 它与传统媒体相对应，并且不断发展变化。

① 吴信训．新媒体：文化艺术创新的引擎、杠杆和本体［J］．西南民族大学学报（人文社科版），2018，39（01）：157-160.

从媒体发展历史看，媒体也叫媒介，是人类生存、生产、生活过程中不可避免的产物。人类传播媒介首先是口头传播媒介；之后文字出现，造纸术、印刷术相继问世，报纸、杂志大放光彩，纸媒成为主宰；随着广播、电视技术的发展，广播电视媒体后来居上。1998 年 5 月，在联合国新闻委员会年会上，互联网正式作为“第四媒体”被提出，也叫网络媒体。之后，基于新的移动互联网技术支撑体系而出现的复杂多样的媒体形态被称为“第五媒体”，即新媒体。

新媒体相对于四大传统媒体而言，是新兴的、新鲜的、新型的媒体。它的出现使得传统的信息传递过程发生了翻天覆地的改变。传统媒体的传播过程主要是发现信息源，通过媒介传播信息，再由受众接收到信息。而新媒体改变了这三方依次传递的顺序，或者说改变了三方功能的定位。以“两微”（微博、微信）的出现为例，其让广大的受众变成了潜在的信息源，从而实现了“受众”对“受众”的传播；而搜索引擎的发展则实现了受众直接接收信息，省略了通过媒介采集和发布信息的过程。

二、新媒体的定义

关于新媒体的定义，国内外学者目前还没有形成统一的意见。美国《连线》杂志将新媒体定义为所有人对所有人的传播。早期联合国教科文组织给新媒体下的定义：新媒体就是网络媒体，是以数字技术为基础、以网络为载体进行信息传播的媒介。近些年随着移动互联网技术和移动通信技术的发展，以智能移动终端为载体的移动媒体出现，使得仅仅将网络媒体等同于新媒体的观点变得片面，因而之后学者在对新媒体的含义进行解读时逐渐扩大了范围。

上海交通大学凯原法学院教授蒋宏、徐剑认为新媒体是指 20 世纪后期在世界科学技术发生巨大进步的背景下，在社会信息传播领域里出现的，建立在数字技术基础上的,能使传播信息大大扩展、传播速度大大加快、传播方式大大丰富的，与传统媒体迥然相异的新型媒体。湖北大学艺术学院教授周丽玲将新媒体定义为建立在数字技术和互联网基础之上的媒体形式，较以往的媒体具有全新的传授关系和全新的技术手段。武汉工程大学副教授秋叶（原名张志）认为新媒体是一种利用数字技术、网络技术，通过互联网、宽带局域网、无线通信网等渠道，以及计算机、手机、电视等数字或智能终端，向用户提供信息和服务的新的媒体形态。江苏师范大学传媒与影视学院教授刘行芳认为，新媒体是相对于传统媒体而言的，继报刊、广播、电视等传统媒体以后发展起来的新的媒体形态，是利用数字技术、网络技术，通过互联网、无线通信网、通信卫星等渠道，以及计算机、手机、数字电视机等终端，向用户提供公共信息和娱乐服务的传播形态。

部分学者在对新媒体进行定义时，认为应有广义和狭义之分。中国传媒大学新闻学院教授宫承波认为，广义上的新媒体是指利用数字技术、网络技术和移动通信技术，通过互联网、宽带局域网、无线通信网和卫星等渠道，以电视、计算机、手机等为主要输出终端，向用户提供视频、音频、语音数据、连线游戏、远程教育等集成信息和娱乐服务的所有新的传播手段或传播形式的总称，包括新兴媒体和新型媒体。山东交通学院万寅佳也认为新媒体有狭义与广义之分，狭义上指区别于传统媒体的新型媒体，主要包括被称为第四媒体的互联网和被称为第五媒体的移动网络。广义上指依托于互联网、移动通信、数字技术等新电子信息技术而兴起的媒介形式。

通过对学者们有关新媒体的定义进行分析整理，本书认为对于新媒体的定义需要从狭义和广义两个方面着手。狭义上的新媒体是指由于技术革新（数字技术、网络技术等）而产生的新兴媒体，如移动手机等。广义上的新媒体既包含由于技术进步而产生的新兴媒体，也包含以前已经存在，但随着科技水平和生活方式的改变，将数字化技术与传统媒体结合而产生的新型媒体，如网络电视、网络广播、电子阅读器等都是将电视、广播、报刊等传统媒体与新技术结合而诞生的新型媒体。

因此，在此将新媒体定义为利用网络技术、数字技术等技术手段，通过互联网、宽带局域网、无线通信网等渠道，借助计算机、手机、数字电视等输出终端，向用户提供信息和服务的媒介形态。

三、新媒体的分类

一般可以将媒体形式分为以下五类：第一类媒体是纸质平面媒体，如报纸、杂志、书籍等；第二类媒体是广播；第三类媒体是电视；第四类媒体是互联网；第五类媒体是移动网络。在五类媒体中，尽管新媒体主要指的是宽带互联网和移动网络，重点是其增值服务。然而，这并不意味着第一类媒体到第三类媒体就不属于新媒体，事实上，这些传统媒体经过一定程度的改良和发展，也衍生出了很多具有新媒体特性的媒体形式。所以，可以将当前的新媒体重新分为以下三类。

（一）数字新媒体

数字新媒体是指第一类媒体、第二类媒体、第三类媒体应用数字技术以后的新形式。随着信息技术的迅猛发展，传统的纸质媒体、广播、电视已经不能再坚守传统、固有的传播方式，而是加快了自身的数字化进程，与互联网和移动网络实现了融合发展，经过创新与融合之后，它们逐渐升级为数字新媒体。

（二）网络新媒体

第四类媒体发展到宽带互联网阶段成为网络新媒体，其为人类信息交流提供了全新的模式，使得信息能够瞬间向全世界进行传播。互联网在全球的迅速发展标志着网络环境的形成，宣告了信息时代的到来。随着互联网的广泛应用，信息的传递与交流在时间与空间方面的限制得到了有效的消除，信息在很大程度上实现了全社会的共享。在网络新媒体环境下，主要是由用户来产出内容，每一个用户都可以生成自己的内容，并传播这些内容，同时还能进行相应的交流与共享。由此可见，网络新媒体的特点包括用户主导、用户参与、用户分享、用户创造等。

（三）移动新媒体——智能手机

移动新媒体属于第五类媒体。它是基于无线通信技术，通过以手机为代表的各种移动视听终端传播和展示即时信息内容的个性化媒体。移动新媒体有着以下三个特点：一是移动新媒体可以实时传递信息，用户可以即时获取最新的新闻、娱乐、社交等内容；二是移动新媒体的受众范围非常广泛，几乎人人都可以成为移动新媒体的用户；三是移动新媒体能够实现用户和信息发布者之间的互动，用户可以通过评论、点赞、分享等方式参与到信息传播和讨论中。

智能手机是移动新媒体的典型代表。智能手机媒体是借助手机进行信息传播的工具。随着通信技术、计算机网络技术的发展与普及，手机媒体成为网络媒体的延伸。

从 1973 年世界上发明第一部移动手机到今天，手机的功能经历了巨大的发展和演变。最初的手机只能进行简单的语音通信，后来逐渐增加了手机短信功能。随着技术的进步和互联网的普及，手机的功能也得到了极大的拓展。现代智能手机媒体具有智能性、融合性、可扩展性、开放性和移动性的特点。它们不仅可以实现语音通信和收发短信功能，还可以通过接入无线互联网来实现更多的功能。例如，人们可以使用智能手机进行语音视频聊天、浏览手机新闻、手机购物、使用搜索引擎进行信息搜索以及玩手机游戏等。

智能手机的媒体功能非常智能化，可以根据用户的需求进行个性化的设置和操作。它们具有简洁明了的界面设计和强大的第三方应用软件支持，能够满足不同用户的需求，并与用户的使用习惯相吻合。智能手机媒体的便捷操作和便利的使用场合使其成为人们日常生活中不可或缺的工具。它们为人类的生活提供了极大的方便，已经成为人们生活中必不可少的物品之一。

四、新媒体概念研究

对于新媒体这一概念的研究可以从以下五个维度展开。

（一）技术手段

新媒体依托数字技术、网络技术、移动通信技术等当下先进的技术对信息进行加工处理。技术是媒介产生和发展的根本动力之一，数字技术实现了信息的数字化，使信息交互成为可能，因而数字技术是新媒体的技术基石；网络技术实现了互联互通，使信息传递与共享成为可能；移动通信技术实现了即时在线传播，使随时随地传递信息成为可能。此外，近些年来物联网、大数据、云计算、虚拟现实（VR）和增强现实（AR）等技术的发展也为新媒体技术的不断优化提供了可能。

（二）输出终端

新媒体以计算机、移动手机、网络电视等作为主要输出终端将信息呈现给用户。随着网络技术和移动通信技术的发展，输出终端逐渐由传统的电视、广播、报纸等转变为电脑端和移动端，以计算机、移动手机和网络电视为终端的新媒体传递信息内容丰富、传递范围广，使得人们日常使用更便利，获取信息更便捷。

（三）传播特点

从传播主体与受众上看，新媒体呈现去中心化的特征，传播者和受众之间的界限变得模糊，每个用户既可以是信息的传播者，也可以是接收者，没有中心和边缘之分。

从传播内容上看，新媒体将所传递信息的内容融合在文字、图片、音频、视频等多种形式的载体上，使得传播形式更具多样性。

从传播渠道上看，新媒体通过互联网、宽带局域网、无线通信网、卫星等渠道进行信息的传递，不再局限于传统媒体单一的单向传播模式，而是融合了人际传播、大众传播的模式，既是“人际化的大众传播”，也是“大众化的人际传播”，实现了传播模式的双向化、多样化。

从传播效果上看，新媒体相比于传统媒体，其信息到达率高，信息传递更为高效，且易形成蝴蝶效应。

（四）用户需求

新媒体致力于向消费者提供多种多样的服务，满足消费者的个性化需求。随着消费经济水平的提升与消费形态的升级，人们的需求愈发复杂化、个性化、多样化，而新媒体能够凭借其独特的优势通过互动反馈、数据分析等为消费者提供更具个性化的服务以满足其需求。

（五）社会影响

从社会层面理解新，媒体的重心在于思考新媒体给人与人、人与社会的关系带来的影响。从社会层面来看，新媒体是人、媒体技术与社会等多种因素在互动进程中产生的一种新型综合媒体。它的产生、社会化应用以及社会影响都是多种因素共同作用的结果，本质上是人的创造和人性的展现。新媒体的逐渐普及和不断发展预示着人类社会从大众社会向网络社会迈进。

第二节　新媒体的主要特征

一、数字化与个性化

（一）数字化

北京师范大学新闻传播学院学术委员会主任喻国明教授在《解读新媒体的几个关键词》一文中，首先强调了新媒体的“数字化”，新媒体最重要的特征就是科学技术的进步所带来的数字化传播方式。数字化传播是指将数据、光波和声波的物理性质转写为数字（0 和 1）——一种抽象的符号，这种数字编码可以立即通过算法完成某种数学计算达到不同的传播效果。新媒体首先是数字的，数字技术的发展催生了新媒体的诞生，所以数字化也就成了新媒体最显著的特征。

新媒体的数字化特征不仅表现在传输手段和接收终端的多样化上，还表现在表达形式上。新媒体在表达形式上打破了传统媒体的固定表达模式，以多种方式呈现信息。与平面媒体、广播媒体及电视媒体有所不同，新媒体几乎涵盖了这些传统媒体的所有表达方式，文字、声音、图像、动画，甚至还包括虚拟环境。

数字技术不仅融合了媒介的表达形式，还打破了媒介之间的壁垒，使同一内容多介质的实现成为可能。一般而言，新媒体的数字化将使报纸、杂志、广播、电视、手机、移动电视等媒介形式的未来变得难以区别且充满想象。新媒体文本从物理、化学和工程学等物质领域中释放出来，并转移到象征性的计算机领域，这种转移的根本性后果首先表现为媒介文本是“去物质化的”，数据可以被压缩在极小的空间里，被高速接入并被非线性访问。

（二）个性化

传统的媒体，如报纸、杂志、广播、电视等，主要针对某一用户群体的需求进行信息传播。而新媒体的传播方式针对精准化用户的需求，使每一个用户都可以订阅自己喜欢的节目、文章等，充分满足了不同用户千差万别的喜好。微博、微信等新的传播方式使每个人不管是作为信息的传播者还是接收者，都可以分享自己的观点，表达自己的意见。

新媒体的传播方式一方面让用户拥有了通过发布信息与他人互动的快乐，另一方面也引发了传播内容良莠不齐、个人隐私泄露等问题，为信息管理和监督带来了挑战，也对用户的信息鉴别能力提出了更高的要求。

二、社交性与互动性

（一）社交性

在新媒体时代，分众传播逐渐取代了传统传播的一对多形式，受众不再需要每晚七点准时坐在电视机前收看中央电视台的新闻联播，他们能够自由地从各种便捷设备上的新媒体中得到自己关心的信息，并且能够向其他人转发相关的信息，受众间信息的相互推送已经成为现代人的一种社交方式。如今，所有的新媒体平台都是开放性的，受众可以自由地参与传播，新媒体平台中的内容大多是可以共享的，在参与新媒体传播的过程中，受众的信息需求和社交需求都能得以实现。

在这种状态下，新媒体价值的核心指向传播中的信息双向流通，每一个受众都可以广泛参与到新媒体传播中的任一环节。总之，新媒体是顺应广大受众的需求而产生的，传播行业和信息环境发展的必然产物。

（二）互动性

互动性是新媒体的基本特征，也是它区别于传统媒体的优势所在，主要表现在纵向和横向两个维度上的互动。

1. 纵向互动

纵向互动即我们通常所说的上传下达，是指建立在既有科层制结构基础上的上下沟通。诚然，即便没有新媒体，纵向互动也是存在的，信息流动的方向与科层制结构的等级次序高度一致，仅有升序或降序的区别，但是，新媒体的出现打破了这一传播格局，使得跨越科层等级的信息流动变得更加便捷。例如，传统媒体时代的信访工作，无论对于群众还是政府来说，都要投入大量的时间和精力，成本高昂，效果有限。但在互联网背景下，群众可以通过网络投诉或举报，向各级人民政府和纪委发邮件、留言、写实名举报信，这有利于人民群众维护自己的切身利益，也有利于党和政府及时发现腐败线索，惩治腐败行为。此外，纵向互动还包括与传统媒体的互动。传统媒体由于占有大量内容资源而居于大众传播的核心。但是，新媒体的崛起使得今天的传统媒体开始通过多种方式与受众展开交流，如《人民日报》入驻新浪微博、电视节目中的“摇一摇”、网络视频中的弹幕等。

2. 横向互动

在没有互联网之前，无论是传统的熟人社会还是工业化、城镇化所带来的陌生人社会，人们生活、工作的地方都非常有限，朋友圈范围较小。但是，随着互联网的崛起，整个社会融入网络之后，社会成员之间的交往突破了时间和空间的界限，而且能够更方便地汇聚起众多志同道合的人，这种交流其实就是社会群体之间的横向交流。

三、交互性与开放性

（一）交互性

在新媒体传播中，没有绝对的权威和中心，可以说是“处处是边缘，无处是中心”，这主要归功于新媒体的交互性。“交互”指的是用户直接干预和改变他们所访问的图像和文本的能力。交互性，即相互作用、相互影响，也被称为互动性，是新媒体区别于传统媒体的重要特征之一。在交互式多媒体文本中，有一种必需的意识是用户的积极干预，通过观看、阅读与行动以产生意义。

传统媒体的传播方式受时间和空间的限制，信息只能以一种固定的形式传递给受众。而新媒体的交互性使得信息传播更加灵活多样，受众可以根据自己的需求和兴趣选择不同的信息来源和形式，从而实现个性化的信息获取。例如，通过社交媒体平台，用户可以订阅自己感兴趣的主题和领域，获取相关的信息，并与其他用户进行互动和讨论。这种自主性的信息获取方式满足了受众的多样化需求，也为信息传播提供了更多的可能性。

总之，新媒体的交互性为其带来了传统媒体所不具备的优势，使得信息传播更加灵活。通过新媒体平台，受众可以更加主动地参与到信息传播中，实现信息的双向交流和互动，同时也为受众提供了更多的选择权和自主权。这种以受众为中心的传播模式符合传媒发展的规律，并且在新媒体时代得到了充分的展现和发展。

（二）开放性

进入互联网时代，新媒体的产生使每一个受众的积极性和参与性被充分调动起来，可以有效激发受众进行主动参与和积极反馈，受众不仅可以有选择性地对信息进行接收，还可以与媒体进行互动与反馈，同时也可以通过信息的发布与传播来对他人产生影响。某一热门事件在新媒体平台中可以得到快速传播与扩散，并且可以引发受众持续的关注与追踪，形成广泛的参与互动与讨论。新媒体平台具有很强的开放性，且没有准入门槛，新媒体的创新之处在于可以整合各种媒体形态。受众可以比过去任何时候都能快速找到新闻资讯、获取灵感以及结交到志趣相投的朋友。

各种新想法、新服务、新沟通模式、新技术等在新媒体平台上各显其能。不同需求的受众按照本身的需要和喜好在传播过程中扮演不同的角色，他们可以是新闻的发布者，或者是资讯的搬运工，或者是信息的把关人、评价官，每一位受众都有可能对信息传播的走向与轨迹产生影响。

四、即时性与原创性

（一）即时性

新媒体具有更强的即时性。这是传统媒体所无法比拟的，新媒体的信息接收和传播都是在非常短的时间内完成的，甚至是实时的，这大幅提高了媒介的传播效率。而且新媒体突破了原有信息传递的地域限制。新媒体依靠互联网传播，只要双方有接收设备，信息就可以在全球范围内传播。

（二）原创性

新媒体之所以“新”，主要表现在具备基本的原创性。这里的原创性与一般意义上个人或个别团体单独的原创性有所不同，是一段特定的时间内时代所赋予的新的内容的创造，一种区别于以往时代所具备的内容上、形式上、理念上的创新。例如，分众传媒（分众传媒是一家广告公司，主要产品与服务有电梯电视、电梯海报、晶视影院、终视卖场）就是一种新媒体，具备原创性，它之所以可以称为原创是因为它把原有的媒体形式嫁接到特定的空间上，形式上是嫁接，理念上却是原创。然而，分众传媒或者当下更多家类似媒体都是新媒体典范，它们可能是不谋而合，也可能是直接复制，这个原创是特定时间内的原创，仍可称为具备原创性。

五、碎片化与多元化

（一）碎片化

与传统媒体传播效果的大众化、全面化相比，新媒体侧重于简单、快速的信息传播方式，呈现出碎片化的传播特征。碎片化传播是指完整的信息通过网络、手机等媒介的再编辑与传播呈现出块状、零散的描述形式，导致信息、受众与媒介细分化的现象。信息源的多样化是其产生的重要原因，它使信息质量参差不齐，进而使人们获取到的信息呈现碎片化特征。

（二）多元化

在大众传播时代，报纸、广播、电视等传统大众媒体作为主流的信息传播媒介，受众使用它们的机会和可能性较小，受众通常是单向地接收信息，大众传媒以传播者的形态自居。然而，新媒体的出现打破了这种局面。在新媒体时代，用户不仅可以在社交网络上获取各种新闻消息，如微博用户可以通过关注社会热点等了解时下的热门话题，还可以在社交应用上发表自己的观点、想法，分享自己的感悟。用户不再扮演过去单一的信息接收角色，具有了传播者和接收者的双重身份，这使得传播者的形态从传统大众传媒走入寻常百姓家，传播主体变得更加多元化。

除此之外，新媒体模糊了传播者与受众之间的界限，两者之间的身份可以随时进行转化；受众接收到传播者的信息后，可以通过新媒体及时转发消息，进而转化为新的传播者；原来的传播者通过类似的形式接收其他传播者转来的信息，进而转化为新的受众，传播者与接受者之间形成循环互动。

六、信息化与移动化

（一）信息化

在信息大爆炸的今天，媒体对社会的发展起到了重要的作用，海量的信息是互联网时代下媒体传播的特征之一，传统媒体受到各方面的限制使其传播内容具有有限性（报纸受制于版面、电视受制于频道、广播受制于频率等），而依托网络技术的新媒体具有信息资源的无限丰富性。

（二）移动化

无线网络技术和通信网络技术的融合推动了网络应用的移动化发展。人们对于摆脱束缚、实现自由的渴望促使他们越来越多地依赖移动通信，从而摆脱了固定位置的限制，享受到了联系的便利与自由。同时，互联网内容与服务也变得日益丰富和便利，这进一步推动了新媒体向移动终端转移的趋势。手机终端成为新媒体发展的重要载体，网络视频、播客等新媒体形式也逐渐从固定设备走向移动设备。

总之，随着无线网络技术和通信网络技术的不断发展，新媒体的移动化特征将不可逆转地改变人们的媒体使用习惯和媒体行业的格局。

七、超时空与超文本

（一）超时空

相较于传统媒体所受的时间和空间限制，数字技术和通信技术的发展使得新媒体信息生产量增加、传播速度加快，打破了信息传播中地理区域的限制，突破了时间的约束，具备超时空的特点。

一方面，纵观媒体的发展历程，新媒体的出现往往伴随着信息传播地理范围的扩大，如报纸媒体的出现拓宽了口头、文字传播的范围；广播、电视等媒体的出现使得信息可以借助电波送达地球上的任何角落。但是传统媒体主要依靠地面的信息传递系统，因而部分信息被限制在国家、地区的范围内，并未真正实现全球化传播，而网络技术、数字技术的发展使得新媒体真正打破了地理区域的限制，进一步扩大了信息的传播范围，几乎在地球的任何角落都可以接收到新媒体传播的信息。

另一方面，相较于传统媒体传递信息的延时性，新媒体大大缩短了信息传播的速度，使得信息能够随时更新、即时传递，消除了信息交流双方的时间延迟与间隔。

（二）超文本

超文本是指将信息组织到用户可以选择的关联中，是一类非线性存储、组织、管理和浏览信息的计算机技术，其信息呈现方式数字化，信息与信息之间关系的建立和表示通过超链接实现。不同于传统媒体的文本处理方式，新媒体是超文本的传播方式，纸媒以字符为基本要素，广播以电波信号为基本要素，电视以音视频流为基本要素，而新媒体以由文本、图像、声音、视频等构成的组合体为基本要素，我们称之为节点，因此新媒体和传统媒体并不是一个维度的事物。

八、虚拟性与跨媒介性

（一）虚拟性

新媒体的虚拟性体现为信息本身的虚拟性、传播关系的虚拟性和空间的虚拟性。新媒体的虚拟性在一定程度上对人类社会产生了影响。首先，新媒体提供的虚拟空间进一步拓宽了人类的生存空间，让人类生活变得更加丰富多彩。其次，虚拟的传播关系对社会道德意识产生了一定的消解作用，虚假信息的传播也会给大众带来诸多的负面影响，引发一些社会问题。

（二）跨媒介性

新媒体集合了文字、声音、图像、动画、游戏等拟态环境，超越了传统媒体各自单一的传播手段，成了一个融各种媒体优势为一体的融合媒体，它体现了媒体“跨域传播”和“跨界融合”的特征。媒介融合不是简单的加减法，也不是媒介之间的物理结合，而是两种或两种以上的媒介多层次、多领域、多维度的相互渗透与交融。新媒体与传统媒体之间并不存在显著的障碍，它们能实现有效的融合。新媒体从诞生的那一天起，就与传统媒体相互融合。即使在新媒体发展的高峰期，也没有摆脱与传统媒体之间的关联。技术的不断进步加速了新媒体之间的融合进程，不同形式的新媒体彼此间相互影响、相互作用，形成新时期新媒体的大浪潮。

第三节　新媒体的基本功能

一、涵化功能

涵化意指由不同文化的个体组成的群体，因持久的集中的接触，两者相互适用借用，结果造成一方或双方原有的文化模式发生了大规模的文化变迁。涵化在很大程度上取决于接触的环境、条件和频率，接触的相对地位，即谁是主要的、谁是次要的。

涵化概念起源于人类学研究，起初，“涵化”与“同化”的含义基本上是一致的，随着多元文化心理学对涵化及涵化心理的研究，1967 年，心理学家格雷维斯（Graves）明确提出“心理学的涵化”这一概念。他认为心理学的涵化是指参与到文化接触场景中的个体因既直接受到外部文化的影响，又经历自己所属文化的变迁，而发生于个体身上的变化。此后，著名跨文化心理学家贝理（Berry）在对移民和土著民族研究的基础上，完善了心理学的涵化概念。完整的涵化概念应综合概括两个或两个以上文化群体成员因接触而发生文化和心理变化的双重过程：一是文化层面或群体层面，即文化接触群体在社会结构、经济基础和政治组织等方面发生的变迁；二是心理或个体层面，即卷入文化接触的个体在言谈、衣着、饮食、行为、价值观等方面发生的变化。就拿果壳网来说，其中的科普文章较少涉及文化层面或群体层面而更多地涉及心理或个体层面。果壳网中的流言百科板块就经常用西方标榜的实证研究来纠正我国传统社会口口相传的一些所谓的“常识”，如我们从小耳濡目染并且深信不疑的“以形补形，吃什么补什么”“冰糖梨水可以止咳润肺”“戴近视眼镜会使眼球突出”等论断，就被西方的实证研究证明是错误的，而西方的实证研究也并非神圣不可侵犯，它们经常上演相互推翻的闹剧。

此外，贝理更深入地探讨了卷入涵化的不同文化族群的个体在涵化过程中的态度基础，他指出，除了个体人格特征、生活习俗、态度、文化和接触程度等因素，还与个体因文化认同而采取的涵化策略存在较大关系。他根据涵化中的个体对自己原来所在群体和现在与之相处的新群体的态度来对涵化策略进行区分，提出了两个维度，即保持传统文化和身份的倾向性以及和其他文化群体交流的倾向性，并且认为这两个维度是相互独立的，换言之，对某种文化的高认同并不意味着对其他文化的认同就低。

新媒体为其日益壮大的用户群打造了一个有史以来最大的交流平台，这在一定程度上有利于打破地域的限制，并能对各民族的文化进行有机融合，使全世界人民的视野不再局限于本国或者本地区。每个个体在这一交流平台都具备一定的发言权，不仅可以说出自己的想法，为别人思考问题提供参考意见，也可以对其他人的看法予以参考和借鉴。如果全世界的人民不存在语言方面的障碍，那么全世界的思想和智慧都可以在交流中汇聚、碰撞，优胜劣汰，占优势的思维方式和价值取向逐渐涵化处于劣势的思维方式和价值取向，实现世界范围内各个国家的思想融合和共同进步。

二、凝聚功能

凝聚力需要通过人们共同的思维方式、价值观念、生活习惯、行为方式等来实现，新媒体以其高度的交互性促使被纳入其中的用户群体形成一致的思维方式、价值观念乃至生活习惯和行为方式，就微观层面来说，这有利于增强其用户群体的凝聚力；就宏观层面来说，则有利于增强一个民族共同体乃至国家的凝聚力。就以我国这个多民族国家来说，在以前交通通信不发达的年代，各民族之间缺乏文化交流，不同的宗教信仰、不同的生活习惯、不同的文化习俗使得各民族之间多少存在着一些隔阂；而新媒体的出现为我党对各民族群众实施思想政治教育提供了传播利器，对于打破民族隔阂，增进中华民族的民族认同和文化认同具有不可估量的意义和作用。新媒体的凝聚功能不仅仅体现在打破民族隔阂层面，即使是同一民族的不同个体成员，其思维方式、价值观念、生活习惯、行为方式也存在着种种差异。在这个人际关系日益疏远的现代社会，新媒体的匿名性是打破人与人之间的封闭状态和心理隔阂的一剂良药，人们通常会将一些难以启齿的烦恼倾诉给素不相识的网友，请他们帮忙排解忧思、出谋划策。

第四节　新媒体的发展趋势

一、新媒体发展历程

根据新媒体受众群体的变化，我们可以将新媒体的发展历程大致划分为精英媒体阶段、大众媒体阶段和个人媒体阶段。

（一）精英媒体阶段

在新媒体诞生的早期阶段，接触到新媒体的用户数量还比较少，且多为具备一定文化素养的专业人士或者处于一定社会阶层的精英人士，这类群体大都将新媒体作为传播工具传递特定领域的信息。

（二）大众媒体阶段

随着新媒体技术的不断革新演变，传播成本下降，新媒体凭借其低成本、高效率等独特的优势逐渐走进了大众视野，以网络媒体、移动媒体为代表的主流新媒体开始面向大众，改变了人们的生活方式，逐渐成为一种大众媒体。

（三）个人媒体阶段

新媒体发展到一定阶段，进入“万物皆媒”时代，自媒体浪潮开始兴起，人人都是媒体。每个人的影响力已经彻底不再局限于其社交圈，而是通过网络无限扩大，通过各种平台或者载体，个人也拥有了信息发布和内容生产的权利。

二、新媒体发展趋势

在大数据、云计算、人工智能等技术的推动下，新媒体领域发生了前所未有的巨大变化，新媒体用户持续增长，新媒体普及程度进一步提高，新媒体应用不断推陈出新，新媒体产业更加活跃，新媒体将迎来巨大的发展。

（一）新旧媒体的融合

就新媒体的媒体属性而言，新媒体和传统媒体不是各自独立发展的，而是相互交叉融合发展的。新媒体与传统媒体的融合发展是新媒体发展的重要方向，在内容生产、品牌传播方面，传统媒体具有独特的优势，新媒体凭借技术和渠道优势也占据一定地位，在新的竞合环境下，两者之间的关系是相互依存、相互借鉴、共同发展的。

具体来说，新旧媒体的融合有以下几种形式。

1. 传统媒体与互联网的融合

传统媒体与网络新媒体融合，借助网络传播提高自己在传统领域的内容优势。品牌强大的电视或报纸媒体可以通过创办网站实现快速发展，影响力小的传统媒体则应该专注于内容优势，借助其他新媒体实现网络传播。

2. 传统媒体与手机的融合

传统媒体与手机媒体融合已经成为传统媒体拓展受众市场、细分受众群体和实现媒体内容商业延伸的有效方式。例如，随着第五代移动通信技术（5G）的成熟与手机业务模式的深入应用，手机电视、手机报等传统媒体与手机融合的新媒体形式，将为传统媒体带来比单一媒体更优越的流量和盈利增长。

（二）行业竞争愈加激烈

随着移动互联网产业的爆发式增长，受众的移动媒体选择性与依赖性凸显，尤其是最近两年，随着5G网络的迅猛发展，移动视频与在线直播已经成为移动新媒体乃至整个媒体行业发展及竞争的重要战场，移动视频商业化也正处于上升轨道。短短几年，大批财力雄厚、具有行业影响力和忠实受众群体的视频网站和直播平台涌现出来，除视频网站和互联网企业外，三大电信运营商也在积极推广视频业务。

（三）用户参与性越来越强

与传统媒体相比，新媒体最突出的特征便是对过去信息单向传播的模式进行了改变，变成了传播者和接收者之间随时随地的双向传播模式。这样的传播模式造就了新媒体的开放性和参与性。而且越来越多的媒体、企业、商家开始重视受众、用户对项目或商品的参与性，因为在新媒体时代，只有提高商品关注度，才会更好地实现其商业价值。传统媒体的传播模式将受众和传播者截然分开，受众只能作为接收者被动地接收信息。但新媒体的平等性和匿名性彻底打破了这一界限，接收者可以是传播者，传播者也可以是接收者，实现了所有人向所有人的传播模式，所以，新媒体具有极强的参与性。传统媒体为了寻求改变，也在新媒体开辟阵地，与电子商务结合，增加新的利益点。由此可见，用户参与性已成为新媒体的一种重要发展趋势。

（四）内容付费成为盈利热点

新媒体融合的深入发展带动了内容的创新发展，优质的原创内容是赢得网络流量的唯一途径。“内容为王”将真正成为新媒体的生命之源。新媒体内容的真实、深度变得越来越重要，内容的价值不容忽视，“流量”时代逐渐被“内容”所取代。新媒体最终追求的是利用内容付费进行流量变现，新媒体最关注的是如何吸引用户，从拍摄内容的选择、标题的拟定，到整体的排版、视频的运用等，调动各种手段以达到目的。最典型的就是短视频平台抖音，一些“官方号”的入驻产生了非常不错的影响力。在“后真相”时代，呈现客观事实、深度信息的报道显得格外珍贵。在新媒体产品领域亦是如此，内容的价值更加重要。随着内容付费领域的不断拓展，知识领袖不断涌现，短视频和音频将成为内容付费行业的主要产品形式。但是，怎样确保知识付费产品的高打开率将成为一个重要问题。内容付费也成为将中华优秀传统文化创造性输出的一个新方式。

（五）新媒体与社交、娱乐的结合

在5G移动互联网快速普及的当下，新媒体传播与社交、娱乐相结合是一种必然的发展趋势。娱乐本身是文化传播产业中的一部分，由于娱乐本身的文化特殊性与历史特殊性，娱乐业的诞生必然会赋予新媒体以一定的娱乐性特点，目的是提供快乐的内容，受众群体也更能分清自身娱乐的目的。从这个层面上来看，娱乐是社会需要的一部分，是人们精神世界需要的一部分。然而，娱乐虽然是意识领域的体现，受众接受相对自由，传递的内容由提供内容的人来决定，但在娱乐化的过程当中，受众会短暂地带入情感体验，娱乐化的现象就会蔓延在整个传播过程中。正是如此，不管是媒体平台还是网络游戏，都会有拥抱在一起相互合作的冲动。

（六）新闻资源向新媒体平台倾斜

移动互联网的出现带来了信息传播方式的颠覆性变革。如今，整个社会已经进入移动传播时代。从初期的移动社交发展到移动阅读、移动音视频，再到移动新闻资讯，移动媒体逐渐从即时通信工具向新闻发布平台转变，成为人们获取新闻资讯的重要来源。由于信息传播渠道的竞争日益激烈，用户对权威、客观、及时的新闻资讯的需求不断增加。未来，具有流量、数据资源、资本实力的大平台将汇聚更多新媒体资源，这将直接导致优质新闻资源逐渐向新媒体大平台倾斜。

（七）新媒体形态的直播和短视频处于黄金发展赛道

在线视频服务的兴起极大地改变了人们的媒体使用习惯。随着线上办公、线上娱乐等的兴起，网络视频应用的用户规模、使用率均有较大幅度增长。第51次《中国互联网络发展状况统计报告》显示，截至2022年12月，我国短视频用户规模为10.12亿人次。截至2022年12月，网络直播用户规模达7.51亿人次。

在线视频服务的内容也实现了迭代式发展，从早期在线收看的电视节目到发布原创视频，再到目前流行的网络直播，这种自下而上的互动社交方式帮助普通用户获得了更大的话语权。

（八）媒体智能化，智媒发展迎来量质齐升

随着大数据、物联网、传感器等先进技术的发展，智能化逐渐渗透到人们生活的方方面面，如智能家居、智能医疗等。新媒体的智能化发展可以分为计算智能、感知智能和认知智能三个基本阶段：计算智能阶段的媒体能够进行存储计算，感知智能阶段的媒体能听会说、能看会认，认知智能阶段的媒体则朝着能理解、会思考的方向发展。目前新媒体的发展正朝着第三个阶段迈进。新媒体的智能化趋势主要体现在生产、预测、传播三个方面。

①生产。新媒体内容生产的智能化主要体现在机器写作，基本模式是“人工模板”+“自动化数据填充”，即先由人工编写制定基本模板，再结合实际情况借助机器学习，通过人工智能技术完成新媒体内容的编写。

②预测。新媒体智能化预测指在用户行为发生之前，新媒体能够借助相应的技术手段提前预判并进行个性化推荐。如今，机器学习和人工智能技术正炙手可热，其能够对大量数据进行识别分析，学习用户的习惯，识别用户的行为，从而帮助企业更为精确地预测用户行为，实施更具针对性的营销策略。

③传播。在信息大爆炸的今天，对于媒体而言，如何获取并向用户传播匹配的信息至关重要，这就需要依靠相应的技术实现信息传播的智能化、精准化。智能化媒体的突出优势就是能够通过大数据分析用户的精细化需要，并通过技术逻辑将用户的需要与媒体的内容生产建立起对应关系，实现精准传播。

第五节　新媒体对营销的影响与变革

一、新媒体对营销的影响

（一）新媒体促进市场营销发展

对于企业的市场拓展来讲，新媒体这一手段是非常重要的。企业拓展市场必然要经历市场营销，当企业发展到一定程度之后，需要将目光转向更广阔的市场平台。对于国际化市场中的企业，为了能够在市场中占有更多的份额，需要对企业进行一定的宣传和营销。新媒体是企业提升市场知名度以及拓展市场的重要途径。新媒体包括微博、微信等手段，不仅可以提高企业的交易效率，而且可以提供企业更多的商业机会。这些机会不仅可以简化那些成本较高或执行难度较大的

交易，还可以不断提高企业的市场竞争力。新媒体在很大程度上弥补了传统交易手段的不足之处，特别是在互联网迅速发展的过程中，加强在营销过程中对互联网平台和信息技术的运用，可以促进企业市场竞争力的有效提升，从而促进企业市场营销成功率的提升。

（二）新媒体影响市场运行环境

1. 新媒体生态环境变化

随着新媒体的兴起和普及，传播格局被重新洗牌，逐渐形成多元化的传播格局，媒介生态发生了较大程度的改变。新媒体生态环境的特点包括以下两点。

一是媒介融合趋势凸显，加剧了不同形态媒介之间的竞争。新媒体不仅对传统媒体的时空界限进行了消解，也对传播者与接受者之间的职能界限进行了消解。由于新媒体是复合型媒体，所以在新媒体环境中，以网络为代表的主要传播载体不仅可以进行文字传播，还可以进行音频、视频的传播，同时还能存储文字、音频、视频等传播内容，以便受众随时取阅。传播手段的数字化使得传统媒体开始在互联网上投入精力，原本不相干的、不同形态的传统媒体直面新媒体的冲击，不同形态的媒体变成了直接的竞争对手。

二是媒体碎片化，受众分众化，在一定程度上减弱了大众传播的市场效果。随着新媒体的出现和广泛应用，传播方式和受众行为都发生了巨大变化。在传统的大众传播中，信息是通过有限的几种媒体途径传播给广大受众的，受众的接收方式相对单一，信息流向主要由传媒机构掌控。而随着新媒体技术的迅速发展，人们可以通过手机、社交媒体、触摸媒体等多种媒介自主选择获取信息，传播渠道更加碎片化。这种碎片化的媒体环境带来了受众的多样性和个性化需求。受众的注意力成为宝贵资源，他们可以根据个人兴趣选择喜欢的媒体和内容，形成小群体，参与更具个性和多样性的传播活动。在这样的传播环境下，传媒机构和广告商需要更加精准地理解和把握受众的需求，通过分众传播和定向营销来有效吸引和影响受众。此外，传播教育也需要更加注重提高受众的媒体素养和批判思维能力，培养他们合理使用媒体和信息的能力，以应对碎片化媒体环境带来的挑战。

2. 新媒体营销环境变化

新媒体技术带动了媒介融合和媒体碎片化、目标受众分众化的趋势。富布莱特新闻学者沃纳·赛佛林（Werner Sevenin）在《传播理论——起源、方法与应用》

中预言，传统上针对广大不知姓名大众的媒介广告是一种即将消失的传播形式。这句话反映出了新媒体时代营销环境的变化——营销传播由传统的单向传播变为双向传播，消费品市场由大众市场走向分众市场。

（1）沟通由单向变为双向

第二代互联网（Web 2.0）的出现改变了传统媒体的格局，使得传播变得更加互动化和多元化。消费者通过社交媒体、博客、论坛等平台可以自由地发布和分享信息，进行交流和讨论。他们可以选择感兴趣的内容，并对其进行评论、分享和点赞等互动操作。这种互动式传播形式不仅打破了传统媒体对信息的控制，也赋予了消费者更多的话语权和参与度。

新媒体营销使消费者变成了创作者和传播者，他们可以通过个人的社交媒体账号、博客等渠道来宣传和推广产品。这种传播方式具有更高的说服力和可信度，能够更好地影响其他消费者的购买意愿。此外，新媒体营销还能实时反馈消费者的需求和意见，帮助企业更好地了解市场和消费者，并及时调整产品和营销策略。

然而，新媒体营销也存在着一些挑战和风险。首先，消费者在海量的信息中很容易被淹没，企业需要设法吸引他们的注意力并赢得他们的信任。其次，由于信息的传播速度快，消费者的情绪和态度也很容易受到影响，企业需要及时应对和处理消费者的反馈和投诉。最后，新媒体营销的成本相对较低，导致市场竞争更加激烈，企业需要不断创新和提升自身的竞争力。

新媒体营销需要重新对营销者与消费者之间的关系进行审视。传统营销传播受到了严重的挑战，营销者不能仅仅依靠传统媒介进行广告投放等单一形式的信息传播，必须使用多个信息接触点进行系统的新媒体营销传播。尼尔森调查公司（Nielsen）曾经做过一个调研，调研结果显示，消费者最信赖的产品信息来源是线下和网上的消费者口碑。顶尖内核专家马克·拉希诺维奇（Mark Russinovich）曾在他的博客中发布了一篇文章陈述他对索尼公司音乐购买版权管理软件的详细分析，文章认为该软件设计存在缺陷，可能会导致安全问题。在接下来的几天里，他的文章获得了数百条评论，很多都是关于索尼音乐的负面评论。由拉希诺维奇的文章而引发的讨论蔓延到网络聊天室和论坛中，但索尼公司方面却一直未在网络上有任何反应，直到五天之后，索尼公司才在美国国家公共电台的早间节目中为自己做辩护。这场源于消费者博客的音乐出版商危机没有得到很好的解决，很大程度上源于索尼公司不够重视新媒体，选择在电台上对网络公民做出回应是非常不可思议的糟糕决定。生产者和销售者只有适应受众生活形态的变化，主动与受众进行沟通传播，才可能在竞争中获得领先的地位。

（2）消费品市场由大众市场走向分众市场

在20世纪五六十年代，随着生产技术的进步和社会化大生产的成熟，制造业经历了强劲的增长。然而，随着生产的发展，产品之间的同质化特点变得越来越突出。特别是在快速消费品市场中，产品的质量、功能、价格和包装等方面的差异正在缩小。这种同质化趋势给消费者和生产者都带来了一些变化。消费者已经不再只关注产品的硬件条件，他们期望追求更个性化、差异化的产品。他们对快速消费品的需求越来越多样化。与此同时，生产者也不得不改进生产方式，考虑消费者的不同需求，进一步细分产品市场，以在激烈的市场竞争中获取更多的份额。这种趋势促使快速消费品的大众市场逐渐解体，而向分众市场发展。分众市场的出现为消费者提供了更多的选择，满足了他们对个性化和差异化产品的需求。同时，对于生产者来说，分众市场也为他们创造了更多的机会，可以通过更精确的市场定位和差异化竞争获得更好的市场表现。

亚马逊（Amazon）网络在线书店使得以往大众化的商业经营模式发生了改变。消费者是有个性偏好的个体，亚马逊根据用户的不同喜好对不同的产品进行推荐，同时还提供丰富的个性化服务。苹果手机的应用商店也采用了类似的营销模式，应用商店提供的不是被工业时代标准化的毫无区分度的大众产品，而是独具个性的定制产品。

在传统的营销传播中，要在分众市场中取得成功并不容易。首先，企业需要具备准确的消费者洞察和市场分析能力，了解消费者的喜好和需求，寻找到合适的目标群体。其次，企业需要及时调整生产和营销策略，根据消费者的反馈和需求变化做出相应的改变。然后，企业还需要拥有灵活的供应链和生产能力，以快速地生产满足不同需求的个性化产品。最后，企业需要不断创新和提升自身竞争力，以保持在分众市场中的领先地位。

总之，随着社会化大生产的发展，快速消费品市场正从大众市场转向分众市场。亚马逊和苹果等企业通过个性化推荐和定制产品的方式成功地满足了消费者的分众化需求。对于快速消费品生产者来说，开拓分众市场将是一个重要的机遇，但也需要具备准确的市场洞察、灵活的供应链和持续创新的能力。

（三）新媒体对消费者的影响

1. 消费者消费行为习惯的改变

新媒体时代消费者消费行为展现出三大趋势。第一，数字技术助推经济社会转型，网络消费行为增长迅速。以互联网为代表的数字技术正在加速与经济社会各领域的深度融合，成为促进我国消费升级、经济社会转型、构建国家竞争新优势的重要推动力。网络购物市场消费升级特征进一步显现：一是品质消费，网民愿意为更高品质的商品支付更多溢价，如乐于购买有机生鲜、全球优质商品等；二是智能消费，智能冰箱、动感单车等商品网络消费大幅度增长；三是新商品消费，扫地机器人、洗碗机等新商品消费增长迅猛。除国民人均收入提升、年轻群体成为网络消费主力等因素外，电商企业渠道下沉和海外扩张带动了农村电商和跨境电商的快速发展，使农村网购消费潜力和网民对全球优质商品的消费需求进一步得到释放，进一步推动了消费升级。第二，移动互联网主导地位强化，移动消费行为成为未来发展主流。第三，线下支付拓展仍是热点，共享消费成为经济增长新方向。线下支付领域依旧是市场热点，网民在超市、便利店等线下实体店使用手机网上支付结算的习惯进一步加深。在深耕国内市场的同时，我国网络支付企业纷纷拓展潜力巨大的海外市场。在线教育市场迅速发展，人工智能技术驱动产业升级；网约车市场经历资本驱动的急速扩张阶段，进入规范化发展道路；共享单车丰富市民出行方式，技术与资本推动行业蓬勃发展。

2. 消费者购买行为模式的改变

在媒介发展的过程中，每当兴起一种大众媒介，都会给消费者的信息接收和处理方式带来很大影响。当出现了电视媒介之后，信息的主要传播方式变为了图像信息，受众开始习惯于浅层次的、感性的图像接收方式。图像信息在一定程度上会降低受众的理性思考能力，加强受众的主观认知。消费者不再依赖客观事实做出购买决定，而是凭借自身的主观认知。在传统的营销传播中，消费者从各种传播渠道中接触到大量消费信息，经过选择性注意、选择性记忆和理性思考的过程，做出购买决定。

随着新媒体的兴起，消费者接触到的媒体和信息日益增多，因为新媒体的互动性特点，消费者对信息传播过程的参与能力和参与深度也有了更高的要求。媒体市场的主动权正在从信息生产者转移到信息接收者，这种转变在一定程度上降低了消费者对电视等传统媒体的融入度，技术的变革让消费者可以对传统媒体的固定模式进行摆脱，在任何时候都可以从广播、电视、网络，以及正在发展的手机等移动新媒体中去选择自己想要接收的信息。传统的打断式营销由营销者掌控信息接触的时机，现在信息接触的时机由消费者掌控了，消费者在自己需要时可以主动向提供产品或者服务的企业索要广告信息或者进行营销咨询。

（四）新媒体改变市场营销管理方式

新媒体的兴起在很大程度上有利于市场营销的发展，由于新媒体为市场营销提供了完善的交易基础，所以在新媒体交易的过程中，很多跨国企业之间的生产要素也得到了合理的配置，从而促进企业经济的迅猛发展。所以，新媒体在很大程度上可以提升企业在市场经济发展过程中的地位，现代化的市场营销要建立以资金流为形式、信息流为核心、商品流为主体的体系，可以有效促进企业核心竞争力的提升，为积累市场份额奠定坚实的基础，也在一定程度上改变了市场营销管理方式。

二、新媒体对营销的变革

在新媒体时代，消费者的需求发生了变化，更加倾向于品质化、个性化和服务化，千人千面的用户画像让营销体系变得愈加复杂。以追求产品功能为卖点的品牌价值观念难以获得消费者青睐，企业逐渐认识到，趣味感性、软性植入，以及能够激发情感共鸣的优质内容才能真正塑造品牌价值。注意力经济时代来临，碎片化的媒介环境开始呼唤静态沉浸式、渗透式、交互式的营销模式。

从消费者、品牌价值到媒介环境，商业环境的三大主题共同演进，伴随着新媒体的动态更新，传统的营销规律被打破，新媒体营销变革正在发生。

（一）新的市场理念

新媒体营销变革是一个逐渐从企业向消费者转变的过程，新媒体营销真正让消费者成为营销的主体和核心。通过新媒体，企业开展多平台的营销互动，一部分消费者可以通过新媒体平台影响另一部分消费者。只有这样的新媒体营销才能将市场真正带入用户为王、全民营销的时代。

（二）新的营销目标

新媒体出现以后，销售渠道和营销都更加多元化，对很多产品来说，营销不再是单纯的广告，还有内容营销、互联网话题造势等多种方式；销售不再是线下实体店推销，所有的新媒体渠道都可以成为销售网络。新媒体营销要将品牌传播与销售协同才能真正提升商业效率。

（三）新的传播模式

相较于传统媒体，新媒体最突出的特征是改变了过去的单向传播模式，创造了传播者和接收者之间随时随地双向传播的模式。这样的传播模式赋予了新媒体开放性和参与性。越来越多的媒体、企业和商家开始重视受众、用户对项目或商品的参与性。

（四）新的技术驱动

新媒体拓展了人工智能及智能问答系统的应用领域，通过数字营销、标签优化、算法赋能，打通商品、消费者、媒体多层商业要素之间的匹配逻辑，实现精准营销分发。

第二章　新媒体营销的基本理论

新媒体营销是在新媒体发展的基础上，通过新媒体这种渠道开展的营销活动。新媒体营销不同于传统的营销模式，它能精确地获取访问量，收集整理出访问来源、访问的时间、受众的年龄、地域以及生活、消费习惯等。比传统营销更精准、更有效、更节省时间。本章围绕新媒体营销的演进与发展、新媒体营销的概念与内涵、新媒体营销的特点与法则、新媒体营销的体系等内容展开研究。

第一节　新媒体营销的演进与发展

新媒体营销的发展演进与新媒体本身的发展密切相连。从电子邮件到网络广告，从门户网站到搜索引擎，从论坛到微博微信，从以电视终端为核心的大屏产业链到以手机、平板电脑、智能手表为代表的小屏系列，新媒体的形态、结构和技术手段一直都处在变革当中，依托其上的新媒体营销自然也在历经变化。

一、新媒体营销的演进

电子邮件是在 20 世纪 60 年代末 70 年代初被发明出来的，却在 20 世纪 80 年代随着个人电脑的出现才得以兴起。而电子邮件营销则诞生于 1994 年，“许可营销”理论将这一营销方式进一步推向成熟——电子邮件营销原则上是在用户事先许可的情况下，通过电子邮件方式向目标客户传递信息的一种营销方式。2006 年，美国在电子邮件营销领域花费约 40 亿美元，仍有很大的发展前景。但是在中国，由于严重的垃圾邮件问题，电子邮件营销效果大打折扣，一般并没有被当作一种主要的营销方式，实际的应用受到很大局限。

网络广告也是常用的新媒体营销方式之一，它是指在互联网站点上发布的以数字代码为载体的各种经营性广告。网络广告以 GIF、JPG 等格式建立图像文件，并将之定位在网页中，大多用来表现广告内容，同时还可使用 JAVA 等语言使其产生交互性，使用 Shockwave 等插件工具增强表现力。1994 年 10 月 14 日，美国著名的《连线》杂志推出网络版，其主页上设置的美国电话电报公司（AT&T）等 14 个客户的旗帜广告被视为最早的网络广告。1996 年，全球网络广告收入 2.67 亿美元，1997 年为 9.06 亿美元，1998 年为 30 亿美元，年均增长速度超 300%，使网络广告成为网络营销的重要方式之一。我国网络广告的萌芽大约始于 1995 年，以马云创办国内第一家中文商业信息站点“中国黄页”为标志。1998 年以后，在国中网（中华网前身）的推动下，国内的广告主逐渐开始青睐网络广告这一新形式。很多门户网站在发展初期都是采用网络广告的方式赢利。

电子邮件营销和网络广告都是属于第一代互联网（Web 1.0）时代的营销形态。Web 1.0 时代实际上也就是网络发展的初期阶段，彼时，整个互联网以门户网站为核心，而门户模式是对传统大众传播模式的沿袭，门户时代只能算是网络传播的热身阶段。接着，搜索引擎的出现为互联网的发展注入了一股完全不同的风气，在营销手法上也颇为独特。

搜索引擎是指根据一定的算法，运用特定的计算机程序从互联网上抓取信息，在对信息进行加工和处理后，将用户检索请求相关的信息返回，为用户提供检索服务的系统。搜索技术在 1990 年左右便开始有了重要进展，1994 年雅虎（Yahoo）的成立标志着第一代搜索引擎的诞生，1998 年、2000 年，谷歌（Google）、百度相继成立，自此搜索引擎进入一个高速发展时期。搜索引擎的发展思路完全不同于门户网站，它的宗旨便是为网民解决在海量信息中搜索出有用信息的难题。基于搜索技术和用户使用特点，搜索引擎创造出了完全不同于门户网站的广告和营销方式，营销目标更精准，用户的消费意愿更强，而广告的展示方式也颇为独特。

不过，对于互联网来说，更具意义的变革是社会化媒体的出现，即时通信工具、论坛、博客、微博，这些打上社交烙印、赋予用户更多主动权的社会化媒体，将互联网带入 Web 2.0 时代。关系的聚合、用户参与创造内容（UGC），让营销对象和信息传播格局发生很大变化，企业不再能单独决定营销的内容，消费者与消费者之间的互动和传播变得格外重要，相应地，企业的营销思维、角色和方式也必须相应改变。可以说，互联网从 Web 1.0 到 Web 2.0 的变革，在很大程度上改变了新媒体营销的特点和性质。

Web 2.0 的兴起改变了以往的营销方式。企业独享的信息权力已渐渐转移给全球化的网络用户群体。不断升级的互联网络满足了人们彼此联系的内在需要，让人们展开全球性对话。对每一种商品和服务，人们都可以随时在网上议论、研究和分享使用经验。Web 2.0的核心是社会化媒体。首先来看即时通信工具的发展。电子邮件扩展了人际交流的空间，但时效性和交互性难以实现，而即时通信工具则可以解决这个问题。世界上最早的即时通信工具是 ICQ。ICQ 在 1996 年 11 月由几个以色列人共同开发完成，他们给这个新的即时通信软件起了一个非常形象的名字“I SEEK YOU（我找你）”，简称 ICQ。1998 年，著名的美国在线（AOL）看好即时通信这个市场，遂以 2.87 亿美元的价格收购了 ICQ。ICQ 的出现引领了全球即时通信软件的发展和壮大，几乎每个国家都有本土化的类似 ICQ 的即时通信软件产品推出。我国常见的即时通信工具就是微信。

即时通信工具营销，也叫 IM 营销，就是企业通过即时通信工具与用户进行即时沟通、品牌推广等营销活动。由于即时通信工具在网民中的超高使用率，因此利用各种即时通信工具进行营销的现象一直很普遍。

网络论坛又名电子公告板（Bulletin Board System，简称 BBS），是一种电子信息服务系统，提供一种公共电子板，每个用户可以在上面发布信息或回复评论，具有交互性、内容丰富的特点。企业利用网络论坛可以适时发布产品和服务的信息，并配以相关文字、图片或视频，具有较强的吸引力，使消费者更加深刻地了解产品。世界上第一个BBS系统是1978年在美国芝加哥发布的，1996年以后，BBS 在中国快速发展起来，猫扑（1997 年）、天涯社区（1999 年）先后创立，迎来其最兴盛的时期。不过，之后微博（2006 年）、微信（2011 年）的兴起对网络论坛造成不小的冲击，论坛独领风骚的年代一去不复返。

博客（Blog）是继 E-mail、BBS、ICQ 之后出现的第四种网络交流方式。Blog 的全名是 Weblog，该词来源于网络日志（Web Log），指一种特别的网络个人出版形式，内容按照时间顺序排列，并且不断更新。博客这个名称最早于 1997 年 12 月由美国学者约恩·巴杰（Join Barger）提出，1999 年，一个专门制作博客站点的免费工具软件“Pitas”发布后，博客网站得到快速发展。2001 年美国世贸大楼遭受“9·11”恐怖袭击，博客成为重大事件和灾难亲身体验的重要信息来源，从此，博客正式步入主流社会的视野。

相对于网络论坛营销，博客营销带有私人领地属性，企业可以利用意见领袖发起话题，引起讨论，扩大品牌知名度。但博客具有较高的门槛，而且不利于即时的传播，而微博完美地解决了这一问题。相应地，企业营销阵地从博客转移到微博。一个影响广泛的微博博主可以轻松影响一大批潜在消费者，鼓励或劝阻他们购买某个公司的产品或服务。很多企业通过与“微博大 V”联系，通过他们推荐或分享转发企业的相关产品信息和使用体验，以达到促进销售和提升品牌影响力的目的。

最近几年，新媒体领域最引人瞩目的变化，除了社交媒体的兴盛之外，便是移动化和多屏化的趋势。智能手机、平板电脑、可穿戴设备，成为现在和未来重要的营销阵地，它们不仅是移动端的新媒体代表，也反映了媒体装备的多屏化。作为传统媒体老大的电视，也开始融入这场新媒体的洪流，包括互联网电视（OTT）、交互式网络电视（IPTV）在内的新业态电视所能承载的内容和交互形式已经远远超出传统电视的领域和范畴，并促使大批受众，尤其是年轻观众重新回归电视屏幕之前，围绕客厅中电视终端的全新大屏产业链和生态圈初步形成。

这场移动化和多屏化变革的核心事件，当数手机媒体的崛起。手机将服务功能、新闻功能、经济功能集于一身，形成了一种新的大众化媒体。庞大的手机用户规模，加上手机的便携性和个性化，使手机成为重要的营销载体。通过手机，企业可以进行短信、应用软件（App）、二维码和微信营销。智能手机的普及使移动设备成为人们随时随地浏览信息的必备品。App 营销可以传递企业最新的信息给消费者。2011 年 5 月，大众推出了 App 来吸引活跃在移动互联网上的人群。11 月，大众主办的“蓝·创未来”用 App 拯救北极熊活动中，也将手机 App“蓝色驱动”作为活动参与的媒介，提高了大众品牌在消费者心中环保承诺的知名度。

通过二维码，企业可以在同一时间发布多种促销活动，也可以结合线下线上进行营销，还可以针对不同客户发布不同信息。扫二维码非常方便，人们只要举起手机扫一扫，就可以得到自己想要的信息，进行自己想要的操作，包括支付、关注、加好友、参与各种活动等。“扫一扫”不仅是广告语，更像是人们生活的一部分。

微信一类的手机应用也在很大程度上影响了人们的生活。没事逛逛“朋友圈”、发发感慨、晒晒幸福，微信影响着现代人的生活。微信打造的是一个“全民社交圈”，其传播方式是点对点传播和点对面传播的有效结合，这无形中整合了具备地域特点的群体传播功能；它具有广泛的涵盖面，不仅包含通讯录好友、QQ 好友，还包括附近的陌生人，使得人际交往从个人所熟悉的强联系人群扩展到原本遥远陌生的弱联系人群。作为腾讯的明星产品，微信坐拥上亿活跃用户，其背后潜藏了巨大客户资源，使之成为企业营销的重要手段。

2020 年，消费者在线上投入了更多的注意力和时间，使得广告主也加大了在线上渠道的投入，在线上渠道方面分配了更多的营销预算。新媒体营销在这种情况下凸显出了它的优势，能够吸引更多用户的注意力。新媒体营销市场中的各个角色，如营销服务商、新媒体平台、多频道网络机构（MCN）和关键意见领袖（KOL）等，都在近年来取得了很好的发展。营销服务商通过提供专业营销策略和服务，帮助广告主高效地进行新媒体营销。新媒体平台则提供了各种优质的传播渠道和广告投放方式，使广告主能够更好地与受众进行互动。MCN 是多频道网络（Multi-Channel Network）的缩写，为内容创作者提供全方位的支持和服务，帮助他们扩大影响力和盈利能力。而 KOL 则是借助个人的影响力和专业知识，在社交媒体上吸引粉丝，并为品牌进行推广。这些角色在新媒体营销产业中相互配合，共同推动了这个行业的发展。他们提供了丰富的资源和专业服务，使得新媒体营销更加多样化，优势明显，满足了广告主和消费者不断变化的需求。

二、新媒体营销的发展

新媒体的快速发展，不仅极大地改变了消费者的媒体接触习惯和消费观念，也改变了企业的营销理念与营销模式。随着数字技术与通信技术的发展，新媒体营销发展主要呈现出以下趋势。

（一）功能与内容融合

功能丰富的平台可以给用户带来更好的体验，从而进一步吸引用户多次使用和延长使用时间。目前，跨平台进行流量转化和粉丝沉淀是新媒体营销的总体趋势，新媒体平台的功能和运营方式虽然在持续更新，但其更新速度与多样性却远低于优质内容的爆发力和影响力。

例如，微博等网站开始与电商平台合作，推出网红电商平台（一个汇集垂直领域电商红人、电商企业和电商服务商的资源共享平台），进一步推动网红经济在用户的生活消费领域的普及。

（二）社交营销成为主场

社交媒体又称社会化媒体，是人们彼此之间用来分享意见、见解、经验和观点的工具和平台。中国人民大学新闻学院彭兰教授将其定义为基于用户社会关系的内容生产与交换平台，认为其主要特征在于：第一，它是内容生产与社交的结合；第二，社交媒体平台上的主角是用户，而不是网站的运营者。国家工业信息安全发展研究中心（CIC）将下列媒体划归社交媒体的范畴：微博、社交网站（SNS）、即时通信、电子商务、视频、音乐、论坛、消费评论、分类信息、签到与位置服务（LBS）、社会化电子商务、社交游戏、社会化内容聚合、档案分享、博客、在线百科、在线问答、在线旅游、移动/弹性社交、婚恋交友网络、轻博客、商务社交、企业社交、私密社交等。

社交媒体充分利用了用户间的社会关系，同时使媒体平台上的用户群体从内容的消费者转变成内容的生产者。利用社交媒体所开展的营销因而具有全新的信息传播方式和影响模式，企业必须转变营销思路和策略，借助社会化媒体优势，根据不同人群在不同社群的行为特点，进行创意策划，实现品牌营销和客户服务维护的目标。

社交媒体的具体形态还会继续演变，但社交媒体的根本特征不变。如何更好地利用用户的社会关系，更好地调动消费者的参与热情，是未来的新媒体营销需要考虑的重点问题。当购物成为社交话题时，企业的营销就会事半功倍。因此，在社交媒体时代，企业要真正与消费者互动，就需要了解用户感兴趣的内容，将营销信息更多地融入目标受众感兴趣的内容之中，进行内容营销。

（三）视频营销势头强劲

好的内容能够引起用户的聚焦和讨论，如果将话题内容制成视频的话，那视频就会像病毒一样疯狂地传播，有效实现营销目标。视频营销结合了视频与互联网的优点，以其感染力强、互动性强、传播迅速、成本相对低廉等优势赢得了企业青睐。在一段走红网络的宝宝视频里，年轻父母由于看不懂孩子想要表达的意思，与孩子沟通出现了障碍，引发了一系列令人捧腹大笑的故事。伊利母婴营养研究中心首先提出“婴语”这一新概念，并将多年“婴语”研究的最新成果制成了一份“婴语”单词表，汇总了数十条婴儿可能会出现的行为和表情，并配上相关的注释。这份“单词表”一经发布，便引起社会各界广泛关注，更受到了“90后”“00后”新手爸妈们的追捧。由于公关传播中对“金领冠”品牌与“婴语”概念进行了有效的品牌绑定，“婴语”的关注度提升了人们对“金领冠”品牌的关注度。这极大增加了年轻父母对伊利“金领冠”的好感，间接促进了其销售的增长。

在网络时代，人们的注意力很容易分散，而视频可以更形象、深入、有趣地与消费者进行沟通，比较容易得到消费者的免费传播和参与。

集视听、可移动、可参与三位一体的视频更容易取得好的传播效果，具有更大的营销潜力。2014年，腾讯推出“微视8秒”，用户通过QQ号、腾讯微博以及腾讯邮箱账号登录，可以将拍摄的短视频同步分享到微信好友、朋友圈、微博，打造最纯净的社区浏览体验。这意味着，随着数字技术的发展和互联网应用形态的改变，手机营销、社交营销和视频营销可以走向融合，为用户提供更好的体验，为企业创造更好的营销效果。

（四）新媒体营销比重持续加大

与传统营销相比，新媒体营销具有成本低、能够双向传播等优点，有助于加强与用户之间的互动，使得营销更加个性化、日常化，也缩短了营销效果反馈的时间。且新媒体营销更利于与用户建立情感联系，用户购买的可能性更大，加之新媒体营销覆盖的用户主要为中青年群体，他们的需求是消费的主流趋势。以上种种优势推动了新媒体营销的发展，使得新媒体营销比重持续加大。

第二节 新媒体营销的概念与内涵

一、新媒体营销的概念

目前，数字技术的发展使传播活动与营销活动呈现出一体化趋势。美国西北大学麦迪尔新闻学院教授唐·舒尔茨（Don Schultz）曾有“营销即传播，传播即营销”的经典论断，这一方面指出了营销和传播界限的日益模糊，另一方面则表明了二者相互依赖的特征，也标志着营销传播被明确作为一个整体概念和独立学科发展起来。随着 Web 2.0 时代的到来，数字技术及其应用得到了迅猛发展，用户界面和操作模式的便捷性也进一步促进了互联网的普及。营销传播学的理论研究前沿开始向新媒体营销传播方向转移。

新媒体营销传播理论是一种将整合营销传播理论应用于网络环境中的重构，旨在通过调动各种新媒体平台和技术手段，有针对性地对消费者进行心理引导，实现预期目标和完成价值交换。它强调个性化定制和精准推送，以满足消费者个性化需求，使营销和传播具有更好的效果和影响力。其目的是通过建立与特定消费者之间的共识而达成价值交换。

传统媒体在长期的发展过程中，暴露了一些弊端，形成了居高临下的姿态，已经无法完全适应社会发展的需要，逐渐被受众所抛弃。在新媒体兴起之前，传统的大众传播方式要求专业的技术人员把关每一个流程，对于内容的剖析力度强。相比于新媒体，传统媒体受制于自身特点，与受众的互动方式比较单一，方法过于落后，缺少必要的交流。

从根本上看，新媒体营销使得传统营销生硬的宣传推广模式发生了改变。新媒体营销借助新媒体的多种表达与传播方式，将企业文化和品牌故事植入产品宣传、销售之中，使消费者对企业的理念与文化产生认同，了解品牌故事，产生购买欲望，从而促进销售。由此可见，新媒体技术的发展创造了新的营销传播形式与营销机会，同时数字技术也为解决营销传播问题提供了新的可能性。

二、新媒体营销与传统营销的对比

（一）传统营销模式的种类

1. 代理商营销模式

由于各个企业的实力都是相对有限的，很难依靠自己的力量在众多的地区都建立自己的销售团队，这时企业就需要依靠代理商团队。企业会在各个地区寻找适合自己的代理商，这些代理商由于熟悉本地区的环境、民情，在当地发展起来也就相对比较容易，企业自身的资源也不会被过多地耗费。例如，某些大公司会在各个省份设立自己的省级代理，省级代理再在各个地级市寻找自己的市级代理，市级代理寻找自己的县级代理乃至镇级代理。虽然一层层的代理制度可能会给人一种麻烦之感，但每一层只需要对自己的下一层负责。这在一方面可以迅速抢占市场份额，另一方面也促进了企业的发展。

2. 经销商（分销商）营销模式

经销商模式是企业代理商模式的一种进化。所谓的经销商模式是指经销商拿着钱到企业进货，然后自己再倒卖出去，从而赚取差价。而代理商模式只是厂家委托代理商进行销售，代理商并没有产品的所有权，他们的利润来源主要是销售所获得的佣金。随着企业的慢慢发展，企业自身的实力得到了不断提高，品牌知名度日益打响，而市场竞争的日趋激烈大幅度降低了企业的利润，同时也增加了企业资金流的压力。企业为了能够更好地生存下去，最终选择支持经销商，而对代理商予以淘汰。

3. 直营模式

采取直营模式的企业，一般不需要代理商和经销商，大多凭借自己的经济实力和品牌实力。然而，直营模式只适用于一些特定地区和特定的行业，并不是每家企业都适用。

（二）新媒体营销模式的优势

与传统媒体的营销方式相比，新媒体营销具备以下优势。

1. 新媒体营销可以与消费者有效互动

随着新媒体时代的信息日益泛滥，消费者的决策成本进一步提升，传统的信息传播方式已经不能满足当今企业的营销效果。企业的传统媒体营销方式主要为硬性推广，而新媒体营销模式则加强了企业与客户之间的交流互动，以实现更有效的传播效果。企业需要让每个目标用户参与到产品的开发设计中去，让企业品牌融入消费者的生活，让品牌深入消费者心中，通过消费者的口口相传，逐渐将品牌进行扩散。

2. 新媒体营销可以有效降低企业营销成本

新媒体营销也在很大程度上降低了企业的营销成本。新媒体不仅为企业创造低廉的平台成本，而且也在很大程度上减少了传播的费用。例如，对小米手机来讲，并没有在传统媒体上花重金投放自己的广告，而是通过微博、微信、QQ空间等网络载体传播广告信息，不仅让更多的消费者参与到广告的宣传之中，更让品牌深入人心。

3. 新媒体营销带来了巨大的营销数据库

获得大量的用户消息是新媒体的一个显著特点。当用户在各个平台上进行宣传、购买时，通常会先注册用户，在用户注册的过程中，用户在无形中便会提供与自己相关的信息。而企业通过这些平台的后台数据可以收集到大量精准的潜在消费者，然后企业通过这些用户所提供的信息进行系统的数据分析，从而发现用户的需求点，或者挖掘用户的消费潜力，以便企业更精准地制订下一步营销计划。

4. 新媒体营销可以精准投放按效果付费

新媒体的精准投放特点是传统媒体所无法比拟的优势之一。在新媒体平台上，广告主能够根据受众的兴趣、地理位置、行为等多维度的数据进行定位投放，并且能够实时监测广告效果。相比之下，传统媒体的传播效果往往难以准确测量和预估。传统媒体的传播形式较为单一，无法对受众进行准确定位，也难以获取实时的反馈数据。因此，许多企业选择利用新媒体营销来提高品牌建设以及传播的准确性和效果。如今互联网广告的付费方式通常基于效果，如点击量、粉丝数或广告弹出次数等指标。这样的付费方式使得广告主能够更加透明地了解广告的效果和投入产出比，减少了欺骗的可能性。

总的来说，新媒体营销的精准投放特点和可追踪的效果分析使得品牌传播更为准确和有效，同时通过效果付费的方式可以提高透明度和减少欺骗情况的发生。

5. 新媒体营销可以有效地进行危机公关

任何企业的经营都不可能是完美的，随着消费者需求的日益多样化，任何产品和服务想要让所有的消费者都满意是很困难的，且新媒体的信息比较分散，很难对人们的舆论加以控制。所以，存在负面消息是十分正常的，任何一种媒体都无法避免出现负面消息，企业要做的就是学会怎样对这些负面消息进行合理控制。

通过合理运用新媒体，不仅可以使企业迅速有效地发现不良的苗头，而且也可以使企业在每一次出现危机时都能立即做出正确的拯救措施。公关是企业营销传播中的一个重要部分，而是否能合理地应对危机会对企业的生存发展产生直接影响。在如今话语权对等的新媒体环境下，不仅媒介有发布信息的权力，消费者也可以利用新媒体发出自己的声音。一旦企业做出的事情对消费者产生了不利影响，消费者便能够快速地在这些网络媒介上发声，这在某种程度上可能会对企业产生不利影响。所以，新媒体的发展使企业必须始终具备危机意识，同时还要建立一整套完备的危机公关机制，注意与各个媒体的合作，以应对出现的各种突发危机。

总之，传统的营销传播是以大众媒体为基础的，所有的信息必须依赖大众媒体才可以进行有效传播。生产厂商或销售者必须讨好媒体，才可能顺利地将自己想传播的信息传递给消费者。消费者是完全被动接受的一方，很难控制自己的渠道信息来源，如何获得信息，获得何种信息，消费者都无法控制；同时，销售者也很难验证自己的广告所取得的效果。而新媒体营销改变了传统营销中的信息单向流动模式，消费者不仅是信息的接受者，更是信息的创作者，同时也可以传播自己想要传播的信息。

三、新媒体营销与传统营销的结合

新媒体营销与传统营销相互搭配、有机结合，将会使企业的营销效果得到极大的提升，而做好新媒体营销与传统营销的有机结合，关键要做好以下工作。

（一）树立起整合营销理念

在新媒体营销与传统营销的结合方面，企业需要根据自身的情况，明确两者的利弊以及互补作用，并统筹考虑如何构建一个完整的营销体系，以达到营销效果的最大化。以下是一些关键点。

营销目标：企业应明确自己的营销目标，并根据目标灵活运用新媒体营销和传统营销的手段。例如，目标是提高品牌知名度，可以利用传统媒体的广告宣传，同时结合新媒体的社交媒体营销来建立品牌形象和互动。

受众定位：根据目标受众的特点和行为习惯选择合适的营销渠道和手段。对于年轻人群体，可以借助社交媒体和移动应用等新媒体平台进行定向广告投放；而对于中老年人群体，则可以考虑利用电视、广播等传统媒体。

跨渠道整合：建立一个统一的品牌形象和信息传达，确保在各个营销渠道上呈现的内容和风格一致。例如，在广告、平面媒体和社交媒体上使用相似的标志、口号和形象，增强品牌的一致性。

整合资源：整合企业内外部资源，如营销团队、广告代理公司、传媒公司等，使得新媒体营销和传统营销能够协同工作，实现协同效应和资源优化。

（二）营销内容互相搭配

新媒体营销以及传统营销针对的客户群体不同，同时两种营销模式的特质也不尽相同，所以客观上需要在营销内容方面做到互相搭配。企业在新媒体营销与传统营销结合方面需要制定不同的营销方案，尽可能地发挥两种营销模式的优点。

（三）营销模式灵活结合

新媒体营销模式和传统营销模式有机结合的关键在于营销模式层面需要做到灵活多样，新媒体营销方面可以采用事件营销、社交营销等手段，传统营销方面则可以采用广告营销、人员推广等手段，将这些手段进行灵活结合，所取得的营销效果显然要好于单纯的新媒体营销或者传统营销。

对于绝大部分的企业而言，企业营销工作开展中新媒体营销以及传统营销将会长期共存，企业要想不断提高自身的营销效果，将新媒体营销与传统营销进行有机结合，这是必须要做好的工作，反之如果二者之间没有良好结合，将会拖累企业营销水平的提升。而在新媒体营销和传统营销有机结合的过程中，不仅要在理念层面树立整合营销理念，还要在营销模式和方法层面做好配合。

第三节 新媒体营销的特点与法则

一、新媒体营销的特点

传统营销追求的是到达率，即受众接受的程度，如报纸杂志就看发行量，电视广播就看收视率。而新媒体营销对传统营销的特点进行了颠覆，不仅可以精确知道访问量，而且可以知道用户的访问时间、访问地址以及访问习惯等，相比于传统营销，传播速度更快，且运行成本较低。事实证明，新媒体营销可以给企业带来更多的选择机会，企业可以有针对性地给自己的需求客户提供一系列营销方案，从而使企业的营销成本大大降低，并使企业的效益得到极大的提升。新媒体营销存在如下特点。

（一）注重创意

许多传统的企业借助新媒体进行营销，使原本对于用户来说高高在上的企业变得可爱、接地气，更加接近用户。以故宫博物院为例，故宫博物院2013年开设微博，最开始都是一些故宫的相关知识，产品也很平常，但是从2015年开始故宫博物院火爆起来。故宫的文创产品并不新奇，很多都是我们常见的手机壳、针线盒、折扇、盆栽等，但是在产品包装上添加了故宫元素，而非一个标识，重要的是皇帝、宫女、大臣等形象，将历史人物卡通化，并且加以调侃，这样有趣的文案、原创画与产品结合之后，就有了创意，会让用户感觉这是一个有趣的产品。因此，新媒体营销更加注重创意，将更多创意注入营销中，对于企业战略转型和整合营销传播的完善和发展都具有关键意义。而创意经济自身蕴含着巨大的能量，创意元素成为当今企业和产品竞争中最为重要的一环。

（二）营销形式灵活

运用多元化的新媒体工具，企业可以进行诸如公关、广告、促销、品牌维护等多种活动。在方式选择上更为自由多样，突破了传统媒体的时空限制和形式约束。应用新媒体技术，消费者可以轻松地在家购物，实现了真正意义上的足不出户便可购物的理想。无论是山区或偏远地区，只要有互联网的地方就有市场。

（三）目标客户精准定向

新媒体涵盖的内容不仅丰富多彩，而且多样化，微信、微博、论坛等使得每个人都能够变成信息发布者，浩瀚如烟的信息涉及各类生活、学习、工作等的讨论，展现了前所未有的广度和深度。通过分析社交平台的大量数据，企业可以利用新媒体对用户的需求进行有效的挖掘，精准地定位客户，从而更好地为产品设计开发提供市场依据。

（四）与用户的距离拉近

与传统媒体只能被动接受相比，新媒体传播的过程中接受者可以利用现代先进的网络通信技术进行各种形式的互动，这使传播方式发生了根本性的变化。移动网络及移动设备的普及，在一定程度上实现了信息的实时及跨越时空的传播，同时也拉近了与消费者之间的距离。

（五）个性化营销成为可能

在传统媒体的时代，大众媒体所具有的力量是不可抗拒的。人们接收信息的渠道比较固定，缺少可以发出自己声音的平台。但在新媒体时代，随着信息技术的迅猛发展，消费者可以任意选择自己需要接收的信息，并且可以随时传递自己想要表达的意愿。在互联网时代，消费者可以参与开发适合自己的个性化产品，也可以及时地完成信息接收、信息反馈。

（六）传播快速高效

新媒体的传播速度快、传播强度大，内容包括图片、文字、音频、视频等多样化信息，这些内容更加生动、形象、直观，容易被消费者迅速接收和理解。在具体营销实践中，新媒体营销的传播呈现裂变式增长，使得企业的营销可以在短时间内迅速抵达更多的用户。相对而言，传统营销活动的传播节点简单，传播链条很短。例如，电视广告的传播从公司通过广告把信息传递给观众就结束了，只有企业和观众两个参与方。新媒体营销受益于技术发展和社交平台的普及，使营销活动传播的链条大大延长，而且具有了自发传播的能力和特点。

（七）更易形成“病毒式传播”

新媒体传播由传统的单向传播演变为双向甚至多向传播，使得每一个信息接收者都有可能变为信息源。同时，新媒体的多元、便利，以及传播渠道和平台的开放性、易得性，都使得发散效应颇为显著的病毒式传播在新媒体条件下会有更大范围出现的可能。为此，企业需要真正了解和懂得网友和消费者，了解消费者真正感兴趣的是什么，了解网民最喜欢参与的话题和事件又是什么，通过与消费者的讨论和分享，推动信息的大范围自发传播，形成“病毒式传播”。

（八）营销效果评测数据化

随着技术的发展和移动互联网的普及，每天都会产生海量数据。通过挖掘这些海量数据，可以用数据对商务活动的各个环节进行评估和分析。数据化的表达是新媒体营销重要的特征。

第一，数据化是新媒体营销的基础。新媒体营销的第一步就是要对与营销活动有关的对象进行数据化的挖掘和评估。例如，要通过对访问浏览记录、购买记录、搜索记录等用户行为进行数据挖掘和分层分类分析，从而用数据对用户进行准确描述；同样，营销活动也需要数据分析和运营。

第二，与传统营销粗放评估的营销效果相比，新媒体营销的成果可以进行数据化呈现。例如，企业可以从后台详细地了解有多少人阅读了它的营销文章，转化了多少购买率，转化了多少粉丝关注率，甚至可以知道用户是谁。数据化营销成果的呈现可以促使企业及时调整营销策略和活动，以达到更好的营销效果。

二、新媒体营销的核心法则

（一）趣味法则

新媒体与传统媒体不同，它在情感上与用户走得更近，与用户的联系更紧密，企业在设计品牌宣传信息后，需要研究如何将这些信息投放到影响力巨大的媒体中。互联网的基础属性是娱乐性，只有饱含趣味、创意独特的互联网营销或互动广告，才能吸引更多的目标用户，才能更好地进行品牌宣传。所以说，互联网时代下的新媒体营销需要遵循趣味法则，只有既有趣又好玩的营销内容，才能有效促进互联网用户进行品牌传播与扩散。

随着新媒体与市场经济的发展，很多企业不再寻找适合投放广告的媒体，而是寻求新的营销方式，开辟自己的媒体空间。为策划更有趣的营销内容，企业正努力构建以下发展空间：展现自身的企业文化和专业知识信息的专家空间；激起用户共鸣，并给他们以鼓舞的激发空间；授权用户自己创造有趣内容的空间。

（二）定位法则

通过定位，企业可以按照自身的资源和外部的环境进行定位，把品牌和目标消费人群联系起来。精准清晰的定位可以积极推动企业的发展，反之，则可能使企业遭受一定的损失。

（三）利益法则

营销活动要以为用户提供实际的利益为基础。企业策划任何营销活动都必须站在用户的角度思考问题，想一想活动能为用户带来什么好处，用户为什么要参加营销活动。企业或品牌商要努力分析用户的消费心理，结合营销方式和技巧，设法激发用户参与营销活动的欲望，最终引导用户产生进一步的行动。新媒体营销中，企业能够提供给用户的“利益”的外延变得更加广泛，如信息、资讯、功能或服务、心理满足或某种荣誉，以及实际的物质利益等。

对于新媒体广告来说，利益原则产生的效果是非常明显的。企业以用户的利益为出发点，通过文案和创意的调整，有针对性地设置活动页面，并添加无风险承诺，可以有效提高用户转化率。

（四）实时法则

在互联网还未兴起的时候，传统媒体发布信息的时段通常是固定的，这就导致用户对信息的关注带有一定的阶段性特征。随着新媒体的兴起，情况发生了很大的变化，新媒体不仅可以像传统媒体那样，在特定的时间发布信息，还可以全天候紧跟时事热点，并按照用户的需求和反馈做到实时响应。这就保证了营销者在短时间内获得更高的用户关注度，进而取得更好的营销推广效果。

（五）互动法则

新媒体与传统媒体的一个重要区别就是新媒体具有互动性。新媒体时代的用户不再单纯被动地接收信息，还会主动进行互动并发布信息。新媒体营销中双向甚至多向的互动传播可以促进企业与用户平等交流，为营销带来独特的竞争优势。因此，在新媒体营销中，企业或品牌商要高度重视互动法则，若能在营销活动中做到与用户高频互动，将会产生意想不到的营销效果。

（六）个性法则

传统营销环境下，个性化营销难度大、成本高，但在新媒体时代，个性化营销变得成本低廉、简单便捷。

新媒体营销注重个性化，将会使用户产生被关注、被重视的满足感，不仅可以增加互动，还能够有效提高消费行为发生的概率。随着大数据时代来临，细分用户群体变得越来越精准，因此企业可以有效实施有针对性的营销方案，从而使得营销活动趋于个性化。

第四节　新媒体营销的体系

随着数字技术和通信技术的不断发展，新媒体不仅打破了传媒业、通信业、信息技术的界限，也打破了有线网、无线网、通信网、电视网的界限，所以新媒体兼容、融合各种媒体形态，改变了整个媒体产业结构，也改变了受众的信息接触和传播方式，带来终端革命。作为营销者，必须重新建构其营销体系。海量数据库和共创共享性的传播平台是构建新媒体营销体系的两大基石。依据这两大基石，企业应该根据消费者的兴趣与需求建立消费者数据库，依据新媒体属性构建信息平台，结合消费者、新媒体特性及企业发展目标制定营销战略，利用大数据进行效果评估，以提升营销的精准性和营销效率。

一、建立以消费者为核心的数据体系

新媒体的数字化使通过新媒体所开展的营销能轻而易举地获取消费者的大量信息，这些信息对于企业来说正是决定其营销成败的关键性数据信息。在交互性的新媒体世界里，品牌不是被企业单独塑造出来的，品牌地位和能量是被广大网友联合塑造出来的。随着社会化媒体的兴起，互动成为营销关键，企业迫切希望与消费者产生良性互动。互动的过程既包括企业与消费者的互动，也包括消费者与消费者的互动。在信息互动的过程中，企业不仅可以事半功倍地树立正面品牌形象，还可以根据互动数据信息了解消费者真正的喜好与内在需求，准确理解消费者，进而洞察消费者，有效引导消费者。因此，在新媒体营销内容体系中，企业要根据营销目标和市场定位建立以消费者为核心的数据体系。该数据体系以消费者数据库为核心，还包括各级经销商数据库和企业员工数据库，后两者是以服务前者为目的的。因为对用户的洞察是新媒体营销制胜的关键，谁最了解用户，谁就能赢得用户。

诺基亚从 1996 年开始，在长达 14 年的时间里占据世界手机市场份额第一的位置，在其巅峰的 2000 年，市值达 3 303 亿美元。然而，2013 年 9 月，诺基亚市值跌至 71.7 亿美元，其手机业务部门被微软收购。诺基亚的失败与其创新不足、固守传统、错失智能机发展良机密不可分。在新媒体时代，不创新就不可能提升消费者体验满意度，体验差是留不住消费者的。反观小米的崛起，就在于小米懂得用户，并借助新的营销方式建立起消费者数据库。他们有一套自己的“洞悉”用户的特殊方式和手段，通过社交媒体与用户沟通，让用户参与产品的设计，为中国的手机使用者量身定做，形成一批忠诚的“米粉”，发挥用户的力量进行品牌传播与营销。

二、构建信息传播生态系统

新媒体的融媒性决定了数字化信息承载与表达媒体的多样性。新媒体的社交化造就了“人人都是自媒体、人人都有麦克风”的时代。每个人都是一个营销传播渠道，消费者互相分享信息、传播信息，信息像“病毒”般扩散。在这种环境下，企业应该关注影响信息传播效果的每一类主体，积极构建全方位的新媒体信息平台，打造企业独有的信息传播生态系统。这一系统除了囊括企业的目标消费者和企业自身的营销人员，还包含了媒体达人、意见“领袖”、“草根”网民、社交平台等其他环境因素。作为系统的建构者，企业需要随时关注本品牌及竞争对手和整个行业的发展动向，关注网上的舆论走向和消费需求趋势，使这一系统能真正实现及时搜集相关信息、快速做出反应、保持与消费者和网民的沟通渠道畅通、维系客户关系等营销目的。

例如，小米有自己的专属社区，在小米社区里，小米用户不仅可以看到产品的最新信息，发表自己对产品的看法，分享消费体验，还可以在这里找到归属感。人是群体性动物，一旦形成归属感，就会与品牌之间建立信任关系，成为品牌的忠实用户和拥护者。

三、打造全平台内容营销生态闭环

新媒体为营销者提供了完全不同于传统媒体的各种营销平台和营销方式。门户网站、搜索引擎、网络游戏、微博、微信，均蕴藏着巨大的营销机会；手机、平板电脑，都是营销者可以利用的营销舞台；文字、图片、视频、地图、语音，均成为营销信息传递的工具和介质；网络“大咖”、“草根”网民、企业官网官微，都是营销的重要参与者和影响者。在新媒体时代，企业想成就自己的品牌，就应充分利用各种传播媒体和营销工具，打造全平台内容营销生态闭环。具体来讲，就是以多种手段真正引发消费者的积极性，不断激励消费者，做好内容营销，形成口碑效应，实现企业资源利用的最优化和企业效益的最大化。

曾是青少年牛仔裤的首选品牌“李维斯”，在“优衣库”等快时尚品牌的侵袭下，在中国曾一度陷入销售低迷。为此，李维斯制订营销计划以提高品牌知名度和市场份额。李维斯推出了一个全球性的推广活动——“Live in Levi's”。整个活动覆盖全球范围内的数字媒体、社交平台、电视、电影院、平面媒体、手机媒体和线下门店，涵盖了新媒体和传统媒体的诸多领域，通过现实生活与虚拟活动的结合与深入接触，激发消费者的参与性。

李维斯深谙视频营销魔力，通过拍摄短视频，在全世界范围内取景，选择李维斯的不同消费群体在不同场合穿着时的场景来表现李维斯的品牌特性，再配合跳跃、翻滚、跑步等动作凸显产品特性。视频带来的冲击力让消费者看到李维斯的与众不同。

另外，分享故事，发动歌手、时尚达人、时尚编辑、摄影师、潮人等圈子里的人来讲出自己心目中“活出趣”的故事，进而引导消费者讲出自己的故事。有明星就有话题，全世界范围内的消费者都可以通过李维斯的平台分享自己眼中的“活出趣”的故事，以及自己和李维斯之间的故事，让消费者的热情不断升温。

由于整个过程注重消费者参与，李维斯充分利用了社交媒体的传播威力，并借助自己所拥有的资源，最后成功地让更多的消费者与品牌进行互动，从而形成一个良性的闭环。

四、利用大数据进行效果评估

新媒体时代，企业较以前更容易掌握大量的消费者数据，但同时也面临庞大数据如何运用的困惑以及一些核心数据难于获取等问题。因此，在营销的过程中，企业需要不断收集相关数据，构建基于大数据的效果评价新体系，帮助企业客观评估营销效果，改进营销方法和策略。

具体来讲，企业可以从以下两个方面着手：第一，充分发挥数字媒体特点，利用搜索引擎、口碑营销与舆情监控评估工具，评估品牌广告和营销的效果；第二，合理构建效果评估体系，综合评估，判断绩效。通过基于大数据的效果评估数据更好地指导企业开展新媒体营销活动，提高企业营销活动的效果与效率。

利用大数据技术进行店铺评级的方式在电商领域得到了广泛运用。用户和店铺之间发生的各种行为，如购物、网页点击、售后服务等数据，都被用作反映店铺管理和营销效果的重要指标。以京东为例，在店铺评级体系上线后，京东在前台页面及后台系统中都展示了店铺评级的体系内容和各项结果，用户和店铺人员能够方便快捷地找到其需要的内容，让双方信息变得更为透明。从消费者角度，消费者可以清晰地了解到各个店铺在服务、商品和时效各方面的表现和水平高低，丰富明确的量化信息为其进店和购物决策提供了高效客观的数据。从商家角度，评级结果可使运营人员找出自身的优势和不足，从而改善运营现状，不断提升运营水平以获得用户更好的评级，而更好的评级成绩又可以用来吸引更多的用户，形成良性循环。

第三章 新媒体营销的定位分析

新媒体营销策划的第一步是定位，只有明确了定位，才能全方位开展营销策划活动。定位主要解决三个“W”的问题：给谁做（who）、做什么（what）、在哪里做（where）。这三个问题分别对应的是用户定位、内容定位和平台定位。只有先将以上三个问题分析透彻，才能够有的放矢地进行营销策划。本章围绕用户定位、内容定位、平台定位等内容展开研究。

第一节 用户定位

一、了解用户数据

（一）用户数据的范畴

用户数据泛指能够反映用户属性、和用户相关的数据。虽然这个定义较为简单，但用户数据所包含的内容却比较丰富。从小而细节的方面来说，用户数据包括日活跃人数、月活跃人数、留存人数、新增客户数量等；从大而泛之的角度来说，用户数据包括用户画像、用户属性、用户层级等。

根据产品特性及使用情况的不同，不同类型企业用户的深度和侧重点都有所不同，如电商更侧重于了解和分析用户的喜好、年龄及购买力等，金融类企业更侧重于了解和分析用户的信用、工作信息、财务信息等。

用户数据可以分为用户属性数据和用户行为数据。

1. 用户属性数据

用户属性数据，即用户基础数据，如姓名、性别、年龄、电话、邮箱、生日、家乡、学历等围绕着“人”这个主要对象的一些基础属性。

更多的用户属性数据可扩展到用户的行为记录，包括内容消耗记录与频次、线下交互活动数据、线上直播参与数据等。这些属性数据对于用户分析有很大意义。

2. 用户行为数据

用户行为数据是用户在 App 中与相关服务发生互动行为而产生的数据，如关注、回复、咨询、点击菜单等行为。用户的行为由简单的五个元素构成——时间、地点、人物、交互方式、交互内容，即用户在什么时间、什么地点，以何种交互方式完成了什么内容的操作。

用户行为数据代表了用户和产品的互动模式，商家通常可通过各种方式影响用户行为数据。分析用户行为的方法叫作行为分析。社交行为数据是一种比较明显的用户行为数据，包括微信、微博等数据，这部分数据是增值数据，对用户画像的构建很有帮助。

（二）用户数据的搜集

用户数据搜集是指通过各种方式获取所需要的用户数据。企业从庞杂的数据背后挖掘、分析用户的行为习惯和喜好，找出更符合用户“口味”的产品和服务，并结合用户需求有针对性地调整和优化自身，这正是用户数据搜集的价值所在。

用户属性数据获取方式有以下几种。

①通过 App 接口获取。如昵称、头像、性别、国家、城市、语言等，可以从用户的注册信息中获得。为了方便商家了解顾客信息，各大电商平台后台都记录了用户的数据，想要了解用户数据，从电商平台后台查询是最直观、最简单的方式。例如，在淘宝店铺后台可看到用户的昵称等基本信息，以及购买记录、收货地址等，这些数据一般平台都是免费提供给商家使用的。如果商家想要了解平台用户的行为特征等更深入的信息，更加了解潜在顾客，使自己的店铺更具有竞争力，一般需要付费购买用户数据。

②通过调查询问获取。一般可通过邀请用户填写调查问卷的方式获取用户的姓名、年龄、受教育水平等基本信息。

③通过外部数据获取，即从外部渠道获取数据，如第三方平台、社交网站和活动合作方等。商家可以通过第三方平台购买或定制个性化用户数据，了解自己潜在用户的信息。

二、进行用户定位

（一）用户定位的概念

用户定位是指确定产品将为哪些用户提供服务，产品给什么样的人提供了什么样的服务。企业在营销的过程中，只有了解自己的目标用户，才能根据这些用户的需求及痛点提供针对性的服务，从而达到最好的营销效果。

在传统工业时代，企业通常是先生产产品，然后推销到用户手中；但现在是互联网信息时代，信息的透明化意味着用户的选择增多。如果不了解用户的需求及痛点，用户为什么非要选择你的产品？为什么不选择另一家更符合用户特征的产品呢？所以在竞争如此激烈的情况下，进行用户定位就显得十分重要了。

（二）用户定位的必要性

用户定位的目的是通过打造更符合用户需求的产品，推动产品的更新换代，从而提供定制化服务，实现更精准的运营。用户定位的必要性主要体现在以下三个方面。

①对于产品来说，进行用户定位可以验证产品的可行性，研究产品的决策，清晰地了解用户的行为习惯，从而找出产品存在的缺陷，以便下一步对产品进行迭代与优化。例如，一家专门做男装的定制服装店，目标用户群显然是男性，但是女性也会为男性购买服装，最终给目标用户群消费，只是行为对象发生了转化，目标用户群里的对象发生了改变。因此，为了吸引女性群体来消费，可以这样宣传：做他坚强的后盾，从一件定制西服做起；母子深情，定制见证；等等。

②对于设计而言，进行用户定位能够为用户提供满意的个性化服务，并发现交互的不足，从而改进与完善设计。

③对于运营来说，进行用户定位可以提高裂变式增长的有效性，实现精准营销，从而全面挖掘用户的使用场景，并分析运营中存在的问题，以便决策的转变与调整。

（三）用户定位的方法

1. 进行属性分析

要想对用户进行定位，必须了解用户的各种属性。一般来说，主要从用户的外在属性、内在属性和消费属性三个方面进行分析。

（1）外在属性

外在属性主要是指一些外在的、可见的属性，如用户的地域分布、用户的产品拥有情况、用户的组织归属（如企业用户、个人用户）等。一般来说，这些类型的数据相对容易获得，但较为粗糙，不容易从用户层面识别出谁是“优质”用户，只能大概了解到某一类用户（如大企业用户）对比另一类用户（如个人用户）可能有更强的消费能力。

（2）内在属性

内在属性是指由用户的内在因素所决定的一些属性，如由性别、年龄、信仰、爱好、收入、家庭成员、信用度、性格、价值取向等决定的属性。通过用户的内在属性也可以对用户定位，如贵宾用户等。

（3）消费属性

所谓消费属性，是指消费者的一些消费行为所体现出来的相关属性，即最近消费、消费频率与消费金额，也称作 RFM 模型。

“R”是指用户最近一次消费的时间，可理解为用户最后一次下单距今的时间，这个指标与用户流失和复购直接相关。

“F”是指用户下单频率，即用户在固定的时间段内消费了多少次，这个指标反映了用户的消费活跃度。

“M”是指用户消费金额，即用户在固定的周期内在平台上的消费金额，直接反映了用户对公司贡献的价值。

RFM 模型通过一个用户的近期购买行为、购买的总体频率以及消费金额三项指标来描述该用户的价值状况。这些指标可在财务系统中获得，但并不是每个行业都适用。如在销售行业中，对用户定位的主要依据是产品使用量、付款记录、信用记录等。

2. 进行用户行为分析

在初步了解用户的各种属性之后，要进一步分析用户的行为。简单来说，用户行为分析是通过构建用户的行为模型或者用户画像来优化产品决策、实现精细化运营、指导业务增长的一种分析方式。

（1）收集用户行为数据

对企业而言，用户的细微行为数据具有巨大的商业价值，因此想要收集到更多、更优质的用户行为数据，首先要明确数据的收集方式，以便更好地支持后续的数据分析。常用的数据收集方式有平台设置埋点和第三方统计工具。

平台设置埋点是一种非常常见的数据收集方式，是指通过编写代码和日志布点的方式来详细描述事件和属性。以用户登录为例，用户在 App 上进行登录时，相关操作都会被记录下来，并以日志的形式存储在指定的服务器上。

我们需要根据指标去搭建分析模型。常见的第三方统计工具有百度统计、腾讯分析、友盟、混合面板（Mixpanel）、堆分析（Heap Analytics）、谷歌分析（Google Analytics）等。

（2）寻找用户行为数据衡量指标

要想分析用户行为数据，关键是要找到一个衡量数据的指标。一般可以根据用户行为表现对指标进行细分，主要分为三类：黏性指标、活跃指标和产出指标。

①黏性指标。黏性是衡量用户忠诚度的重要指标，它对整个企业的品牌形象起着关键的作用。用户黏性是指用户对品牌或产品的忠诚、信任与良性体验等结合形成的依赖程度和再消费期望程度。依赖感越强，用户黏性越高；再消费期望值越高，用户黏性越高。

②活跃指标。活跃指标可以在一定程度上反映用户的参与度，一般来说，用户活跃度越高，日访问次数越多，日访问时间越长。

产品属性、产品体验、用户属性等都会对活跃指标产生影响。要想提升活跃指标，需要注意优化产品的核心功能，突出产品的优势，向用户推出活动奖励，吸引用户使用产品及接受服务。

③产出指标。产出指标依据产品是否按照预定数量生产、产品质量是否达到预定标准、产出实效是否达到预定进度、产出成本是否在预定范围内进行划分。

产出指标主要衡量用户创造的直接价值输出，如页面浏览数、独立访客数、点击次数、消费频次、消费金额等。根据这些指标，企业可以优化并调整营销策略；增强用户的黏性，提高用户对产品的依赖程度；提高用户的活跃度和参与度；提升产品价值，提高用户的忠诚度。

第二节　内容定位

营销的竞争是一场关于心智的竞争，营销竞争的终极战场不是工厂，也不是市场而是心智。内容定位，即根据目标人群的心智明确活动策划的内容、方向和目标。

好的内容一定会给用户带来价值，满足用户需求，帮助用户解决问题，以至帮助用户成长，消除焦虑感。也就是围绕一个定位：帮“哪些用户”，在“什么场景”，解决“什么问题”。这样的内容更容易生存，也更持久。

一、内容定位的指导理论

（一）数据思维指导内容定位

好的内容选题不是拍脑袋得来的，爆款文章也不是单方面冥思苦想所能完成的，通常需要经过大量的数据调研、分析、总结得出。运用数据思维来分析自己和读懂用户，可以帮助新媒体营销人员挖掘有价值的内容。

1. 分析自己

这是一个了解自己的过程。通过分析团队的特点，或者深度挖掘已有账号的过往表现来量化地审视分析自己，用数据思维实现对内容定位的把握。

（1）对营销团队的分析

通过以下三个问题，了解自己的团队能做什么。

①我能提供什么产品或内容——写下自己会的东西。

②归类——将可以归到一起的分为一类。

③我的产品和内容是为什么人服务的——对应内容面向的人群。

（2）对已有账号历史数据的分析

对已有新媒体账号进行数据统计和分析，能够实现更加精准的定位。这个分析的过程通常包含两个方面。

①分析账号的历史发文数据。通过统计账号过往的全部历史文章和视频数据，分析得出哪些内容类型在哪些方面取得了比较好的效果。把这些结果做成详细表格，便于以后的测试和优化。例如，不同内容方向的点赞量、评论量、分享量、收藏量、打开率、分享率、完播率、推送时间等数据。

②挖掘用户的真正需求。仅仅依靠历史数据是远远不够的，同时还要发动用户获得更多新数据。可以通过各种方式去了解用户喜欢什么，如可以在后台让粉丝投票选择感兴趣的选题类型，可以让用户留言讨论，可以通过在线问卷平台进行调查，可以在粉丝群里询问了解，可以一对一深入沟通等。总而言之，面对新的选题，可以通过和用户互动的方式挖掘出他们真正的需求，同时将用户感兴趣的选题方向做成详细的表格。

2. 读懂别人

简而言之就是寻找与自己有相同目标的用户群和品牌调性的账号，通过分析这些账号进一步确定被用户认可、传播力强的新媒体选题方向。这个过程包含两个方面。

（1）选取目标账号

借助新榜、微指数等第三方平台，找到相关行业的爆文，然后找到对应账号，或者直接锁定榜单。

（2）分析选题方向

确定目标账号后，要对这些账号进行内容选题分析。通过长期的跟踪、观察和统计分析，将传播效果好的选题以可视化的方式呈现。

（二）心理学原理定位高传播力内容

从认知神经科学和心理学的角度看，高传播力的内容应该是能够唤起用户情绪的内容。令人感到新奇、困惑、恐惧、激动的内容往往更容易获得传播。这是从人类的大脑对接收信息的优先排序来判断的。

人的不同情绪其实是由人体分泌的不同化学物质产生的，最重要的有以下四种神经介质，它们控制了人的积极乐观、同理心、愉悦感、愤怒、紧张、恐惧等情绪。一种神经介质就对应着一种高传播力的内容。

①五羟色胺：使人情绪高涨，积极乐观。五羟色胺型的内容如成功企业家演讲、创业者的励志故事，通常都会让人情绪高涨，正能量满满，精神振奋。

②催产素：使人产生情感共鸣。催产素型的内容包括抚慰人心的感人故事、匠人精神、亲情、友情、爱情类的内容等。

③多巴胺：使人产生愉悦感、满足感。多巴胺型的内容包括美好的爱情、动听的音乐，一些知识型文章也属于多巴胺型的内容，因为知识的获取和分享能够给人带来满足感。

④肾上腺素：使人因为愤怒、恐惧、紧张而变得呼吸和心跳加快。肾上腺素型的内容往往能迅速调动大众情绪，如批判类文章或能引起广泛共鸣的内容。值得注意的是，这类文章的价值取向和语言措辞一定要正确严谨，否则有可能沦为操纵大众情绪的精神传销内容。

二、内容定位的方法

（一）明确账号具体职责

其实，一家企业或机构的新媒体账号可类比为面向用户的电子杂志，做内容，做运营，做营销，承担着品牌传达、内容传播、用户增长、用户服务、产品推广、营销变现、用户管理等诸多任务。

不过，当前很多企业将新媒体账号做成了企业内刊，只发布企业产品信息，发布领导讲话，介绍企业实力，与用户基本无互动，使新媒体账号变成了“硬广”宣传栏，这是一种非常错误的做法。企业内刊和电子杂志的主要区别在于前者是以企业为中心做内容，而后者是以用户为中心做内容。新媒体运营的本质不是销售和做广告，也不是做概念和讲故事，而是在结合公司定位、产品定位的基础上，去洞察和满足用户需求。因此，新媒体运营的核心工作就是了解、洞察用户需求，然后整合资源，最大化地满足用户需求。

（二）洞察核心用户需求

我们在做新媒体内容之前，首先要确定自己想吸引的用户是谁，了解用户、掌握他们的需求之后，才能进一步选择内容。很多新媒体账号打开率低、涨粉慢、取关率高，其实都是内容和用户需求不匹配的表现。对于初入职场的新媒体人来说，了解和接触用户是做好专业工作的第一步。

腾讯公司曾经提出过用户需求调研的 10/100/1 000 原则——“产品经理每个月必须做 10 个用户调查，关注 100 个用户博客，收集反馈 1 000 次用户体验。”

在这个原则基础上，提出了新媒体用户需求调研的 10/100/1 000 原则——每个月要做 10 个用户调查，关注 100 个用户的朋友圈，收集 1 000 次用户反馈，这样才能帮我们更好地了解用户需求，保障用户价值的实现。这个方法虽然看起来很笨，却非常有效。研究用户需求没有任何捷径可走，我们一定要避免想当然地猜测用户的习惯。要想保障用户价值的实现，随时保持与用户的沟通是最直接、最有效的办法。

当然，除了 10/100/1 000 原则以外，新媒体人获取和倾听用户的直接需求，还可以采取以下几种方式。

1. 建立核心用户群

最好找两个极端的用户，一个是“疯狂”爱你的用户，一个是“疯狂”恨你的用户，在他们身上我们可以发现很多东西。在用户群里，可以给他们提供一些福利，如提前体验产品、开展相关讲座等，并实时与他们进行沟通，了解一些运营过程中需要改进的问题，及时反馈改进的问题，不断对内容进行优化。

2. 定期组织线下活动

了解用户需求最直接的方法就是到用户中去，我们可以根据新媒体账号后台数据，在用户人数最多的地区，定期组织线下活动。通过亲眼见到真实的用户，我们可以真正地感受自己的用户是什么样的，直接了解他们有什么样的具体需求。

3. 把自己培养成自己的忠实用户

作为新媒体营销人员，如果你发的内容自己都不喜欢，那么一定也很难吸引用户的注意。举个简单例子，某个新媒体账号拥有上百万用户，但是每次发推文卖货的时候，转化率都特别低。后来运营团队亲自体验购买流程后，才找到用户转化率低的原因，原来用户从看到商品信息到购买商品，需要填地址、领取优惠券、绑定会员等，整个购买流程需要 15 步，花费近半个小时才能完成。由于过程太过烦琐，很多人放弃了购买。所以，我们的公众号就像产品一样，你一定要经常去体验，才有可能发现问题，更好地满足用户需求。

4. 通过数据和评论了解用户

数据永远是最真实的反馈，通过问卷调查、内容推送的阅读量和转发量、后台的评论和互动等数据来了解用户的需求，也是一个非常有效的了解用户需求的渠道。

第三节　平台定位

一个平台的调性就好比一个人的性格，不同平台的调性不同，同样的内容在不同的平台上发布也会有不一样的效果。企业营销人员必须深谙不同新媒体平台的特点和风格，如此才能选择适合自身需求和调性的平台开展营销策划。

一、微博平台

（一）微博平台的定义

微博是一种通过关注机制分享简短、实时信息的广播式的社交网络平台。用户可以通过网络组建个人社区，以简短的文字公开发布信息并实现即时分享。我们也可以将微博理解为一个基于用户关系分享、传播信息的社交平台。

在2014年之前，国内微博市场份额主要由新浪、腾讯、网易和搜狐四家公司占领。2014年之后，随着腾讯、网易和搜狐等公司相继减少对微博的投入，各个微博服务商之间的竞争逐渐缓和，用户群体主要向新浪微博倾斜，这也促使了新浪微博的用户数持续提升，新浪微博基本占领了国内的微博市场。

作为移动互联网时代连接用户的重要平台，微博已经建立起独特的“内容—粉丝—用户—变现”商业生态闭环，旨在基于社交关系和优质内容，帮助企业构筑自己的用户群和新渠道，持续为合作伙伴的社会化营销赋能。

（二）微博平台的内容定位

1. 品牌推广型

品牌推广型的微博定位于推广企业品牌，目的在于树立企业的品牌形象，如华为中国官方微博，主要发布华为公司的重大新闻活动、新品发布等内容，通过微博传递企业品牌形象，提高企业知名度和美誉度。

2. 内容互动型

内容互动型微博的主要功能在于维系企业同粉丝、用户之间的关系，强化企业在消费者心中的形象。因而，该类型微博发布的主要内容是向用户传递关怀，突出企业的用户导向理念。

3. 业务销售型

从本质上说，企业开展微博营销的目的是盈利，因而可将微博直接定位于产品销售或者服务购买，通过微博直接为企业带来经济收益。例如，华为官方微博发布产品促销活动信息，将微博作为企业产品销售的平台，通过微博促进产品的销售。

二、微信平台

微信已成为全民级移动通信工具，也是目前流量最大的新媒体平台。可以说，微信完全融入了国内网民的生活。具体而言，在微信平台上，企业常用的新媒体资源和工具主要有微信公众平台、微信群及微信朋友圈。

（一）微信公众平台

利用微信公众平台账号进行新媒体营销活动，简单来说就是进行一对多的媒体行为活动，如商家通过微信公众服务号二次开发展示商家微官网、微会员、微推送、微支付、微活动、微报名、微分享、微名片等，已经形成一种主流的线上线下微信互动营销模式。

自2012年上线以来，微信公众号的数量得到了迅速增长，公众号已成为用户在微信平台上使用的主要功能之一。微信公众号已拥有成熟的流量变现模式。经过数年发展，庞大的创作群体加速了微信公众平台的发展，尤其是粉丝数量的激增促使公众号从单纯内容输出向商业化、专业化转变：企业通过企业号、服务号发布官方信息，并直接与用户沟通，通过订阅号的打赏推广广告等方式进行流量变现。微信公众号已形成广告推广、电商运营、内容付费等清晰的商业模式。围绕公众号产业链聚集了大量第三方运营企业。

微信公众号按照功能定位可分为以下几个主要类别。

1. 客户服务类

客户服务类公众号主要面对销售型企业或公共服务行业，如“招商银行信用卡”公众号，针对每个关注的粉丝客户，通过登录实现账户实时消费动态在线消费查询，以及会员积分兑换等。它适合大的连锁企业，每个粉丝都来自消费者或线下门店，能够为粉丝客户带来持续性的服务和跟踪。

2. 品牌推广类

品牌推广类公众号更多的是用于打造公司品牌形象，向粉丝或消费者传达公司的品牌理念和企业动态等，不论其产品销量怎样，其“情怀”理念的传导非常具有传播力度。粉丝对品牌理念的认同会进一步吸引更多粉丝，引起品牌共鸣，实现企业销售扩大与品牌知名度提升。

3. 销售渠道拓展类

微信巨大的活跃用户数量对任何一个企业来说无疑是一座亟待发掘的“金矿”。销售渠道拓展类公众号主要通过微信与微信支付的便捷性，打造纯销售或者促销信息整合的平台。这类公众号属于销售的承载平台，目前已经有很大一部分人开始深入这个领域，出现了一批热销于朋友圈的产品，如水果、特产、减肥产品、美容产品、快销产品等。微信公众平台既是其销售的管理平台，又是线上重要的传播渠道。

4. 媒体资讯发布类

媒体资讯发布类公众号目前数量占比相对较多，如央视新闻、环球时报、第一财经周刊等。这类公众号的内容具备即时性、真实性、深入性，适合打造行业或个别领域的资讯解读平台。另外，这也可以将电脑端或纸媒的流量和粉丝导向自己的公众账号，可以让粉丝更加便捷地获取其关注的资讯信息。

5. 个人自媒体类

个人自媒体类公众号可以用包罗万象来形容，是微信公众平台上最多的一种类型，如逻辑思维、蛋解创业、假装在纽约等都是行业内比较出名的个人自媒体。这种大型的个人自媒体也在逐渐向企业运营转变，因为自媒体终将面临变现的问题，其一般会吸引由个人原有影响力带来的忠诚读者、被优质内容吸引来的粉丝，还有被自媒体人的各种价值观所影响的追随者。这类公众号更多是以个人魅力与发布优质原创内容为吸引点，并不适合企业来做，但是可以尝试用自媒体的方式把企业的代表人物打造成一个“网红”自媒体账号。

（二）微信群

微信群是用户社群运营和客户服务的载体，可以形成人脉圈效应。微信群的传播形式丰富，包括但不限于文字、图片、语音、视频、位置、名片、第三方应用等，具有移动互联网的创新性和有效性，打开频次更高，用户体验更佳。

利用微信群进行营销，就是借助平台用户基数大、活跃度高的特点进行的，包括品牌推广、活动策划、个人形象包装、产品宣传等一系列营销活动。

微信群营销的特点及优势体现在以下方面。

①成本低。相对于动辄上千万投入的传统营销方式而言，微信群营销以其低成本、高回报的优势获得了众多企业的青睐。在传统的营销者看来，如何让更多的人了解自己的产品，并转化为购买行为是他们营销的重要工作。但在微信群中，每一个个体都是购买力和传播力的结合体，无论“购买”还是“传播”，用户都能为企业带来巨大效益。

②够精准。微信群的功能定位就是告诉别人这个微信群是干什么的，每个微信群都有自己的作用，这个定位越具体、越细化，就越能够精准吸引目标用户。当群成员根据群功能定位察觉该群并不适合自己或者不是自己想要的时，就会主动退出群聊；而真正有需求且适合这个圈子的人就会留下来，到最后留下的通常都是真正适合或喜欢这个微信群的人。精准营销也为许多企业找到了可行的方法，将硬广变为软广，从“茫茫人海”转向了“特定社群”，这不仅节省了成本，还带来了众多的精准客户。

③裂变快。裂变原理告诉我们，每一个微信群里的成员之间都有着千丝万缕的联系，好像一个“鱼塘”，具有自裂变属性和社交属性。因此，营销人员可以在微信群里策划一系列的方法、方案作为“鱼饵”，将粉丝瞬间“引爆”，最后抓住时机有条不紊地扩大微信群的规模，实现数据库的快速扩大。

（三）微信朋友圈

作为熟人社交中非常有代表性的一个圈子，微信朋友圈是人们分享自己日常生活的地方。与微博这种开放式的社交平台不同，微信朋友圈具有一定的私密性，人们更愿意通过微信朋友圈去关注和了解亲朋好友的生活状态。

微信朋友圈具有以下优势与特点。

①私密性强，传播圈层封闭。由于微信的封闭属性，朋友圈的内容仅限于微信好友进行查看，传播圈层较为封闭。

②信任度高，沟通有效性强。微信朋友圈实际上是一个熟人的圈子，分享的意义和价值并不仅是与熟人间的感情交流，熟人的信任关系更是进行互惠互利的商务活动的优良土壤。

③形式多样，可扩展性好。微信朋友圈可以发布文字、图片、短视频以及链接等内容，好友通过分享就能实现引流，也可以方便地通过识别图片上的二维码来阅读更多内容。

（四）微信群互动营销活动

微信群重新定义了品牌与用户间的互动方式。在传统的营销推广方式中，主要通过各种媒体把产品以广告的形式推出去，推送者并不知道自己的产品被谁关注、关注多少，什么时间被关注、什么地方被关注，也无法与用户进行交流；而通过微信群将产品营销推广出去，当产品得到目标用户关注后，便可与用户达到几乎 100% 的交流，用户的黏性与精准的营销数据远远超过了传统的推广方式。下面以“欢乐时光美味团”社区水果店微信群营销为例，具体说明微信群互动营销活动的开展。

1. 用户需求定位

微信群营销的关键点在于抓住用户需求的“痛点”。只有抓住用户的“痛点”，用户才会心甘情愿加入微信群，并且不会屏蔽。社区水果店在开展微信群营销之前，首先会对所在小区房价、楼龄、入住率、竞争度等方面进行具体调研分析，了解该小区住户群体类型。

2. 拉群裂变

建微信群就是在建立自己的圈子，要深耕这个圈子，让这个圈子的人都有信任感。在定位了用户需求以后，水果店首先建立了自己微信群，并取名为“欢乐时光美味团”，然后将微信群的二维码打印出来，写明：新店开张，邀请 3 人加群，可 1 元领水果一份。将二维码分发到小区住户手中。在分发传单过程中，特别注意选择年龄在 30 ～ 40 岁的客户。通过每人拉 3 人进群的方式，在短短 1 天时间内群成员增加到 500 多人。

3. 目标人群筛选

加群的不一定都是精准的目标客户。因此，水果店对群成员进行了仔细的筛选，不做图便宜、高要求的客户的生意，用价格把非目标人群挡在门外，重点满足高端客户需求。并且只做高端水果，该水果店只销售精品水果，且品类控制在 20 种以下，如榴莲、芭乐、莲雾、黑提、小番茄、珠宝李、蜜瓜、黄瓜、点心和部分干货，低单价的常规品类一般不销售。

4. 群互动

微信群是一个增加互动的入口，要想用户产生信任感还需要经营好自己的朋友圈。在朋友圈要不定期分享采购水果的过程、撰写水果营养知识的推文，使微信群目标客户相信所有的水果都是最新鲜的，慢慢与客户形成朋友关系。在微信群少打广告，可以通过做互动小游戏进一步增加粉丝量。

三、网络视频平台

（一）长视频平台

网络视频行业是指在互联网上提供免费或有偿视频播放、下载服务的行业。视频内容来源主要有用户上传原创内容、向专业影像生产机构和代理机构购买版权内容以及网络视频企业自制内容三种渠道，涉及电影、电视剧、综艺节目、体育赛事等内容产品的生产与传播。经过多年的发展，中国网络视频行业格局已经初现，爱奇艺、腾讯视频、优酷、芒果 TV 等平台成为中国网络视频行业的中坚力量，弹幕视频网（AcFun）等平台则凭借相对差异化的定位和内容品牌优势也获取了一定的市场份额。

综合来看，爱奇艺、腾讯视频、优酷三大平台内容选择和分发能力并不存在显著的差距，但侧重点有一定的差别。具体来看，优酷更加侧重头部内容，选择重点投入较少的内容获得较高的流量，和几大影视公司合作密切；爱奇艺更加注重内容的多样性，同样重视腰部和长尾内容，合作方也更加均衡；腾讯视频更加依赖生态资源，重点在剧集方面发力，以维持平台流量。

（二）短视频平台

短视频是指在各种新媒体平台上播放的、适合用户在移动状态和短时休闲状态下观看的、高频推送的视频内容，时长较短，其内容融合了技能分享、幽默搞怪、时尚潮流、社会热点、街头采访、公益教育、广告创意、商业定制等主题。

1. 短视频的特点

（1）短小精悍，内容为王

由于时间有限，所以创作者需要花费更多的心思去吸引受众。于是短视频就需要放入大量精彩内容，这便造成了短视频虽然短小，但是内容依旧具有完整性的特点。短视频的出现满足了受众日益多元化的媒介使用需求和碎片式的媒介使用习惯，因此占据了大量的用户市场。视频时长在 15 秒到 5 分钟。相对于文字和图片而言，视频可以带给受众更好的视觉体验，且在表达方式上更加生动形象，能够将创作者所要传达的信息更切实、更生动地传达给受众。因此，短视频所展示的内容往往较短，符合受众碎片化的接受习惯，但同时还能降低受众参与接收信息的时间成本。短视频的核心理念就是时间短，如果内容不精致，不能在视频的前 3 秒抓住受众，就不能达到有效的传播效果。

传统长视频的发展方向不同于短视频，依靠长视频吸引受众的可能性比较小，所以短视频吸引受众的方式主要依赖于内容。对于短视频而言，内容为王，短小精悍尤为重要。

（2）制作过程简单

在短视频出现之前，大众对制作视频的第一印象普遍为电视剧或电影。因为在大众之前的认知中，制作视频需要有专业团队，要在特定的环境当中，会耗费大量的人力、物力，门槛极高。但随着短视频的兴起，大众发现自己可以通过手机进行拍摄和制作，通过简单的处理就可以上传至网络，收获流量和关注，于是创作者数量大大增加。短视频之所以能逐步发展，主要依靠大众的表达和创作欲望。因此，国内出现了哔哩哔哩（bilibili）弹幕网站、优酷视频等早期一些可以上传短视频的平台，允许用户将自己的观点或生活片段通过短视频进行分享。而抖音的出现则将大众获取信息的方式从贴吧、微信公众号、微博等文字图片平台转换成短视频平台。复杂制作过程的省略让短视频作为互联网时代的一种新型媒介形态，以集文字、影像、语音和音乐等传播符号为一体的多元化复合媒体出现。

（3）传播性强

手机作为新媒体时代的传播媒介，其信息的传播真正做到了实时沟通——信息的生产者把信息通过手机发送给接收者，与此同时，信息的受众在获得信息后可以迅速对此信息进行二次加工处理，并且及时进行反馈。新媒体依托手机这种媒介在人与手机互动这一方面有着传统媒体无可比拟的优势。

随着互联网技术的强势发展，手机作为新兴媒体高度介入信息传播之中，成为众多信息传播平台的有力载体。作为新兴传播媒介，其传播的个性化特征充分体现了新媒体传播性强这一特点。在此传播体系中，信息的传播者与接收者平等，两者在一定条件下达到了既相互独立又相互融合的状态，传播者与接收者之间没有明确不变的界限，这是传统媒体达不到的传播广度和深度。短视频的制作门槛比较低，又将手机作为传播媒介，短视频的发布渠道多样，因此使用户能够轻松实现直接在视频平台上分享自己制作的视频，很容易促成信息的快速传播。良性的传播渠道和传播方式使短视频传播的力度大、范围广，同时又保证交互性极强。

（4）社交黏性高

分众性传播是近几年新媒体传播的发展趋向，信息的受众按照特定的标准，通过特定的途径，选择和过滤有效信息，进而屏蔽冗杂信息，这极大程度上决定了信息传播者所传送信息的意图能否实现。受众在接收信息时的主动性和个人偏好逐渐成为信息传播这一过程中实施的方向。在数字网络化的现代，新媒体传播活动呈现出信息整合的形态，任何受众都可以通过互联网、手机等传播媒介随时进行信息沟通，人际传播的性质得到飞速强化。

在信息化网络时代，传统的广大受众开始逐渐被分割为趣味相投的“小众”受众群体，如兴起的各种网络社团、论坛群体。在小受众之中，以相同的爱好或者兴趣为表征，受众也许更容易找到志趣相投的伙伴，使传统大众传播固定的信息内容受到冲击，从而扩大了个人的意愿及表达空间，促进了信息时代的多元化发展进程。

在各种短视频平台和应用中，用户可以对视频进行点赞、评论、转发，还可以私信视频发布者，视频发布者也能及时对评论进行回复，这便是用户黏性中非常重要的重复性。当短视频平台的用户重复使用或多次打开视频应用时，这一高频的使用过程被称为用户黏性高。社交是人类的本性，只要人存在就必然会产生不同类型的社交平台，一个广泛使用的平台就是一笔巨大的财富，而短视频平台利用了人们追求性价比、同质化的特点，在创作者和受众的互动过程中，平台作为创作者和用户之间信息传递的桥梁，在负责对内容进行组织、筛选、分类，提高短视频内容价值的同时，提供精准的信息扩散、传导和交换服务，进而增加社交黏性。

（5）方便营销

直接消费性是新媒体传播过程中的属性之一，这与新媒体的管理及营运方式密切相关。在可管理的网络及手机支付的收费模式两个方面表现得尤其突出。可管理的网络是手机作为电子智能型媒体的优势，依托大数据互联网技术，在现有的通信网络开发过程中，新媒体基于传统媒体管理架构，综合其个性特征，不断优化和革新，逐渐形成了极其方便的操作系统。不仅运营商可以在此基础上开展移动通信业务，对于手机用户而言，他们也可以利用这套网络来实现移动商务及电子消费。手机作为信息传播的媒介和载体，可以跳过传统的支付手段直接实现新的消费模式。

2. 短视频的发展历程

在 2004 年到 2011 年长达八年的时间里，随着优酷、搜狐、爱奇艺等视频网站的相继成立，以及用户流量的持续增加，我们逐渐进入视频时代。

2011 年以后，伴随着移动互联网终端的普及、网络的提速，以及流量资费的降低，更加贴合用户碎片化消费需求的短视频凭借着“短平快”的传播优势，迅速获得了各大平台、粉丝以及资本等多方的支持与青睐。

自 2013 年新浪微博推出“秒拍”起，短视频在我国互联网的土壤上开始快速生长。如今，在智能移动终端应用商店的“摄影与录像”类的排行榜中，抖音、快手、微视等短视频 App 争奇斗艳，短视频领域已成为互联网巨头竞争的新战场。总体来说，短视频经历了萌芽期、探索期、成长期、成熟期和突破期五个发展阶段。

（1）萌芽期

短视频的源头有两个：一是视频网站；二是短的影视节目，如短片、微电影。后者出现的时间比前者更早。2004 年，中国首家专业的视频网站——乐视网的成立，拉开了我国视频网站发展的序幕。

视频网站在国内刚兴起时，主要以用户上传分享短视频为主。但是在初期，视频网站内容仍然以传统电视的内容为主，短视频还只是作为补充，一直到移动互联网兴起之后，短视频的发展才拉开序幕。

（2）探索期

移动互联网时代，信息传播的碎片化和内容制作的低门槛使短视频得以发展。

2014年前后，随着智能手机的普及，短视频的拍摄和制作更加便捷，智能手机也成为拍摄短视频的“利器”，人人都可以随时随地制作短视频。与此同时，无线网络技术已逐渐变得成熟，手机上传使得短视频分享成为一种流行文化，美拍、秒拍、微视迅速崛起。快手也迎来了用户数量大规模增长的好时期，它采用推荐算法，使推送的短视频内容与用户的偏好高度匹配，大大增强了用户黏度，而且这种“短平快”的消费内容更容易满足用户的需求，由此让更多的年轻用户沉迷其中。

短视频的特点不只是时长缩短，更重要的是，它的生产模式由专业生产内容（PGC）转向用户原创内容，这无疑让短视频的产量剧增，各类短视频平台也如雨后春笋般纷纷涌现。

（3）成长期

2016年是短视频行业迎来井喷式爆发的一年，其间，各大公司合力完成了超过30笔的资金运作，短视频市场的融资金额更是高达50多亿元。随着资本的涌入，各类短视频App数量激增，用户的媒介使用习惯也逐渐形成，平台和用户对优质内容的需求增大。

2016年9月，抖音上线。抖音最初是一个面向年轻人的音乐短视频社区，用户可以通过这款软件选择歌曲，拍摄音乐短视频，形成自己的作品。到2017年，抖音进入迅速发展期，并在首页中添加了“附近”界面，用户可以通过“附近”功能来寻找本地相关的短视频和用户，此举增加了社交的贴近性，也进一步增加了抖音视频的曝光量。

随着更多短视频内容创作者的涌入，众多独具特色的移动应用也逐渐出现，短视频市场开始向精细化、垂直化方向发展，如主打生活方式的“刻画视频”、主打财经领域的“功夫财经”、主打新闻资讯的“梨视频”等。在短视频成长期，内容价值成为支撑短视频行业持续发展的主要动力。

（4）成熟期

2018年，快手、抖音、美拍相继推出了商业平台。短视频产业链条逐渐发展起来，随着平台方和内容方将内容不断丰富、细分，在用户数量大增的同时，商业化也成为短视频平台追逐的目标。如今，以抖音、快手为代表的短视频平台月活用户的环比增长率出现了一定的下降。随着用户规模即将饱和、用户红利逐步减弱，如何在商业变现模式、内容审核、垂直领域、分发渠道等领域更为成熟，自然就成为短视频行业发展的新目标。

（5）突破期

随着 5G 技术的发展和 AR、VR、无人机拍摄、全景技术等短视频拍摄技术的日益成熟及广泛应用，短视频给用户带来越来越好的视觉体验，有力地促进了短视频行业的发展。

在短视频市场激烈的竞争下，人们在努力寻找市场发展的蓝海区域，“短视频 +”的模式备受瞩目。例如，短视频平台与电商平台积极响应国家扶贫政策，开拓出通过“短视频 + 直播”和“短视频 + 电商”售卖农副产品的渠道，其传播途径更短、效率更高，能够带给消费者更加直观、生动的购物体验，这种渠道产品转化率高，营销效果好，将成为短视频发展的全新赛道。

除此之外，将短视频“变长”、长视频“变短”也逐渐成为各视频平台不断探索的新方向，我们所熟悉的抖音、快手等短视频平台也逐步进军长视频领域。2019 年 4 月，抖音全面开放了用户发布 1 分钟视频的权限；同年 8 月，抖音又宣布逐步开放发布 15 分钟视频的权限。另外，快手也于 2019 年 7 月内测长视频功能，时长被限制在 57 秒以上、10 分钟以内，获得此权限的用户可以选择“相册”中时长超过 57 秒的短视频进行发布。2022 年 7 月，爱奇艺和抖音宣布达成合作，将围绕长视频内容的二次创作与推广等方面展开探索。依据合作规定，爱奇艺将向抖音授权其内容资产中拥有信息网络传播权及转授权的长视频内容，用于短视频创作。双方对解说、混剪、拆条等短视频二创形态做了具体约定，将共同推动长视频内容知识产权的规范使用。

与抖音、快手等短视频平台不同的优酷、爱奇艺、腾讯视频等长视频平台，虽然在短视频领域的表现并不突出，但是也在尝试开拓新的短视频模式——短视频剧集，如优酷设立的“小剧场”版块、爱奇艺设立的“小视频”版块等。这种新的短视频模式保证了视频的长短平衡，视频虽然简短，但是内容完整。由此可见，短视频和长视频呈现出了融合发展的趋势。

3. 常见的短视频内容

短视频的内容类型有很多种，主要包括知识类、搞笑类、美食类、美妆类、生活服务类、影视解说类、新闻资讯类等。

（1）知识类

知识类短视频涵盖的内容方向非常广泛，包括经济、军事、文化、育儿、心理学等。在知识内容学科领域方面，人文类短视频创作者最“高产”。而科普类短视频最受用户青睐，平均播放量和点赞量最高，科普类内容中，传授亲子类和个人管理类知识的短视频的平均分享数明显高于其他内容。

（2）搞笑类

搞笑类短视频内容一直是短视频领域的“香饽饽”，更容易获得用户的关注。基于短视频的全民属性和发布者的知识技能积累，大部分创作者发布的短视频多为搞笑类、日常类内容。

（3）美食类

美食类账号本身自带流量，再加上我国丰富的菜系和无数的民间传统美食小吃，这些都使其成为很多人选择创作短视频的一个入口。

美食类短视频大致分为两种：一种是教人做美食；另一种是带人看美食。这两种短视频相得益彰。例如，美食作家王刚发布的美食类视频已经用亮眼的数据证明了美食类短视频的火爆。

（4）美妆类

美妆类短视频针对的目标群体大多是一些追求美和向往美的女性用户，她们观看短视频的目的主要是从中学习一些化妆技巧，以使自己变得更美。抖音、快手等短视频平台上涌现出了大量的时尚美妆主播，她们通过发布自己的化妆短视频，逐渐积累了固定的粉丝群体，吸引美妆品牌商与自己合作，这也成为时尚美妆行业营销的重要推广渠道。

（5）生活服务类

生活服务类短视频涵盖健身、旅游、美食、品茶等内容，围绕着生活中的各个方面展开。随着人们消费水平的提高，生活类短视频的创作成为短视频领域的投资热门。

（6）影视解说类

影视解说类短视频要求创作者的声音要有较高的辨识度，要求创作者具有自己的风格与特色，而且在影视素材的选择上也要有讲究，多选择热门电影或电视剧。创作者通过幽默搞笑的语言把自己的思想观点表达出来，再配上精心剪辑以后的剧情画面，制作出富有新意的解说作品，或者选取一些优秀影视作品的片段进行制作后推荐给用户。

（7）新闻资讯类

新闻资讯类主要由专业媒体人编辑、发布，以信息传达为主要功能，内容是多种类型的新闻事件，如公共领域的突发事件、网友亲历的新闻现场等，央视新闻、人民日报等主流媒体都已进驻相关短视频平台。

4. 常见的短视频平台

当前，短视频平台呈现出百花齐放的局面，运营者只有找到适合自己的平台，才能获得良好的运营效果。下面介绍几个常见的短视频平台。

（1）抖音

抖音是目前非常火爆的短视频平台之一。它是北京字节跳动科技有限公司旗下的产品，是一款音乐创意短视频社交软件，于2016年9月上线，是一个专注于年轻人的音乐短视频社区平台。用户可以通过这款软件选择歌曲，拍摄音乐短视频，完成自己的作品。

抖音在最开始的时候追求酷炫和时尚潮流，主流用户群体为一、二线城市的年轻用户。该平台上短视频的共同特点是很有节奏感，配乐以电音或舞曲为主。

由于一、二线城市的市场容量趋于饱和，抖音开始实施下沉策略。为了丰富平台内容，让更多的用户参与到短视频创作中，2018年3月，抖音的口号更换为"记录美好生活"。抖音短视频，一个旨在帮助大众表达自我，记录美好生活的短视频分享平台，为用户创造丰富多样的玩法，让用户在生活中轻松、快速产出优质短视频。

在更换口号的同时，抖音还向全球招募合作伙伴，展示"衣食住行"的美好故事，在旅行、美食、时尚、运动、游戏、宠物等能够体现美好生活的垂直领域投入资源。人生的每一个重要时刻，都值得被认真记录。这就是所谓的"抖音，记录美好生活"。

抖音平台主要具有以下特点。

①采用信息流展现形式，播放界面占比大，附加功能位于边缘，方便用户将注意力集中于短视频本身。

②上划切屏的设计打造出沉浸式观看体验，同时增加了用户的不确定感和期待感，更吸引用户观看。

③短视频的进度条是隐形的，所以用户在观看短视频时没有时间提示，很容易忽略时间的流逝。

④抖音最初只是一个音乐短视频垂直社区，但随着短视频种类和数量的不断增加，其互动功能不断完善，抖音平台逐渐具备社交属性，这大大增强了用户的黏性和融入感。

⑤抖音具备强大的算法推荐系统，可以智能化分析用户画像，推断用户的兴趣和关注点，为不同的用户推荐不同的短视频，从而更好地满足用户的个性化需求。

⑥抖音会定期推出视频话题，引领大量用户参与同一主题视频的创作。抖音通过这些话题激发了用户的创作灵感，这样创作出来的短视频更具有参与感和娱乐性，增加了被其他用户转发和分享的概率。

（2）快手

快手诞生于2011年3月，原为“GIF快手”新媒体，最初主推制作和分享GIF图片、编辑视频功能。

2014年，“GIF快手”正式更名为“快手”。

2017年11月，快手日活跃用户数超过1亿，累计注册用户数量超过7亿。

2018年9月，快手宣布以5亿元流量计划助力农户脱贫，吸引了大批农村用户。

2019年11月，快手短视频携手春晚开展春晚红包互动。

2020年5月，快手与京东商城达成合作，用户通过直播网购，页面不再跳转。

2021年2月，快手上市。

与抖音以年轻人为用户主体不同，快手更关注普通人群，这是一群最容易被人们忽视的群体，也是社会阶层中人数最多的人群。快手为普通人提供了短视频互动的平台与机会。

快手平台具有以下特点。

①“草根”性。快手早期主要面向三、四线城市及广大农村用户群体，为这些“草根”群体提供直接展示自我的平台。近年来，快手开始加强运营，如设立“精选”板块，设立“排行榜”，主动邀请名人入驻等，实现了一定程度的品牌“破圈”，越来越多的一、二线城市的年轻人正在成为这个平台的高频用户。

②原生态。快手并未采用以名人为中心的战略，没有将资源向粉丝较多的用户倾斜，没有设计级别图标以分类用户，没有对用户进行排名，以上所有战略均指向一个方向：快手希望营造轻量级、休闲化的氛围，鼓励平台上的所有人表达自我，分享生活。

③算法决定优质内容。快手平台没有任何人工团队去影响内容推荐系统，完全依靠算法来实现个性化推荐。快手设计的算法能够分析短视频内容、用户特征及用户行为，包括用户的浏览内容和互动历史，在分析这些信息的基础上，算法模型可以将内容和用户匹配在一起。用户行为数据越多，推荐就越精准。通过算法推荐机制，任何用户创作的短视频都有机会在“发现”页面中得到展示，即使是新用户创作的短视频也不例外。短视频获得的点赞越多，被推荐的概率就越大。

通过分析用户以往的点击、观看和点赞历史，算法可以实现短视频推荐，根据用户此前的偏好来展现其“发现”页面中的内容。

④界面设计简洁、清爽。快手善于在功能设计上做减法，其界面设计简洁、清爽，这样做可以方便用户发布更多的原生态内容。

（3）腾讯微视

腾讯微视是腾讯旗下的短视频创作与分享社区，用户可以通过腾讯 QQ、微信及腾讯邮箱账号登录，可以将拍摄的短视频同步分享到微信好友、朋友圈和 QQ 空间。

与其他短视频平台相比，腾讯微视具有以下功能。

①互动视频。2019 年初，微视推出了互动视频功能，并陆续推出投票视频、多结局视频、解锁视频等多种玩法，并在 2019 年春节微视视频红包、“创造营 2019”选手助力等场景中取得了巨大成功。互动元素的加入不仅为微视用户带来了更多的新鲜体验，而且能引起用户的高度注意，提高用户的参与度，这对留住存量用户，提升用户的活跃度是十分有利的。

②30 秒微信朋友圈视频。用户在微视发布视频作品时，只要将发布界面的“同步到朋友圈（最长可发布 30 秒视频）”按钮点成“同意”状态，就可以将视频作品同步到微信朋友圈。

③卡点模板。微视拥有很多好玩、酷炫的卡点模板，用户可以选择自己喜欢的照片或视频（数量不限），一键生成卡点视频。卡点模板可以让用户的视频内容和配乐的节奏相匹配，从而使视频内容更具感染力。

④视频跟拍。微视推出了视频跟拍功能，大大降低了视频录制的难度。每个视频界面都能点击“跟拍”按钮进入视频录制，录制时可以直接使用原视频的音乐，模仿原视频的动作，大大降低了拍摄的难度。

⑤歌词字幕玩法。微视首创歌词字幕玩法，这项功能可以说是唱歌爱好者的福音，用户在选择喜欢的音乐之后，可以选择显示歌词字幕，然后一边跟唱一边录制视频，颇有唱歌的感觉。

⑥美颜、美型。在这个美颜当道的短视频时代，微视在美颜方面也是不甘落后的，它在短视频拍摄里加入了一键美颜、美型功能，其中美型功能可谓十分便捷，可以轻松实现对脸型的修饰。

⑦精选集。微视有一个精选集的功能，当用户看到有关联合集的视频后，可以点击屏幕右侧的精选集标志获取更多相关的视频；同时还可以通过上下滑动精选集选择自己感兴趣的视频内容。

⑧冲榜答题。微视具有实时榜单功能，用户通过这个功能可以和好友直接比拼，从而享受更直接的互动体验。

⑨视频编辑。创作者可以在微视上选择自己喜欢的明星视频，然后剪辑同款效果，此项功能还提供了音乐库搭配歌词功能，让短视频内容更有时尚感。

⑩情绪表态。用户在微视观看视频时，如果对视频的内容有所感触，就可以点击画面右侧的“表态”模块，对短视频内容表达自己的态度。目前，模块里有不同的选项，可以根据自己内心的情绪感受进行选择。

（4）哔哩哔哩

哔哩哔哩（简称“B 站”）是国内年轻人高度聚集的文化社区和视频平台，早期是一个 ACG 内容创作与分享的视频网站，ACG 即动画（animation）、漫画（comics）与游戏（games）。经过多年的发展，它围绕用户、创作者和内容构建了一个源源不断产生优质内容的生态系统，成为涵盖 7 000 多个兴趣圈层的多元文化社区，满足了大众化视频取向和小众圈用户的特别爱好。

哔哩哔哩目前拥有动画、音乐、游戏、生活、娱乐、知识、时尚等分区，并开设直播、活动中心等业务板块。

哔哩哔哩的价值主张是为 UP 主（Uploader，指在视频网站、论坛等地上传视频、音频的人）提供创作视频的社区，打造原创文化聚集地，营造文化氛围，为广大用户提供学习和娱乐的场所。

由于哔哩哔哩拥有小而美的平台属性，其用户对内容的选取极为挑剔，其 UP 主的等级划分也与其他短视频平台有所不同。在哔哩哔哩平台上，粉丝量超过 100 万为特级 UP 主，粉丝量为 10 万～100 万的为高级 UP 主，粉丝量为 1 万～10 万的为中级 UP 主，粉丝量为 0.1 万～1 万的为初级 UP 主。

尽管哔哩哔哩 UP 主的粉丝量与抖音和快手 KOL 的粉丝量有明显的差距，但哔哩哔哩在 2020 年“破圈”效应开始显现，试图将用户群体从小众化推向大众化，扩大用户基群。由于哔哩哔哩用户活跃度整体增强，UP 主扶持计划及哔哩哔哩新年晚会等运作使各个分区的“元老级”UP 主的涨粉速度飞速提升，UP 主分级将面临重新洗牌。

哔哩哔哩有短、中、长不同的视频时长，更加注重内容的输出。哔哩哔哩的内容主要来源于 UGC。UP 主与用户之间的角色可以随时转换，这不仅有利于提升 UP 主的活跃度和用户留存率，也方便 UP 主随时表达自我心声和开展线上社交。

（5）点淘

点淘的前身是淘宝直播 App，是淘宝官方出品的短视频平台。

2016 年 4 月，淘宝直播上线，它的定位非常明确，是一个消费类的短视频和直播平台。

2019 年，淘宝直播开始向点淘转型。

2020 年 3 月，淘宝内容电商事业部总经理表示，将整合阿里巴巴经济体内所有资源，投入百亿流量，推广优质视频内容和直播间。

2021 年首场淘宝直播机构大会上，点淘 App 正式亮相。点淘致力于做内容，让消费者能以更轻松、更容易接受的方式去发现好物、淘到好物。

与其他的短视频平台相比，点淘更致力于做“带货”内容，通过短视频的内容呈现，在短小故事中或直接的商品展示中让消费者“种草”，并实现涨粉、购买、互动、回购等系列营销目标。

作为买家用户，可以通过观看内容，在短视频故事中发现好物。

对于卖家用户，可以将商品融入短视频故事创作中，通过发布优质短视频来引流吸粉，最终将商品卖出。

（6）西瓜视频

西瓜视频是北京字节跳动科技有限公司旗下的个性化推荐短视频平台，通过人工智能帮助用户发现自己喜欢的短视频，并帮助创作者轻松分享自己的作品。西瓜视频上有长视频（影视作品、综艺等 PGC）和中、短视频（UGC、PUGC），用户在强大的推荐系统下可以不断获取自身感兴趣的内容。

2020 年 9 月，西瓜视频为了更好地满足用户的好奇心和求知欲，对品牌进行了全面升级。全新的广告语“点亮对生活的好奇心”契合了用户的“求知”潮流，力求为用户提供更多的有质量、有深度、有营养的内容，满足用户的好奇心。在西瓜视频中，用户可以看到各行各业的人分享专业知识、记录点滴生活。西瓜视频通过视频点亮了用户的好奇心，让用户可以学习新知识，获得新体验，每天都有新收获。同时，西瓜视频推出了全新的交互界面，带给用户更为舒适的观看体验，升级后的信息流界面变得清爽，互动区也单独排列，有助于创作者和粉丝之间进行互动。西瓜视频最大的特色是拥有海量的影视和综艺短视频资源，这些资源大致可以分为以下三类。

① UGC。主要是用户发布的剪辑类短视频，喜爱电影和综艺的创作者将影视和综艺中的精彩片段汇集到一起，剪辑加工成完整的短视频。此类短视频类型多样，内容丰富。

②平台自制内容。西瓜视频有很多拥有版权的影视作品和自制综艺节目，可以更好地满足用户对影视和综艺节目的需求。

③第三方影视和综艺作品宣发内容。很多影视和综艺节目的制作方会与西瓜视频合作，在该平台宣传，推广影视和综艺节目。双方联合推出一系列宣发活动，提前为用户透露影视和综艺节目的精彩片段，吸引用户关注。

（7）微信视频号

微信视频号不同于订阅号、服务号，它是一个全新的内容记录与创作平台，也是一个用户了解他人、了解世界的窗口。在该平台，创作者可以发布长度不超过 1 分钟的视频，或者不超过 9 张的图片，还可以带上文字和公众号文章链接。微信视频号的内容以视频和图片为主，不需要在后台操作，直接在手机上就可以发布。视频号支持用户通过点赞、评论进行互动，用户也可以将短视频转发到朋友圈与好友分享。

（8）微博视频号

微博平台丰富的内容生态、清晰的垂直细分类目以及其强大的内容传播能力决定了它即使不是短视频创作者入驻的唯一阵地，也是一个必选阵地。2020 年 6 月，微博视频表示开启微博视频号内测，首批视频号采用分批邀请制。同年 7 月，微博推出了“微博视频号计划”，这是微博针对优质短视频创作者推出的一项扶持计划，其中包括账号成长、产品服务及商业变现等一系列的服务支持和权益。

创作者加入微博视频号后，微博首页将会随之变化，除了增加“视频号”勋章，还会增加“精选”分类，展示创作者最新发布的视频。视频下面同时设立“催更区”，并显示“催更”次数，这在一定程度上能够反映博主视频的人气。

（9）好看视频

好看视频是百度短视频旗舰品牌，包括好看视频独立 App、百度 App 短视频、百度搜索短视频等。作为百度旗下的专业短视频聚合平台，好看视频拥有独家短视频内容源，覆盖搞笑、音乐、影视、娱乐、游戏、生活、汽车、新闻等全方位优质视频内容。

好看视频以用户为核心，用户可以通过好看视频 App 上传、观看、分享及评论短视频。通过深度视频理解学习及百度智能推荐算法，好看视频已经成为个性化的短视频客户端。

（10）小红书

小红书是一个生活方式平台和消费决策入口。在小红书社区，用户可以通过文字、图片、视频笔记记录生活并分享给感兴趣的人。小红书通过机器学习对海量信息和用户进行精准、高效的匹配。

小红书于 2013 年上线，是一款生活方式分享平台，也是一个汇集了众多达人的分享型社区。用户主要以一、二线城市的年轻女性为主，平台用户的黏性非常高且购买力强。和大部分互联网社区不同的是，小红书的内容都来自真实生活，通常为用户对某产品的真实测评或使用感受。因此，想要通过小红书取得粉丝关注，就必须具备丰富的生活和消费经验，内容创作方向要尽可能贴合平台用户的喜好。同时，小红书也支持店铺运营、品牌账号、图文视频等多方面的推广。

四、直播平台

（一）直播平台简介

网络直播从产生之日起就以平民化的个性色彩进入网民的视野。网络直播从兴起到盛行经过了三个发展阶段。

①直播 1.0 时代：网民主要通过计算机上网，直播从各平台推出的秀场开始兴起。

②直播 2.0 时代：网络游戏的流行催生了游戏直播，网络直播市场进一步垂直细分。

③直播 3.0 时代：随着网络技术和智能终端设备的普及，映客、花椒、一直播等新兴的移动直播平台不断涌现，移动直播开始兴起。各类网络红人、综艺节目、电商导购等直播活动层出不穷，直播进入泛娱乐化的 3.0 时代。

各个网络直播平台在定位和直播内容上存在差异，企业要根据自己的产品属性和平台的流量、分成、运营能力来选择合适的平台。

（二）直播平台的特点

①实时互动性。用户能够即时参与互动，使用文字互动或视频连线互动，还能发送礼物支持喜爱的主播，从而加深参与感和集中度。

②传播范围广。网络直播的话题效应强，可以轻松引起传播和关注，而且直播以视频为媒介形式，便于二次传播和营销。

③精准营销。在各垂直细分领域进行的营销能够精准定位用户群体。

④移动端视频广告。直播顺应网络广告市场移动化、视频化的发展，更加贴近广告主及用户的口味。

目前，众多直播平台的内容都日趋多样化，各种类型的直播平台之间的界限逐渐变得模糊。直播内容整体向强互动、专业化方向发展，受过专业训练的主播主导的专业内容成为内容生产的中流砥柱。

（三）直播平台的类型

企业挑选直播平台类型的时候，要根据现有主要的四大类直播进行挑选。虽然直播已经逐步走向垂直化细分，但是以直播目前的发展情况来看，这四类直播依旧占据互联网直播平台中的主体部分，因此目前企业在挑选直播平台类型时，依据自身的产品尽量从这四大类直播中进行挑选。当前的直播平台归纳起来，主要有以下四大类：游戏直播类、秀场直播类、泛娱乐直播类、VR 直播类。

1. 游戏直播

游戏直播就是把游戏作为主要内容，以电子竞技比赛和电子游戏为素材，由直播主持人实时解说或演示游戏过程的服务。

（1）游戏直播平台的特点

现在的网络巨头之所以特别重视游戏直播平台，是因为这类平台吸引流量的能力非常强，庞大的用户群和可观的网络流量对于抢占行业制高点和进行商业变现都是最有力的依托。为什么游戏直播平台能吸引如此多的观众呢？它的魅力在哪里呢？归纳起来，游戏直播平台主要有以下四个特点。

①直播的现场感强，观众很容易与直播主持人产生共鸣。

②吸引用户，有着庞大的目标受众。

③给平台带来了观众和流量，还衍生出了一些增值服务，如网络游戏联合运营等相关服务。

④进行弹幕互动，游戏直播平台的用户主要以“90 后”“00 后”男性为主，消费处于中下游水平。

（2）游戏直播平台的分类

①大型电竞赛事。电竞赛事直播通过电子竞技网络直播平台对各级别的电竞比赛进行直播，其模式类似于体育赛事直播，在节目中邀请电竞明星对现场内容进行解说，是所有游戏直播中热度最高、对受众最具吸引力和凝聚力的类型。英雄联盟 S6 的总决赛系列赛实现合计 3.7 亿小时的观众总收看时长与 1 470 万的最高同时观看人数。赛事直播通常以生动的方式向受众呈现该游戏的最高水平、最新趋势，是众多电竞爱好者学习技术、研究打法的重要阵地，并且兼具娱乐性质。在这种传播模式中，主要存在游戏赛事环境、解说嘉宾、受众三方。其信息流传播的正方向（从传播者流向受传者）模式，把赛事环境、嘉宾解说（包括战术战况答疑解惑，观点讨论交流）等内容一并传递给受众。

在赛事直播的过程中，基于网络直播平台弹幕、评论的实时性，信息的多向性明显加强。嘉宾在解说的同时，受众与受众之间也在实时交流。弹幕和评论实时滚动的特性使得受众间的交流成为直播观看时的重要内容之一，且这种模式框架下的交流不会对比赛产生任何影响。

②游戏节目直播。游戏节目直播是对专业制作的、与游戏相关的节目进行在线直播。游戏节目直播相较于其他电竞网络直播类型最大的特点在于，游戏节目直播中有包含游戏元素但并不直接参与游戏的部分，换言之，游戏节目直播在视觉上会脱离游戏，但其整体语境、道具设置等都与游戏有很强的关联。其节目形式通常为脱口秀或者现场互动游戏，在其中穿插“狼人杀”等游戏。这种类型的直播吸引受众的核心在于直播明星的热度，或者涉及电竞圈近期的话题人物，以产生广大受众关心的热点，因此与娱乐圈、体育圈的综艺节目有相似之处。

例如，2020 年 4 月 15 日，虎牙直播独家直播绝地求生洲际慈善赛（PCS），备受关注的 4AM 战队由于外界影响主力阵容迟迟未能合练，在年初线上赛表现状态不断下滑。大众对战队的期待导致赛事热度不断攀升，最终 4AM 在绝地求生春季赛（PCL）的最终决战获得了让众人惊喜的前五名的好成绩。虽然是游戏节目表演赛，但是电竞迷却可以从中观察战队状态，从而对后续正式赛产生期待。

③个人游戏直播。个人游戏直播即以主播为主导的游戏直播类型，明星直播和“素人”直播是个人直播的两种主要模式。明星直播指在游戏正规联赛（如英雄联盟职业联赛、世界电子竞技大赛）中代表俱乐部获得优异成绩的队员，在业余时间或退役后从事的网络直播行为。明星队员曾经取得的成绩、名气以及游戏技术是其吸引受众流量的核心，其直播模式通常为开通第一视角的游戏画面，参与游戏过程，教授观众游戏技巧。“素人”主播通常也以第一视角对游戏过程进行直播，通过在直播平台上日常规律活动，形成粉丝群，或者制造话题来获得名气，吸引受众，而不是通过联赛。

在个人直播中，游戏占据画面面积的 80% 以上，主播形象通常以小对话框的形式显示在屏幕上[①]。主播在以第一视角进行游戏的同时，将个人的战术解读、技巧开发等内容通过口授的方式传递给受众，同时与受众进行互动，包括抽观众进行排赛、按照观众的评论进行游戏挑战等。这种模式的特殊之处在于，游戏环境可以直接影响受众，或者以主播语境为中介间接地传递给受众。同时，受众在与主播互动的过程中，对主播的表现产生一定程度的影响，使得受众的参与感更强。

① 王欣. 网络直播的发展及问题浅析［J］. 新媒体研究，2017，3（24）：50-51.

2. 秀场直播

秀场直播有三个突出特点，即行业格局稳定、铁打的秀场和流水的直播主持人。例如，YY 直播以其强大、稳定的功能和人性化的设计一直备受各直播主持人的青睐。它的秀场直播一直存在，只是表演的方式和内容稍有改变，直播主持人换了一批又一批。

对此，中国投资资讯网从秀场直播的用户年龄、直播主持人工资情况、用户性别和主要收入来源进行了分析，得出以下结论：秀场直播主持人的固定收入是由直播主持人和平台的签约费及工资构成的，直播主持人想要获得高收入，就必须想办法让粉丝多打赏。

2015 年是秀场直播主持人的黄金时期，在这一年涌现出了多个成功案例，激发了民众对直播的向往。但大量直播主持人的出现并未带来内容的多元化，反而出现了严重的内容同质化现象，使得人们对秀场直播的热情开始减弱，秀场直播不得不开始转型。

3. 泛娱乐直播

泛娱乐直播自 2015 年以来一直保持着迅猛的发展势头，满足了观众对直播的多样化需求，也满足了观众自己当直播主持人的表现欲。与游戏直播和秀场直播相比，泛娱乐直播的内容更加广泛，设计出五花八门的生活场景。但从另一个方面来说，其对内容把控的缺失很可能让观众产生不适感。

直播平台的高风险主要来自内容筛查高昂的运营成本和筛查的滞后性，这是泛娱乐直播必须重视的问题。网络调查显示，泛娱乐直播的用户群没有明显的集中度，观众黏性较差。

4. VR 直播

VR（virtual reality，虚拟现实技术，是一种多源信息融合的、交互式的三维动态视景和实体行为的系统仿真，使用户沉浸到该环境中）软硬件生产方面取得实质性突破，VR 从概念逐步落地为各种产品，将 VR 应用于视频直播领域后，开启了一个全新的直播时代。与普通的视频直播相比，VR 直播能为用户提供 360 度的全景画面，将会有更强的视觉效果及沉浸式体验，触手可及的场景道具及逼真的直播环境能极大地增强用户的参与感及忠实度，最终使视频直播产业实现跨越式发展。

在国内市场，花椒直播在 2016 年 4 月举办的北京车展中通过将移动直播与 VR 技术融合，为用户带来了极致的视听享受；致力于发展体育 VR 直播的微鲸科技为用户提供了包括中超联赛、足协杯赛及业余足球联赛在内的诸多国内优质足球赛事。

五、其他平台

（一）其他自媒体平台

在这个自媒体个人品牌时代，各大自媒体平台如潮水般涌来，各自具有鲜明的特点。新媒体人需要对主流自媒体平台的不同特点和差异有清晰的认识。

除微信、微博外，自媒体平台主要有以下几种。

1. 头条号

头条号，又称为今日头条媒体平台，它是今日头条推出的专业信息发布平台，其服务对象非常广泛，如个人、群媒体、媒体、国家机构、企业等，都可以在头条号平台上找到自己内容创作和推广的舞台。有着广泛服务对象的头条号，其所拥有的入驻用户数量自然也是非常惊人的。在这些头条号创作者中，以自媒体（包括个人和群媒体）类型的头条号最多，而媒体类型的头条号最少。

说到今日头条，人们总是会联想到它强大的智能推荐算法，而头条号作为今日头条的一项功能和一款内容产品，智能推荐算法更是表现得淋漓尽致，轻松帮助众多原创作者实现其内容与人的连接，且在效果上也表现良好——让众多优质内容获得了更多的曝光机会。

而且借助头条号，原创作者能获得莫大的方便和助益，具体来说，主要表现在两个方面：一是头条号推出了原创保护机制，这一机制能帮助原创作者保护版权，不用再担心侵权问题；二是头条号还提供了激发原创作者创作的动力——推出了各种广告变现和其他获利方式，从而让原创作者在创作的同时还能获利。

2. 简书

简书是一个优质的创作社区，是一个将写作与阅读整合在一起的产品，是一款写作软件，是一个主要受众为文艺青年和大学生的阅读社区。

3. 企鹅媒体平台

企鹅媒体平台的主体用户为 17 ～ 25 岁的年轻群体，其背靠腾讯系媒体在企鹅媒体平台发布优质内容，通过手机 QQ 浏览器、天天快报、腾讯新闻客户端、微信新闻插件和手机 QQ 新闻插件可进行一键分发，实现内容更多、更精确的曝光。

4. 百家号

百家号的主体用户为社会人群，作者在百家号发布文章后，通过手机百度、百度搜索、百度浏览器等多种渠道进行分发。

5. 大鱼号

以男性青年居多的大鱼号是阿里文娱体系为内容创作者提供的统一账号。它实现了阿里文娱体系一点接入、多点分发、多重收益。内容创作者通过接入大鱼号，上传图文、视频，可被分发到优酷、土豆等渠道，获得多产品、多平台的流量支持。

6. 搜狐号

搜狐号依托搜狐门户，是搜狐打造的分类内容的入驻、发布和分发全平台，是集中搜狐网、手机搜狐网和搜狐新闻客户端三大资源大力推广的平台。作为百度的新闻源，搜狐在百度的搜索权重占比较高。

（二）知识问答平台

随着用户对知识的需求日益增长，知识问答型产品乘风而起，市场上竞争者众多，涉及范围广泛，从最早的大众化内容到更加垂直深入的专业性知识，在某种程度上承担了部分科普与教育的功能。这其中有维基百科、百度百科等图文形态的网络百科全书，还有知乎、新浪爱问等问答形态的知识平台。从内容上看，知识问答平台呈现精品化、专业化的特征；从商业模式上看，它在广告、用户付费之外探索了更多的商业化路径。

（三）音频平台

音频平台又名网络电台，是指通过网络为听众提供在线收听、下载、播客上传与简易信息聚合（RSS）等多样服务的一种新型广播形态。伴随着移动互联网技术的发展与自媒体的活跃，兼具广播和网络优势的网络电台开始逐渐得到网民的关注，并取得了快速发展。随着智能手机、平板电脑等移动终端的普及，用户碎片化生活的习惯加深，以网络电台为代表的移动音频媒介迎来了爆发式增长，喜马拉雅、蜻蜓 FM、企鹅 FM、考拉 FM、懒人听书等一批移动网络电台应用如雨后春笋般涌现。同时，借助 UGC 和 PUGC 的互联网模式，大量的电台主播、自媒体、出版商纷纷入驻这些应用平台，使音频产业链的上下游被打通，以移动网络音频为平台的营销开始兴起。

整体来看，通过音频平台开展营销活动具有以下优势。

①营销模式多样化，避免引起用户反感。网络音频营销不同于传统广播的硬广告推送，广告更加人性化，从听众所属群体和需求出发，可以通过品牌冠名、软性植入、音频贴片等多种方式向用户推送广告，从而将广告和音频内容进行巧妙结合，有效避免用户的反感。

②通过大数据技术，实现精准营销。网络音频平台通过大数据技术分析平台上海量用户的收听习惯和行为，根据用户的兴趣和爱好来推送信息，并结合场景对用户实现精准、定向的广告推送，提高了用户的黏性，减少了营销盲目性，有效降低了广告成本。

③用户反馈及时，广告效果易监测。与传统的广播、广告相比，网络电台的广告营销活动周期和跨度比较短，用户反馈更及时，用户在接收广告信息后会快速做出反应，同时依托先进的网络技术支持，可以有效监测广告投放效果，数据更加可靠。

第四章　新媒体营销的主要方式

随着经济全球化和信息数字化的到来，信息传播不再局限于报纸、杂志、广播、电视等传统方式。与互联网技术充分融合后，信息传播进入了新媒体时代。与传统媒体相比，新媒体是继报纸、广播、电视等传统媒体之后发展起来的新形态。它是利用数字技术、网络技术和移动技术，通过互联网、无线通信网络、卫星等渠道，以及计算机、手机、数字电视等终端，为用户提供信息和娱乐服务的一种通信形式和媒体形式。在新媒体背景下，随着信息技术的进步和商务的发展，新媒体营销的方式也多种多样，本章围绕微信营销、微博营销、App 营销、社群营销以及自媒体营销五种营销方式展开论述。

第一节　微信营销

微信营销是一个老生常谈的话题，想必有很多人了解过微信营销并且实践过。任何商业活动和商业行为都以人为主体，不管是线上还是线下，都以信任为出发点。所以用微信进行营销，是一种非常好的方式。

一、微信营销概述

（一）微信营销的概念

微信营销是网络经济时代企业对营销模式的一种创新，是伴随着微信的广泛应用而产生的一种新营销方式。随着微信用户规模的不断扩大，微信营销逐渐发力，在营销市场占据了一席之地，未来发展空间广阔。微信作为一款免费社交软件，主要功能为多媒体信息通信。用户可以发送文字、图片，进行视频及语音通话，还可以根据自身所需与好友进行多种形式的联系。微信是智能手机中使用较多的一款 App 之一。

微信营销是网络经济时代企业或者个人营销模式的一种，是随着微信的普及而兴起的一种网络营销方式。简单来说，微信营销是商家利用微信的渠道、技术和资源来开展的以实现营销目标为目的的一种创新营销模式。随着微信功能的完善，微信营销的活动形式也在不断增多。除了微信公众号软文营销、小程序营销和微信广告投放等，常见的微信营销活动还有集赞有奖、邀请关注、分销活动、打卡活动、投票活动等。

第一，集赞有奖。这种微信营销活动一般以朋友圈为载体，让用户将某个链接或某段固定文字发布到朋友圈里，规则是集齐一定数量的点赞，便可获得礼品。目的是扩大店铺、活动等的知名度。这种方式简单、易操作、活动效果好，是最常用的微信营销活动之一，适合微信营销新手操作。

第二，邀请关注。这种营销活动多见于微信公众号，一般通过设置奖品来吸引用户，鼓励老用户邀请新用户关注，从而达到涨粉、进一步营销等目的。

第三，分销活动。分销活动是指通过生成用户的专属链接，一旦有其他用户通过该链接购买，原用户就可以获得佣金。分销活动通过让利给用户来提高用户的分享动力。分销活动的重点在于用户可多劳多得，获取实际利润。

第四，打卡活动。打卡活动是指用户每天完成特定任务，生成海报或者链接并分享到朋友圈从而完成“打卡”这一过程。一般来说，这类营销活动利用用户坚持某项活动而获得成就感的心理来吸引用户积极分享。常采用这类营销活动的有扇贝阅读、薄荷打卡、水滴阅读、7 天读书计划等。

第五，投票活动。投票活动常见于微信群，用户在微信群中分享某个活动的链接，邀请群中好友为自己投票，从而达到提升名次的目的。为了吸引群友投票，有时还会采取发红包等形式。

（二）微信的基本功能

第一，聊天。微信支持发送语音短信、视频、图片（包括表情）和文字，支持群聊。第二，添加好友。微信支持查找微信号 / 手机号、雷达加朋友、面对面建群、扫一扫、手机联系人、公众号、企业微信联系人 7 种添加好友的方式。第三，实时对讲功能。用户可以通过语音聊天室和一群人语音对讲，但与在群里发语音不同的是，这个聊天室的消息几乎是实时的，并且不会留下任何记录，在手机屏幕关闭的情况下仍可进行实时聊天。第四，流量查询。微信自身带有流量统计的功能，可以在设置—通用—流量统计里随时查看微信的流量动态。

（三）微信营销的技巧

第一，满足求知欲望。事实上，粉丝们喜欢学习和掌握更有价值的知识，只要找到粉丝的知识需求，然后提供相关的有价值的知识内容以满足粉丝的求知欲，那么营销创新就有助于企业获得客户和业绩。

第二，把握体验娱乐的本质。娱乐是一种人性，粉丝当然喜欢有趣的东西。在微信的营销中，根据自己的产品特点，挖掘产品的娱乐特性或创造有趣、愉快的顾客体验，都是“捆绑”顾客的途径。

第三，营销新鲜度与热点。每个人都对新事物和热点事件感到好奇和关心。在营销中挖掘行业、企业、产品媒体未被发现和广泛传播的新鲜点、热点，然后为这些点制定有针对性的营销传播策略，通过这种方法，不仅可以迅速吸引粉丝的注意，操作良好还可以让自己的官方账户获得更多流量。因此，可利用微信里面的活动助手小程序创建相关活动，通过活动带来流量裂变及拓展。

第四，善于抓住痛点。我们应该把注意力集中在满足粉丝的核心需求上，放弃一些不必要的附加服务是明智的。放弃这些不必要的附加服务可能会让粉丝感到不满意，但在微信营销中，如果你能很好地利用痛点，让粉丝对核心需求满意，他们会逐渐忽视这些附加需求。

第五，创造归属感。为顾客创造归属感，可以延长顾客的生命周期，留住顾客，延长活动时间，最终使其成为品牌的忠实顾客。微信还可以推出一系列活动来创造归属感，如新产品和新服务免费体验；邀请线上顾客参加线下活动，甚至参与品牌的宣传活动，拉近顾客和品牌之间的距离。

二、微信营销的类型

（一）微信朋友圈营销

1. 微信朋友圈营销定位

朋友圈营销定位主要包括服务定位与用户定位。

（1）服务定位

朋友圈营销首先要做好服务定位。营销人员要从自身角度出发，先思考一个问题。你能为朋友圈和微信群中的人提供什么样的价值？也就是对照已有朋友圈营销细分领域，结合自身资源、兴趣，确定自己的营销方向。大的分类主要有产品与运营、职场提升、升学考研、兴趣生活、电商营销、职场考证、设计创新等。

应仔细分析这个市场的需求情况、竞争状况、市场细分机会、可以做哪些差异化营销等。

（2）用户定位

朋友圈营销还应该做好用户定位。营销人员应分析自己的目标人群是谁、他们有怎样的兴趣爱好、喜欢阅读哪些信息、有怎样的需求等一系列的问题，在此基础上找到目标用户，并发展目标用户成为自己的微信好友。

一般来讲，用户定位可以有这样一些方式：第一，根据人群属性进行定位，如目标人群的性别、年龄、职业、收入水平、所处地域、社会阶层等；第二，根据人群兴趣爱好进行定位，即根据用户不同的兴趣爱好组建不同的微信营销圈；第三，根据人群需求进行定位，即根据需求的相似性，将相同或相近需求的人群组成一个圈子。

2. 微信朋友圈营销技巧

（1）建立好友信任

大多数人认为朋友圈是相对私密的平台，因此要想进行朋友圈营销，建立好友信任是基础。

（2）针对人群推送

要事先进行好友分组，针对朋友圈中好友的兴趣爱好、消费能力，定向推送合适的产品，提高朋友圈订单转化率。

（3）文案精挑细选

好的文案会让人眼前一亮，有趣的朋友圈文案会吸引客户的目光让其产生阅读下去的兴趣。抓住客户眼球是售卖产品的基础，精挑细选的文案更容易抓住客户的眼球。

（4）优化发布时间

朋友圈要发，但不能不合时宜地刷屏。早上 8 点前、中午 12 点左右、晚上 6 点后，这三个时间段大多数人都处于休息状态，有更多时间刷朋友圈。

（5）及时互动

发朋友圈只是营销的第一步，有客户看到后前去咨询留言也应该及时回复。保持良好的互动频率，获得客户好感。

（二）微信群营销

微信群是腾讯公司推出的可进行多人聊天交流的平台，用户可以通过网络在微信群中快速发送语音、视频、图片和文字。基于微信群能够进行多人交流的特点，许多企业建立了微信工作群。微信工作群与传统办公方式相比，有无纸化、便捷、互动等优势，这让越来越多的企业选择微信群办公。进入移动互联网时代，几乎每个人都在用微信，大多数商家选择建立自己的微信群，以便更好地进行用户运营。微信群由于受众面广、用户量庞大，很多商家都用微信群来集结自己的客户、宣传自己的品牌和产品。

1. 微信群的建立

相对于其他社群，微信群是比较私密的，群成员更多的是一些好朋友，人数不多。人人都可以建立微信群，然后在微信群里进行交流，个人可以通过微信群建立与朋友之间的联系，商家可以通过微信群拉近与客户之间的距离。商家可以通过加入一些比较火爆的微信群，或是兴趣爱好比较集中的微信群进行营销。这样的群比较成熟，而且群成员的质量较高，只要吸引到其中一部分人，就会有不错的传播效果。“加群增粉”是指商家有选择地加入一些自己认为潜在目标客户较多的微信群，以便开展后续的营销活动。“加群增粉”主要有以下两种方式。

（1）搜索社群

营销人员可以直接使用微信群搜索关键词查找相关的群，也可以在百度搜索微信群名称的关键词或使用微信的“附近的群”“兴趣部落”等功能进行检索，还可以搜索相关明星和网络“大V”的微博、论坛等社交平台信息，从中找寻线索。

（2）口碑式推广

营销人员可以借助具有一定名气、威望的人的推荐或者借助朋友的口碑推广建立与客户之间良好的信任关系，快速吸引粉丝。口碑式推广的前提是个人微信一定要有专业性，提供的信息在某一方面是有价值的，否则即便加了很多好友，也不一定能提升转化率。

2. 微信群的转化

建立微信群以后，接下来就要对群成员进行商业变现，即将客户锁定在一个群空间内，并对其进行一对多的服务和理念灌输，最终使其感受到商家的诚意和热情，从而转化为商家的忠实粉丝。微信群转化需要做好以下工作。

第一，设置欢迎语。客户在加入微信群时，往往会有陌生感和紧张感。这时，营销人员可以设置欢迎语，如“欢迎 xx 进入我们这个大家庭”等。这样既可以消除新成员的紧张感，还可以增加新成员对微信群的好感度，提升微信群的活跃度。

第二，制定群规则。微信群运营一定要制定群规则，并使群成员遵守规则，这样才有利于微信群的健康发展。营销人员既要在群成员加入时就告知规则，还要每隔一段时间就在群里发布规则，以巩固群成员对群规则的印象。

第三，打造群文化。当前的微信群，仅靠共同利益来连接和维护是不够的，还应该树立群成员的共同理念，并打造积极向上的群文化，这样才能使微信群长久运行下去。

第四，增加实用性。客户在加入微信群时往往抱着学习知识、拓展社交关系、了解最新资讯等目的。因此若想微信群壮大起来，就需要尽量满足群成员的这些需求，为群成员提供详细的资料、活动信息、新闻资讯等内容。

第五，更改群名称。微信群的名称如果长期不变容易造成群成员的审美疲劳，使微信群的活跃度降低。因此，每隔一段时间，营销人员就可以对群名称进行更换，使群名称更符合自己现有的特点。这样可以激发群成员的兴趣，提高微信群的活跃度。

第六，删除无效成员。在微信群中，具备东拉西扯、传播负能量等属性的成员属于无效成员，需要定期清理，以保持群内氛围的活跃、积极、向上。

第七，制造新的兴趣点。在微信群营销活动中，可以适当制造一些新的兴趣点，以达到吸引人眼球的目的。这样可以激发群成员的兴趣，引起群成员的广泛议论和关注，从而提高群的活跃度。

（三）微信公众号营销

微信公众号是个人／企业在微信公众平台上申请的应用账号，该账号与QQ账号互通。通过微信公众号，商家可以在微信平台上利用文字、图片、语音、视频与特定群体进行全方位的沟通与互动，形成线上线下微信互动营销。那么，到底什么是微信公众平台及平台营销呢?

1. 微信公众平台

微信公众平台简称微信公众号，于2012年8月23日正式上线，是腾讯公司主要面向政府、媒体、企业、名人等推出的合作推广业务，也曾被命名为“官号平台”“媒体平台”等，体现了腾讯公司对微信延伸功能的更大期望。利用微信公众平台进行自媒体活动，简单来说就是进行一对多的媒体活动，如商家通过申请微信公众号进行二次开发，展示商家微官网、微会员、微推送、微支付、微活动、微报名、微分享、微名片等。到目前为止，一种主流的线上线下微信互动营销方式已经形成。微信公众平台分为服务号、订阅号、小程序、企业微信四种类型。

（1）服务号

微信公众平台服务号旨在为用户提供服务，它具有以下特点：一是1个月（自然月）内仅可发送4条群发消息。二是发送给订阅用户（粉丝）的消息，会显示在对方的聊天列表中相对应微信的首页。三是服务号会显示在订阅用户（粉丝）的微信“通讯录”中。微信“通讯录”中有一个“公众号”的文件夹，点击进入即可查看所有服务号。

（2）订阅号

微信公众平台订阅号旨在为用户提供信息。订阅号与服务号比较相似，订阅号每天（24小时内）可以发送1条群发消息，发送给订阅用户（粉丝）的消息将会显示在对方的“订阅号”消息列表中。

（3）小程序

微信小程序是一种不需要下载安装即可使用的轻量级应用程序，实现了用户和应用之间的零距离接触，用户扫一扫或搜一下即可使用。微信小程序具有以下特点：一是小而快，进入速度相对较快，可以给用户带来较好的体验；二是推广速度快，小程序可以直接分享，也可以线下推广；三是小程序显示在微信最上方位置，向下拉动微信消息列表，即可显示使用过的小程序。

（4）企业微信

企业微信是腾讯微信团队打造的企业通信与办公的工具，具有与微信一致的沟通体验、丰富的办公自动化（OA）应用和连接微信生态的能力，可帮助企业连接内部员工、生态伙伴和消费者。

2. 微信公众平台定位

要做好微信公众平台营销活动，一定要从有效的定位开始，这是微信营销活动中最关键的一个方面。微信平台定位主要包括用户定位、内容定位、服务定位等。

第一，用户定位。用户定位主要指企业需要了解用户属性及其行为特征，为其画像，从而找到目标人群，确定辐射受众面，设计公众号功能特色、服务模式、推送风格等。

第二，内容定位。内容定位主要是企业利用品牌调性，结合品牌自身受众，总结出品牌内容的个性，有选择地进行内容的取舍与发布，以吸引用户注意力、增强用户黏性和体现品牌价值。

第三，服务定位。服务定位主要是指为用户提供什么样的服务，用户能够从中获取什么，微信公众号能为企业创造什么价值，例如，餐饮企业公众号除推送美食文章内容外，还能提供在线订餐、连接无线网络（Wi-Fi）等基础服务。

3. 微信公众平台设计

第一，公众号名称设计。名称是公众号给他人的第一印象，是品牌标签，对公众号具有至关重要的作用，其具体设计方法包括受众特点取名、突出关键词取名、创意取名、突出需求取名、结合数字取名、结合人名取名、结合热词取名等。

第二，公众号内容设计。公众号内容设计包括菜单栏、正文、排版设计等。首先是公众号菜单栏设计。微信公众号最多可创建3个一级菜单，一级菜单名称不多于4个汉字或8个字母。每一个一级菜单下最多可创建5个子菜单，子菜单名称不多于8个汉字或16个字母。在设计微信公众号自定义菜单时，主要应遵循让用户使用方便、业务精简、为用户节省时间等几个方面的原则。菜单栏标题的常见写法有开门见山、采用热门话题、运用流行词汇、设置悬念等几种。其次是公众号正文设计。公众号正文内容必须遵守以下原则：有趣、个性。同时，用户最愿意分享的才应该是公众号需要去开发的内容，具体有以下几种：积极向上的内容、风趣幽默的内容、能增长见识的内容、实用且容易记忆的内容、有价值的内容等。最后是公众号排版设计。公众号的排版一定要注意细节，最好能给用户带来良好的体验，如图片一定要精美、摘要具有吸引力、配色不超过3种、文末配上引导图片或文字等。

三、微信营销的策略

在“顾客至上”的今天，企业在制定微信营销策略时，需要以整合营销的观念，从推广渠道、产品内容以及用户体验三个方面着手，通过整合线上线下各种媒介渠道，全方位、多角度地增加品牌曝光度，提升用户对企业、产品或品牌的认知度，激发用户的兴趣；然后向其输出满足个性化需求的优质内容，提高顾客满意度；进而通过良好的服务与体验，进一步加强用户体验，从而提升顾客忠诚度。

第一，整合多方资源，增加顾客认知度。一方面，可以整合线上媒体资源，借助微博、社区论坛等社交新媒体平台进行宣传推广，例如，将企业微信公众号二维码、宣传海报等相关信息在微信公众号、微信朋友圈、QQ群、微博话题等地方进行宣传，积极与粉丝用户互动交流，扩大营销信息的传播范围，增强产品或品牌的曝光度，提升顾客认知度，为企业宣传造势。另一方面，也可以整合线下媒体资源，借助户外海报、横幅、宣传页、报纸杂志等传统线下媒体渠道推广企业的微信公众号或营销活动，在线下设置线上引流入口，通过线下扫描二维码的方式将用户引流到线上，增加企业微信公众平台的关注度，加深用户对品牌的印象，从而提升顾客认知度。

第二，打造优质内容，提高顾客满意度。随着市场竞争的日趋激烈，越来越多的企业纷纷加入新媒体营销的行列中来，而优质的内容输出是取得顾客满意、提升企业竞争力的核心所在，因而企业在开展微信营销时要时刻关注“价值提供”，即所提供的产品或内容能够为用户带来怎样的价值、是否能够满足用户需求。为了更好地满足消费需求，提高顾客满意度，企业需要提高内容的实用性、增加内容的独特性以及加强内容的热点性，突出企业微信公众平台的价值，以此增加用户的依赖感、满足感。

第三，关注用户体验，提升顾客忠诚度。在“体验式经济”时代，人们每天都要接收海量的信息，“碎片式”的生活方式使得人们相比于花费较多时间去理解消化接收到的信息，更习惯于快速准确地接收并反馈信息，因而用户体验在很大程度上决定了其消费行为。首先，企业可以借助微信平台丰富多样的表现形式向用户传递营销信息，如图片、文字、视频、语音等，在保证所传递信息精炼准确的同时增加其传播形式的多样性，吸引用户注意力，提高趣味性，使其感受到企业的用心，增强体验感。其次，企业要时刻注意信息的推送频率，避免出现“信息轰炸”的情况，这样很可能会适得其反。现代快节奏的生活已经使人们每天都面临着各种各样的生活压力，倘若在人们想要放松的时候不断推送营销信息，而且都是大同小异的无用信息，久而久之就会使用户感到负担，产生一定的负面情绪。因此，企业要时刻把握好宣传推广的界限，选择合适且令人舒适的推送频率，避免让用户产生不适的体验感。最后，企业还要加强与用户的互动交流，保持积极良好的服务意识，及时回复用户反馈的信息，细致、耐心且真诚地与用户沟通交流，让其感受到被关注、被重视，拉近与用户的距离，从而提升其对企业的忠诚度。

第二节　微博营销

一、微博营销概述

（一）微博营销的概念

微博，微型博客的简称，即博客的一种，是一种通过关注机制分享简短实时信息的广播式社交网络平台。微博是一个基于用户关系信息分享、传播及获取的平台。用户可以通过各种用户端组建个人社区，以少量的文字更新信息，并实现即时分享。微博的关注机制分为可单向、可双向两种。微博作为一种分享和交流平台，其更注重时效性和随意性。微博更能表达出每时每刻的思想和最新动态。企业微博指的是基于微博平台，以企业或品牌身份注册等方式运营的官方微博。企业运用微博的及时性、互动性、开放性等特点，在微博上发布与企业间接或直接的信息，实现低成本的产品推介、用户关系管理、品牌传播、危机公关以及销售促进等营销价值，通过不同功能实现对微博用户的影响。企业微博的粉丝是企业的潜在消费群体，粉丝的关注、评论和转发等行为可能会将粉丝转化为用户，并成为忠实粉丝，主动为企业做宣传。微博营销是以微博平台为基础的营销活动，它具有社会化媒体营销的共性，同时又兼具微博的独特性，如微博内容具有短小、及时性、互动性和广泛性等特点。

（二）微博营销的特点

企业的微博营销是基于关系营销、内容营销、精准营销、整合营销理论的新媒体营销模式，相较于传统营销方式，具有许多传统营销所无法比拟的优势。

1. 立体化

从微博营销使用的手段来说，可以利用图片、视频、音乐等多种形式展现营销内容，这些先进的多媒体技术手段能够多方面地将企业品牌或者产品以更多样的形式呈现给受众。这样直观的方式能够使消费者更加了解品牌产品。另外，微博的拟人化和接地气的亲和力也能吸引更多的粉丝。

2. 高效

微博的名人效应和其特定的传播方式往往能使信息达到指数级传播效果。一条微博引爆后，短时间内通过互动性转发可以抵达微博世界的每一个角落，达到短时间内提升话题热度的效果。

3. 便捷和广泛性

微博用户只需要编写好文案，微博小秘书审查后即可发布，从而节约了大量的时间和成本。微博与传统的大众媒体相比，受众同样广泛。随着移动互联网的发展，可以说，人们随时随地都能从微博上获取信息。

4. 低成本

微博营销的发布门槛比较低，远比长篇大论的博客要容易许多。此外，相较于广告来说，微博营销的成本比较低，前期一次投入后，后期几乎不再需要维护成本，比起同样效果的广告来说，更具经济性。

（三）微博营销的理论基础

社交和媒体是微博的两大基本属性，这两大属性决定着企业利用微博做营销的运营重心。微博营销只有结合关系营销、内容营销、精准营销和整合营销才能获得良好营销效果。

1. 关系营销

关系营销是 20 世纪 80 年代美国著名学者、营销学专家巴巴拉·杰克逊（Barbara Jackson）提出的，是把营销活动看成一个企业与用户、供应商、分销商、竞争者、政府机构及其他公众发生互动作用的过程，其核心是建立和发展与这些公众的良好关系。简而言之，即吸引、维持和增强用户关系。社交、媒体、渠道和平台是微博的四大属性。微博是企业和用户进行互动交流沟通的平台，微博所具有的强大互动性帮助企业有效维护用户关系，并且帮助企业进行市场调研与监控，有利于企业开展营销活动、维持用户忠诚度并挖掘新的用户。

2. 内容营销

内容营销指的是以图片、文字、动画等介质传达有关企业的内容，以给用户信心促进销售，通过合理的内容创建、发布及传播，向用户传递有价值的信息，从而实现网络营销的目的。它们所依附的载体可以是企业的标识、画册、网站、广告，甚至是衣服、纸杯、手提袋等，根据不同的载体，传递的介质各有不同，但是内容的核心必须是一致的。由于微博的用户量庞大，微博的信息量也非常大，因此开展微博内容营销首先就是要吸引人们的注意力。新媒体时代是一个以内容为王的时代，进行微博营销需要通过各种方式结合多媒体将信息传递给用户，高质量的营销内容能够有效吸引粉丝并留住粉丝。如果用户喜欢品牌故事，超过半数可能会在未来购买这个品牌的商品，企业须有效摆脱当前用户对传统营销消息较为反感的局面，在内容营销中植入情感因素帮助企业脱颖而出。面对当今社会的巨大压力，用户会选择查看娱乐信息进行放松，因此，企业借助娱乐信息造势更容易让用户接受品牌的信息。企业的微博运营者还需要注重内容的原创性，结合粉丝互动塑造品牌形象，并可通过微博具有的多种功能帮助企业开展丰富多彩的创意营销活动。

3. 精准营销

精准营销就是在准确定位的基础上，借助现代信息技术手段创建个性化的用户交流服务体系，实现企业低成本扩张的道路，这是有立场的网络营销理念的核心观点之一。企业需要更为精确、可衡量和高投资回报的营销交流，需要更加注重结果和行动的营销传播计划，以及对直接销售交流的投资。如今处于大数据时代，通过整合大数据，使用微博进行营销活动可以帮助广告主实现多重信息触达、舆情监控、口碑分析、用户沟通以及用户关系积累的目标。只要企业精准定位目标受众的年龄、性别、地域、兴趣等多个维度，并通过微博信息流精准投放广告，不仅能保障用户体验，还能有效地实现企业的精准营销。

4. 整合营销

整合营销是一种对各种营销工具和手段的系统化结合，根据环境进行即时性动态修正，以使交换双方在交互中实现价值增值的营销理念与方法。整合就是把各个独立营销综合成一个整体，以产生协同效应。这些独立的营销工作包括广告、直接营销、销售、人员推销、包装、赞助和用户服务等。战略性地审视整合营销体系、行业、产品及用户，从而制定出符合企业实际情况的整合营销策略。微博拥有许多优点，因此可以作为企业营销活动中不可或缺的一部分，但是不能单一地只将微博作为营销的工具，需要与电视、报纸、微信等其他营销方法相融合才能充分发挥各自的特长，使营销效果更好。

二、微博营销的策略

在如今经济社会，微博营销是传统营销模式的有益补充。为顺应新形势，有效利用微博做好营销需要围绕总体营销策略来进行。

（一）定位策略

定位是进行微博营销的第一步。只有做好定位才能根据目标群体的特性帮助企业更好地运用微博进行营销，达到宣传企业产品、树立品牌形象、进行危机管理、发掘潜在用户的目的。可通过制造一系列的热点话题，围绕产品或品牌的特性来制定适合目标群体的营销策略。

第一，需要确定微博的定位，做好内容、话题的营销主线。微博是当前企业开展社会化营销活动常用的手段之一。平台具有极强的开放性与互动性，因此成为有利于企业发布新闻公告、开展公关活动的载体。然而，当前新媒体竞争日益激烈，尤其微信对微博的冲击最大，不少企业转移营销阵地，忽视了微博所具有的强大扩张力，放弃了微博运营，这是不明智的。与微信相比，微博是一个更加开放的平台，相比微信的私密传播，微博的曝光率更高，其传播速度更快、辐射范围更广。并且微博更加具有媒体属性，更适合企业做品牌推广、维护公共关系、维护用户关系。微信用户偏向于移动端，而微博兼顾电脑端和移动端，企业微博的电脑端是企业的微官网，更适合成为展示企业形象的平台。微博顺应互联网潮流，从策略创意、媒介应用、技术支持、效果转化等多个角度开拓移动营销新路径，为企业找到绝佳的品牌营销解决方案提供借鉴与指导，其营销价值正随着移动热潮渐入佳境。

第二，整合营销工具，以更好地联动其他平台。微博在企业营销中扮演了至关重要的角色，然而，企业的微博不能孤立存在。相反，它应与其他营销渠道共同合作，才能创造更大的价值。因此，微博与企业整体营销渠道的协同配合非常重要，可以实现双方的互利互补，从而达到最佳的营销效果。新兴的媒体微博与传统媒体，如报纸、广播、电视等存在一定差异。传统媒体注重权威性，而新媒体微博则具有较低的门槛和较强的互动性，且具备更加即时和丰富的媒体形式。例如，热门综艺节目在播期间常会通过微博互动来增加节目的曝光率。微博作为一个良好的内容营销和话题营销平台，可以引起亿级的讨论量，同时也能帮助提高节目的收视率。将微博作为企业整合营销中的重要组成部分，通过在微博上进行多渠道建设和整合的方式，可以为企业的营销活动带来巨大的价值。除了其他平台，企业的微博也可以作为导流的工具。通过连接其他平台渠道，将流量导入官网、微信、淘宝和其他购物平台等，充分发挥营销矩阵的作用。

（二）情感策略

微博情感营销策略是指企业运用消费者普遍认可、信赖的人际传播优势，通过在微博平台上对目标用户进行情感分析、定位、互动等策略，挖掘、调动客户的情感需求，最终满足消费者诉求，实现营销目标。众所周知，微博作为社会化媒体的一种，具有人际关系的社会化传播特征，而且微博的关注人群也大多是互相认识、互相信任以及拥有共同价值观的人群。一条微博借助转发、评论等手段可在这些具有特定联系的社交群体中广泛传播，包含在其内容中的情感因素也会随之扩散，这契合了企业进行情感营销的平台要求。企业运用微博情感营销的前提是先进行情感定位，然后确定相关的微博情感营销的内容和策略。要做到这一点，需要分析大量的消费者信息，确定目标消费者并对其需求进行准确分析，只有这样，确定的情感营销主题才能为企业吸引更多目标消费者，也更容易使其成为忠实消费者。企业要运用好微博互动的特点，及时回复消费者的疑问，积极解决产品给消费者带来的问题，与消费者建立持久的情感联系与互动，使消费者在潜移默化中对企业产生情感和信任，并形成长效营销。

（三）管理策略

许多企业利用微博进行营销缺乏长远规划，只是作为临时策略，没有完全发挥微博的作用。企业需要通过合理的管理策略来发挥微博的最大效用。

第一，培养营销专业团队。对微博的重视程度低，缺乏长远规划主要在于不少企业缺少相应的微博营销人才。营销领域随着数字技术的发展发生了翻天覆地的变化，因此有些企业不能及时跟上潮流是可以理解的。企业家未正视传统营销与互联网营销的差异，不重视微博营销这部分，企业招聘的专业新媒体运营人员数量不足，内部缺少对品牌宣传人员的新媒体技能培训，面对不断推出的微博新功能、应用、插件等无所适从。想要运营好微博、达到较好的运营效果，就要紧跟潮流，做好新媒体技能的培训。同时微博营销员需要不断了解行业的发展趋势，了解互联网的发展趋势，了解微博的发展趋势，增强适应力来应对瞬息万变的互联网世界。新媒体营销竞争非常激烈，一个专业的微博营销人才应该具备流量思维和用户思维，文字水平突出，会图片、视频等素材处理，会活动策划，还要会用户管理。但并不严格要求每个微博营销人员都要具备以上才能。一个企业可以组建起一个新媒体营销团队，团队内部设置文案、设计、视频制作、用户管理、活动策划、公关、数据分析等职位。人员分工合作，优势互补。每个人要对各个环节进行熟悉，有一定的操作能力，有审时度势、监控预警风险的能力。

第二，统一企业标识，强化品牌认同。当前企业版微博主页不断更新换代，从各方面来看，都是有利于企业发展进步的。微博主页是企业的另一张脸面，所以也需从页面设计方面注意自身形象，这将决定用户是否会成为你的粉丝。当前企业版微博为企业实现个性化设计提供了很大的便利，可以从头像、封面图、卡片背景、焦点图等各个方面进行个性化设置。一个精美的页面设计不仅可以给粉丝愉悦的视觉享受，同时可以提高关注转化率。

第三，关注行业媒体、意见领袖和竞争对手。微博是一个互动平台，可以与他人沟通交往增加影响力和曝光度。企业在微博上关注行业媒体微博把握行业信息，关注行业意见领袖丰富行业知识，同时可以与其他账号互动获得曝光量，提高知名度和美誉度。关注竞争对手，可以实时了解对手的最新消息，取其精华，去其糟粕，吸取对手的成功经验以帮助自身开展营销活动。同时关注时事热点以获得最新热点消息，掌握最新潮流趋势，紧跟热点并结合自身定位进行话题营销及事件营销，成为生动、有活力的官微。

（四）内容策略

微博的内容让观点表达和信息传递具有“短、平、快”的特征。因此在微博上，只有高质量的内容才能够引起关注、形成话题，只有形成自身高辨识度的风格和特色才可能吸引到忠实的粉丝，在众多同类产品中脱颖而出，形成品牌效应。

首先，建立微博素材库。做好微博运营的关键之一就是建立素材库，将微博定位为基础流量保持的工具，持续、有效地更新微博信息，有针对性地寻找与微博定位相匹配的内容。微博素材分为专业领域素材和热点话题素材：一是专业领域素材。专业领域素材指与微博定位相匹配的内容，是用于吸引粉丝的主要内容，如娱乐微博的娱乐信息、科普微博的科普信息等。获取和整理专业领域素材的途径有很多，例如，在专业网站上寻找相关信息，阅读简书、豆瓣等网站中的专业人士的文章等。常见素材来源主要包括中国知网、万方数据知识服务平台、全国报刊索引数据库、中国互联网络信息中心等。二是热点话题素材。热点话题素材指微博上传播广、影响力大的内容以及知名度比较高的社会话题。热点话题素材不仅是各大企业或产品运营的首选素材，更是很多自媒体账号获取关注和吸引流量的主要手段。要获取热点话题素材，运营人员就必须多阅读、多观察、多分析网络上的热点事件和热点新闻。

其次，内容营销是基于双向沟通的，而不是企业单方面的。企业需要抓住用户的心理，制定出有针对性的营销策略。企业必须考虑用户喜欢什么、想要什么，什么能激起用户的兴趣，什么能影响用户关注品牌，从而设计出与品牌有贴近性的营销活动，吸引用户产生真实的互动，通过有内容、有意思、有深度的营销活动与用户建立起情感联系。人们虽然排斥广告，但都喜欢听故事，企业可以通过有趣、有用、有沟通或者有个性的方式将企业的理念、创意以故事的形式表达，与用户形成情感共鸣。

再次，微博的语言风格要统一，紧跟潮流热点。企业在官微上的行为就像一个生动的人，通过微博的文字、图片、视频向粉丝传达着有情感的信息，其中文字具有很强的穿透力，透过文字可以展现出文字背后企业的形象与气质。所以，作为一个企业官微的运营者，应该给自身定位一个拟人化形象，做一个个性让人喜欢的人，在语言风格上选择适宜形象的风格形式，最大限度地获得企业广大受众的喜爱。当然不是说一个品牌不能有多种风格，但必须是不冲突且相辅相成的。从定位的形象出发，在内容建设的过程中可从不同角度进行形象刻画。例如，故宫文化服务中心的官方微博"故宫淘宝"就是通过微博上诙谐幽默的语言和图片，让原本严肃、庄严、古老的故宫历史人物鲜活起来的。微博的语言符合网络特点，同时将历史人物可爱化，通过创意让原本暮气沉沉的形象变成了可爱幽默的形象，引起年轻人对于历史的兴趣从而获得年轻人的市场，"故宫淘宝"微博因此成为许多年轻人的关注对象，增加了影响力。

最后，内容形式需要不断创新。微博的内容最为关键，但形式也起到了重要的作用，所以微博也在不断开发不同的内容展现形式，如微博视频头条文章，支持换行、直播、投票，字数取消 140 字限制等，满足了不同阶段的用户新需求，让微博变得更加生动有趣。事实上，微博已成为一个消息集散地，且有着不可撼动的地位。技术的日新月异为数字营销带来新的创意表现形式，新技术和好内容的融合不仅会给受众带来眼前一亮的惊喜感，也让内容营销变得更有质感，并充满体验感。借助社交媒体进行营销活动是当前的主流趋势，其所取得的效果远好于传统营销活动。

（五）互动策略

互动营销策略是指企业在微博平台上运用正确的方式，在合适的时机建立企业与消费者之间的良性互动，找到两者间的利益平衡点，从而达到企业提供满足消费者诉求的产品或服务，同时消费者依据自身需求选择商品令企业获益的目的，在拥有广泛信息覆盖面的同时，满足消费者的发声意愿。跟传统的媒介平台相比，微博更能体现互动的特性，企业可以通过热门话题和活动等，积极引导消费者评论、转发，达到营销效果，简而言之，基于交互性，微博成了企业与消费者之间沟通的桥梁。企业要了解市场需求，把握消费者动态，就需要与消费者进行直接沟通，利用微博的高效性、开放性、交互性等特点，积极与粉丝交流。企业也可以对一些具有代表性的用户留言、回复进行转发，展现企业与消费者的互动理念，拉近与粉丝的距离，提升企业亲和力。因此需要寻找更加有效的互动方式。

首先，运用工具关注潜在用户。企业需要对粉丝进行管理，通过对粉丝的性别、年龄、教育水平、职业、兴趣爱好、地域等属性进行研究管理，制定符合粉丝特征和消费行为方式的营销活动方案。企业应该对自身产品的受众进行定位，然后进行用户行为分析，以便制定能够吸引该类受众的营销战略。企业应该积极关注目标群体，以获得他们的关注并提高转化率，在这一过程中需要投入大量的人力。然而，随着技术的迅猛发展，出现了许多新的第三方应用程序。通过这些应用程序可以批量发送信息并针对潜在用户进行定向关注，从而显著减少人力投入并提高工作效率。另外，还可以和曾与广告投放互动的用户进行后续的交流和沟通。这样一方面可以有效提高广告投放的转化率，另一方面也有利于广告商后续跟进以提高销量。此外，在广告投放后，企业还可根据效果进行监控，以调整投放时段确保精准投放和优良效果。

其次，可以利用热门话题来增加微博的曝光度。微博上每天都会发生各种热门事件和话题，运营企业微博的人应该关注时事热点，并利用热门话题来进行事件营销，以指数级的速度快速传播信息。这样可以增加微博的曝光量，并增强营销效果。

最后，关注粉丝的互动并重视他们的评论。微博的实时性和互动性非常重要，如果不能充分利用这些特点，微博就会变成一个冷冰冰的机器，无法满足粉丝情感沟通的需求，进而导致粉丝流失。有些人经常将营销和促销混为一谈，但实际上营销远远不止促销那么简单。根据现代管理学家彼得·德鲁克（Peter Drucker）的观点，营销的核心任务在于深入认知和理解用户，以便产品或服务能够迎合用户的需求。互动参与程度成为衡量营销成败的重要指标，微博运营者应该充分利用微博平台积极地回应用户，了解粉丝的需求，并且要尽最大的努力满足他们的需求。

（六）掌握发布时间

人们上网时间呈碎片化，这就需要企业根据目标消费群体的作息时间来安排微博的发布，以便最大限度地抓住用户的注意力，成功引起他们的兴趣。从微博用户日常发微博时间习惯来看，微博用户对微博具有较高的依赖度，早晨5点起，微博用户发微博达到第一峰值，随后在下午1～2点有小幅下滑，3点之后微博发博量又平缓上升，晚上 7 点后再次小幅上升，在晚 10 点达到峰值后开始下滑。除了了解发布时间，为了让营销效果更加显著也应该了解微博的主力人群，这样才能使营销效果事半功倍，成功将企业或产品推广给目标群体。

第三节　App 营销

一、App 营销概述

（一）App 营销的概念

App 营销即应用程序营销，指通过网页或智能手机、平板电脑等移动终端上的应用程序来开展的营销活动。在 App 营销中，App 是营销的载体和渠道，这点是 App 营销与其他营销最根本的区别。拿“极品飞车”这款游戏来说，如果汽车企业提供的车型只能在游戏的电脑客户端上使用，在手机下载的游戏 App 客户端中没有，那么对这家车企来说，这就不算是 App 营销，而是游戏营销。脱离了 App 这一载体，就不能被纳入 App 营销的范围。

如果我们换一种分类方式，那么利用即时聊天工具所做的营销推广就全部属于 App 营销，而电子商务平台推广、微博营销、团购类网站营销、网络视频贴片广告中也有很大一部分属于 App 营销，只要它们采取的是 App 入口，而非普通的浏览器入口。由此可见，App 营销事实上涵盖的范围是很广的，其使用率也是很高的。

（二）App 营销的特点

1. 精准度高

App 营销与其他营销途径不同，App 一般是用户根据自己的需求进行搜索并且主动下载的。这意味着用户在下载 App 时往往就已经对这一 App 或 App 代表的企业有了一定了解或需求，而且用户对 App 的日常使用往往也与即时的需求和消费直接相关，只有当他们准备消费或有所行动时，才会点开相应的 App，如外卖订餐、打车、团购，或者给小孩讲故事、玩游戏、跑步健身等。因此，App 营销是种双向选择的营销。是营销企业和消费者双方都同时选择了特定的 App。所以，在 App 中传递的营销信息，其针对性非常强。

2. 信息全面

通过传统媒体进行营销推广，企业所传达的信息量极大地受限于媒体版面和时段，不可能对产品进行全面、立体的介绍和演示。而App则可以通过定期的推送，将企业产品和服务的相关信息详细、全面地展示在消费者面前，还可以通过各种个性化的、趣味性的、互动的方式增强消费者的产品体验，搜集其反馈意见。

3. 趣味性强

App的种类形式是多样化的，App营销不仅可以通过文字、图片、声音等方式来传递信息，还可以通过游戏等交互的方式与消费者进行互动。在互动中传递信息，增加消费者对品牌的好感，增加用户黏度，如法国航空公司推出一款全新的音乐应用软件——Music In the Sky，用户安装后用手机对着天空，搜寻空中随机散布的歌曲，捕到后就可以直接试听。法国航空公司在此之前就推出过航班上的音乐服务，可以让乘客在乘坐航班的时候享受高品质的音乐服务，而Music In the Sky应用的推出，则让地面上的听众也能收听到法国航空公司提供的音乐，它将用户的手机变成了一个音乐雷达，去发现散布在天空中的音乐。这款应用中还内置了一些互动小游戏，用户可以赢取优惠机票。尽管这次App营销的主要目的是通过App里面的互动小游戏推广法国航空公司的优惠机票，但是，这种将旅行、天空以及音乐等感性元素结合起来的方式无疑比赤裸裸的营销方式要好得多，给人留下的印象也深刻得多。

4. 互动性强

由于App的开发门槛并不高，App营销的成本也比较低，市场上存在的各种App已经浩如烟海，而且还有新的App不断被开发出来。如何在多如牛毛的App里脱颖而出，成为消费者的生活助手，成为企业的营销利器，互动是关键，像“签到”、转发有奖以及各种互动小游戏，都已经成为很常见的App营销互动方式。此外，还不断有一些创造性的、个性化的互动方式涌现出来，不断刷新消费者的体验。由于App一般为企业自主开发或委托第三方开发，更便于对营销效果的监控，对营销的管理和控制也更为灵活。企业可以通过App营销及时收集消费者的需求数据，根据消费者需求进行改进，培养消费者的购买偏好。随着智能终端的普及、移动互联网的快速发展，移动App的使用越来越广泛。越来越多的企业也更加重视App营销，特别是移动App营销，由于使用量和普及率的不同，移动App给企业带来的关注度远比网页App的要大。计算机在移动上的不便限制了网页App的发展，而智能手机、平板电脑以及谷歌眼镜、苹果手表、小米手环等智能可穿戴设备的不断发展，给移动App营销开辟出广阔空间。移动App营销将成为App营销中的主流。

二、App营销模式

互联网时代，越来越多的企业意识到App营销的重要性。App营销成本低、精准度高，可以作为企业整合营销传播战略中的工具之一。其营销模式主要有以下几种。

（一）广告植入模式

在互联网时代，传统企业如何推销自己是个大问题，同时也给传统的广告方式带来了极大的挑战。目前，90%的App都是免费的，它们正以广告补贴、App内购买等方式得到用户的关注。推广App的主要方法有植入广告、注册返利、销售返利等。而在众多的功能性应用和游戏应用中，植入广告是最普遍的方法，企业通过植入广告进行推广，当用户点击广告栏时就会进入相关链接，进一步了解这个App的详细介绍。这种方法是最简单的，只要将广告投放到那些下载量比较大的网站，就能达到良好的传播效果。在社交类App中植入广告已经成为企业青睐的广告营销模式。

（二）企业自有App模式

除了借助第三方App平台进行广告植入外，企业开发出自己专属的App进行营销也是一种很有效的方式。而且，这种方式无须拘泥于第三方App的特定内容、形式和要求，完全可以根据企业自身需求做出富有个性的App。因此，这种方式对企业来说可能是非常有吸引力的一种方式，可以给企业的App营销带来无尽的创意空间。互联网时代的飞速发展，让拥有一款App不再是一件困难的事情。不需要复杂的编程技术，许多网站提供平台，免费地让任何人都可以做出可交互、可管理、可在安卓（Android）或iOS系统上运行的App。企业把适合自己定位的App发布至App商店供用户下载，用户可以全方位了解产品和企业的信息，强化对品牌的认同甚至产生归属感。

1. 企业自有App的类型

企业自有App可以是单一功能型App，最常见的形式就是企业研发出来的一些互动小游戏，如飞利浦SHQ5200运动耳机的《夜跑侠》小游戏，也可以是包含多种功能的App，除了推广品牌之外还有其他功能，如星巴克闹钟App。在内容上，App可以以企业产品为核心，也可以以品牌为核心，或两者兼顾。但不论研发哪种类型的App，自有App的核心都是以用户需求为主的，需要符合用户的喜好、兴趣和习惯。互动小游戏功能虽简单，但如果与广告及其他营销手段配合得当，便可充分发挥游戏的情境代入及娱乐性优势，将品牌理念演绎得更充分，让消费者对品牌的体验更完整、逼真。

2. 企业自有App营销的优势

首先，根据App功能的不同，企业自有App营销可以实现不同的营销需求。有一些App能帮助开发它们的企业提升效率、降低成本以及收集信息，改善消费者的产品和服务体验，如美团外卖App、肯德基App等营销类App。还有一些App则是多样化的功能拓展，能够帮助消费者更好地了解产品和服务、传播相关知识和资讯，从而提升产品的用户体验。而与借力于第三方App平台进行营销相比，自有App营销的优势在于，消费者不再被动地接受营销信息，而变成主动了解信息的参与者。通过下载使用App，消费者更能直观、全面地了解企业和产品的信息。

其次，营销的个性化和精准化可以在企业自有App营销上得到极致化的体现。由于是企业自己推出、自主设计的App，所以完全可以根据企业和产品的独特价值与个性来设计App，可以完全根据目标人群的需要来设计。可以借助自有App收集目标人群的信息，帮助企业建立消费者数据库，从而深入了解他们的喜好习惯和心理，有助于企业根据市场和消费者的变化制定新的市场营销传播策略。毕竟如何帮助品牌建立起这种遍布全网的动态网络，快速地感知用户的需求、取向、去向等，是判定App营销价值是否实现的一个至关重要的因素。例如，家居品牌宜家（IKEA）曾推出一款手机App让用户定制自己的家，用户可以创建并分享自己中意的家居布局，还可参与投票选出自己喜欢的布局，宜家会对优秀创作者进行奖励。这款App充分体现了个性化定制营销的特点，而且通过用户参与，直接有效地获取了用户的需求信息。

最后，企业自有App为企业的低成本快速增长提供了一种可能。由于最终的营销效果并非取决于企业投入创建App时的成本，而在很大程度上取决于App内容的策划，因此，只要内容足够出色，企业完全可以以相对较低的成本创造出可观的营销传播效果。通过App促进线下销售固然是一方面，而通过企业自有App来加强品牌与消费者的互动、建立用户口碑、维系客户关系、增进用户体验，则是企业自有App的另一大功能。对于大多数企业来说，实现互动和口碑层面的功能是一个更现实的营销传播目标。企业通过App这个平台与消费者保持密切互动，形成更稳定持久的关系，而从顾客的角度，则可以通过 App，根据自己的意愿，自主地选择与自己喜爱、信任的品牌建立联系。

第四节　社群营销

一、社群营销概述

（一）社群的概念

社群，我们可以简单地认为其就是一个群。广义的社群概念是指某个区域或者边界之内的社会关系的总和。相对于整个人类，也可以把同一民族体系构成的国家当作一个社群，在这样的社群中，一切与国家、民族命运相关的活动都是社群活动。社群并不是一个具体的概念，它十分抽象。狭义的社群概念是指社区。社区属于互联网时代前的产物，理想状态下应该按照逐渐自治化的趋势发展，也就是现在互联网中流行的“去中心化”。互联网时代开启后，一个叫“虚拟社区”的概念被逐渐推广开来，人们通过网络彼此交流分享知识，形成具有共同爱好的用户之间的新型关系网络。这种新型关系网络就是社群。

（二）社群营销的概念

基于环境压力，众多品牌开始转型到线上，高度重视社群营销的价值与作用。用新的社群营销方式重构企业的营销模式，使“社群营销”这个词再一次被广泛提及。社群营销就是基于相同或相似的兴趣爱好，通过某种载体把这种有相同爱好的人聚集在一起，通过产品或服务满足这个群体需求而产生的商业形态。社群营销的载体不局限于微信、微博等各种平台，甚至线下的平台和社区都可以做社群营销。社群营销的关键是有一个社群领袖，也就是某一领域的专家或者权威人士，这样比较容易建立信任感和传递价值。通过社群营销可以提供实体产品或服务满足社群个体的需求，如招收会员得到某种服务，或者进入某个圈子得到某些专家提供的咨询服务等。基于发达的配送网络，很多零售品牌快速切换群卖货、拼团卖货方式，或者是以门店为辐射单位，建立社群并开展一些业务活动，包括客户维护、客户服务、组织促销等。除此以外，还有钉钉、小红书、抖音、快手、大众点评、知乎、豆瓣、领英、哔哩哔哩等社群新工具，这些都在一定程度上提升了社群营销的经济影响。

二、社群营销构成要素

社群可以理解为一个群体，这个群体有着相同的社交属性，如共同爱好、共同需求、共同偶像、同一区域等。构成社群营销的要素主要有五个，分别是社群共同爱好、社群结构、社群输出、社群运营、社群复制。

（一）社群共同爱好

1. 社群共同爱好的含义

社群共同爱好是指众多人都对某些事物感兴趣，这是社群成立的基础，也是社群营销的基础。这些共同的爱好像磁铁一样把他们吸引在一起，让他们集中在一起，这只是一个开始。它是社群营销的第一要素，也是社群成立的前提条件。根据共同爱好所构建的社群可以基于某个产品，如基于某一特定手机建立用户社区；可以基于某种行为，如基于每周组织徒步旅行建立的“驴友会”；可以基于某种标签，如基于健身爱好建立粉丝团体；可以基于某种空间，如基于某生活小区建立的业主群等。社群必须先有明确的共同爱好，加入社群的人一开始就很明白自己要进入的社群是做什么的。如果一个进群的人问：“这个群是干什么的？”那么这个群的共同爱好定位就已经出了问题。

2. 有哪些更有黏性的共同爱好

怎样的共同爱好才能让一个社群长期存在？结论是，群里面的人要能借助这个共同爱好产生连接，找到极大的情感寄托、极大的快乐、极大的现实利益，三者满足其一，社群才能持续。线上线下团购或活动建立起的群能不能变成一个社群？一般来说不可能，因为不满足上面三点条件，其只能变成一个后续推广渠道，而且转化率会越来越低。会员群能变成社群是因为有重复购买的福利；兴趣群能变成社群是因为有足够复杂的可玩度；情感群能变成社群是因为有足够有才华或有趣的同伴。蛋糕店可不可建社群？可以。因为通过做蛋糕，家长和小朋友都能得到快乐。把社群建起来，未来商业的转化也是可以实现的。理财产品可不可以建社群？高端用户财产需要隐私性，其只能接受一对一服务，但是理财公司可以进入他们的高端俱乐部社群发展用户。能否围绕厨房小家电做社群？这个很难做成会员优惠社群，毕竟厨房家电不经常被采购，用户也很难因为聊厨房小家电产生情感连接。唯一的可能就是聚集一群致力于研究厨房小家电的网友，使他们之间可以分享新知识、新技术、新看法、新工艺，那么企业就可以借此建立一个小众且持续存在的群。这一社群之所以能存在，就是因为有交流专业知识的需求，但这个群可能规模很小。

（二）社群结构

合理的社群结构是保持社群活跃度和保证社群营销效果的重要基础，在创建社群之初就应该对社群结构进行有效的规划。以小米公司为例，其社群营销最出色的是对粉丝聚集平台的精准认识，如初期粉丝的主要聚集地是论坛，在论坛上“米粉”（小米手机粉丝团称呼）参与到调研、产品开发、测试、传播、营销、公关等多个环节之中，同时这些活动也使得“米粉”的荣誉感和成就感得以彰显，使他们被牢牢地“粘”在论坛上。但论坛的缺点是太封闭，人群扩展起来非常困难，因此小米又逐步通过微博拉新、论坛沉淀、微信客服等营销活动组合扩散知名度。微博的强传播性适合在大范围人群中快速传播和获取新用户；论坛适合沉淀、持续维护式内容运营，保持已有用户的活跃度；微信则可作为一个超级客服平台。

1. 社群结构的含义

社群营销的第二要素——社群结构，它决定了社群存活与否。很多社群为什么很快走向沉寂？这是因为其最初就没有对社群的结构进行有效的规划，这个结构包括组成成员、交流平台、加入原则、管理规范。这四个组成结构做得越好，社群“活”的时间越长。组成成员：发现、号召那些有共同爱好的成员抱团形成金字塔或环形结构，最初的一批成员会对以后的社群产生巨大影响。交流平台：找到人之后要有一个聚集地作为日常交流的大本营。加入原则：目前，常用的有QQ、微信等加入原则，有了元老成员，也建好了平台，慢慢会有更多的人慕名而来，那么就得设置一定的筛选机制作为门槛，一是为了保证质量；二是为了让加入者由于加入不易而格外珍惜这个社群。管理规范：人越来越多，就必须有管理，否则大量的广告与灌水会让很多人选择屏蔽此社群，所以，一要设立管理员；二要不断完善群规。

2. 社群成员结构

社群是由人构成的，社群的结构也包括人员的构成。运营社群，社群成员一定要多元化。一个群要想长期生存下去，一定要让成员有交流的乐趣（也许这乐趣是大家进行深度思想交流），否则一个大家都找不到乐趣的地方，谁愿意继续待在里面？能长期存在的社群，其成员的职业、地域、专长、个性必须多元化，只有多元的基因才能带来社群的创意碰撞，带来趣味的“化学反应”。社群成员不能都是领导者，如果都是领导者，缺乏普通人提出问题激发他们回答的欲望，最后社群就会变成通讯录、找人群，因为都忙，没有人互动；也不能都是普通人，聊天聊不出深度，社群就变成了闲聊群。很多社群的成员选拔标准过于追求三观一致，反而错过了社群多元化发展的魅力。社群就像是一个网上的咖啡馆，大家畅所欲言，有各种有趣的人，才有意思。不过，社群多元化环境能持续存在的条件还包括社群必须有一个灵魂人物，这个灵魂人物可以是有思想深度或社会势能的领导者，也可以是运营能力高超的社交达人。如果灵魂人物是领导者，他本人不一定有时间长期维护社群，可以通过配置得力的助手来管理社群日常。但因为有领导者存在，所以社群里面也会吸引一些势能很足的同级别领导者，形成社群的能量圈，并吸引一批中等势能的人加入。但社群里更多的则是普通势能的人，只有形成能量的落差，才能建立社群信息循环的生态链条。如果灵魂人物是运营达人，他需要亲力亲为在社群里刷存在感，并利用个人魅力吸引多位领导者入驻，并让各位领导者愿意经常在社群里分享，提高社群的黏性，吸引不同势能的人加入，丰富社群的生态结构。

（三）社群运营

1. 社群运营的含义

建立社群后，如何运营社群也是非常重要的，运营决定了社群的寿命，决定了社群营销的成败。一般来说，微信群的生命周期是三个月，超过三个月不运营就难以生存了。真正的运营是一件非常复杂的事情，除了产出日常内容以外，还需要举办稳定的日常活动来给会员制造仪式感、参与感、组织感及归属感。通过运营这四感，社群有了规范、质量、战斗力和凝聚力，才会长长久久地生存下去。一是仪式感：适当的仪式感可以让成员对社群的好感度更高，可以通过人群申请、设定群规等来增加仪式感。二是参与感：通过有组织的讨论、分享等，确保群内成员有话说、有事做，群成员都能参与并有所收获。三是组织感：一定的组织感更有利于社群的管理，可以通过设立群管理员、群内义工等岗位来设置社群内的组织层级。四是归属感：如通过举办线上与线下的互助活动等使成员感到温暖如家，形成社群凝聚力。

2. 社群要持续运营需要做哪些工作

一个社群如果有好的运营，就不会出现社群里有什么事情，大家不知道找谁去解决的问题，这就要求社群里有稳定的团队，建立稳定的形式，形成稳定的节奏，使大家都清楚自己所属社群的日常流程，让大家的言行和社群的节拍同步。做到这些，社群的运营也就进入了良性状态。从运营角度看，一个社群运营者必须考虑以下工作：社群线上活动的策划和实施；社群线下活动的策划和组织；社群运营团队的搭建和培养；社群成员的更新和邀请；社群成员之间的连接和情感认同；社群内容的总结和对外输出。其中，最重要的运营工作是持续让社群成员产生社交连接，使其慢慢产生情感认同。一旦人有了情感连接，就容易产生“化学反应”，在社群里碰撞出极大的能量，结出不一般的果实。但人和人之间产生情感认同一般不会太快，这也就决定了社群运营是慢工出细活。运营慢比快好，想快速做大社群规模，然后马上去变现，这种思维本来就是短视的，不重视加入社群人员的感受和需求，即便借助一时热情有所斩获，也做不长久。为了让社群成员之间多联系，社群运营者需要不断创新线上线下活动形式，发展出更多好玩的办法、运营套路，努力让自己的社群生长时间比别人长，这就是体现运营人员水平的地方。

（四）社群输出

1. 社群输出的含义

社群营销的第四要素是社群输出，社群输出是决定社群价值的重要因素之一。持续输出有价值的内容是评估社群生命力的关键指标之一。因此，缺乏丰富经验和深度积淀的社群难以建立起高质量的影响力。所有社群在建立时都有一定的活跃度，如果无法持续提供价值，群的活跃度将逐渐下降，这些社群最终通常会变成仅有广告的群。缺乏足够价值的群最终被人遗忘。此时，群成员和群主会选择退出或解散该群，也有一些人会选择加入一个新的群或创建一个新的群。另外还存在一种情况，就是群成员选择不退出群组，而是继续保留在该群内。他们会观察这个群组是否能够为他们带来价值，如果经过一段时间的观察后，发现该群组完全无法满足他们的需求，或许他们会开始在群内制造一些混乱，如发布一些广告信息，因为他们已经不在乎是否会被踢出该群组，而且通过发布广告或许还可以抵消一些积累下来的时间成本。为了避免出现上述情况，一个优秀的社群必须能够提供稳定的服务给其成员，这是成员加入和留在该社群的支撑。此外，社群输出还需要衡量群员输出的成果，只有全面开花才算得上是一个真正的社群，如果只有个别杰出的成员，那么社群更像是粉丝经济模式。

2. 社群输出的方式

社群对外的输出有很多形式，最容易被人想到的是社群开通微博、微信公众号等自媒体，发布和社群有关的内容，这只是社群可以输出内容的一部分，下面整理了一些社群常见的输出方式。社群形象：统一的标识、口号、海报等。社群打卡：如借助“鲸打卡”平台，输出统一的社群打卡海报。社群自媒体：微博、微信公众号、声音电台、头条号。社群微课：利用各种微课输出平台，开发社群成员制作的微课。社群直播：开通直播频道，可邀请社群成员轮流主持。社群图书：整合社群成员，一起出书。社群培训：组织社群成员进行线下培训。社群咨询：组织社群成员开通在线问答等咨询平台。社群训练营：组织社群成员开发线上训练营课程。社群活动：组织社群成员策划系列线上线下品牌活动。社群代言：为企业产品或服务提供社群代言服务。社群理财：社群成员请信得过的高手帮助投资，获得更高回报，不过风险须自负。社群输出背后的一个逻辑就是把社群分享过程中碰撞激发的碎片化知识加以系统化输出，把社群知识产权化，成为大家对外输出的流量平台和品牌资产。

（五）社群复制

1. 社群复制的含义

社群营销的第五要素——社群复制，它决定了社群营销的规模。社群的核心是情感归宿和价值认同，社群越大，情感分裂的可能性就越大。当社群达到一定规模之后，势必会出现“复制”这一发展趋势，复制决定了社群的最终规模。所以，一个社群在复制多个平行社群、进行裂变之前要密切关注以下三个问题。第一，是否已经构架好组织。要在构架组织之前准备充分的人力、物力、财力，不过于围绕中心，但也不至于缺乏组织。第二，是否已经建立了核心群。要有一定数量的核心成员，他们可以作为社群的种子用户加入分裂群中，引导分裂群，往预期的良性方向发展，及时阻止恶性发展。第三，是否已经形成亚文化。在社群的聊天中，要形成群体沟通的一致性，使成员聊天的语气、风格、情绪尽量一致，这些是社群生命力的核心。

2. 社群复制的模式

社群复制其实只有三种模式：第一种模式是“俱乐部制”，社群一开始就约定了起止日期和主要服务内容，到期续费可以继续加入，就像线下的俱乐部一样，这种模式其实是让社群沿着时间线进行延伸，一期期迭代更新，在连接上深化；第二种模式是“加盟店制”，社群一旦形成了口碑和玩法机制，就在全国不同的城市成立“分舵”、建立分社，快速扩大，这是很多人希望复制的模式，因为可以快速做大规模，但是这种模式会因为社群扩张过快难以培养出合格的运营人才，复制好的社群文化会因大量的加盟社群中的发广告和主社群文化脱节，使得最后的结果并不好，很多社群就是因为选择了快速扩张，反而走向了衰败，这种模式其实是让社群沿着空间线进行延伸，在规模上进行扩展；第三种模式是“旗舰店制”，这种模式不追求社群成员的规模复制，而是找对一批人以后长期连接，不断为群员提供大家需要的新产品和新服务，最终演变成消费品的不断复制。

第五节　自媒体营销

一、自媒体概述

（一）自媒体的概念

自媒体专业性的定义是普通大众经由数字科技强化、与全球知识体系相连之后，一种开始理解如何提供与分享他们自身的事实、新闻的途径。自媒体是Web 2.0时代产生的新型媒体，强调的是网民的参与。因此，网民自己成为传播的发源地和渠道是自媒体的核心特点。

（二）构建自媒体的意义

自媒体近两年十分火热，BAT（百度、阿里巴巴、腾讯三大公司简称）等互联网巨头都已打造了自己的自媒体平台，也证明了自媒体是当下企业进行品牌传播和产品推广的必争之地。对于企业来说，在移动互联网时代，自媒体营销是其成功转型的关键点。“自媒体”最能体现其特殊性的是“自”，它体现了自媒体以下几个传播特质。

1. 传播信息个性化

自媒体时代，每个人都是媒体人，是信息内容的制造者和传播者，媒体不再是高高在上、遥不可及的存在。因为人的差异化，每一个信息和观点都表达着每个人不同的思想，表达方式也五花八门，导致了自媒体在传播信息上的个性化。

2. 传播关系一体化

传播者和接收者一体化是自媒体区别于其他媒体的最大特质，受众既是内容的创造者，又是信息的接收者，这种关系的一体化打破了传统媒体封闭式的传播格局。

3. 传播渠道多样化

传统媒体大多通过报纸、广播、电视、杂志等媒介进行传播，而且这种传播往往是单向的。自媒体的传播方式则十分多样，微信、微博、论坛、空间等平台都可以作为发布和接收信息的平台。

4. 传播速度迅捷化

随着互联网技术的发展和移动互联网的迅速普及，信息的传播变得既迅速又便捷。人们可以随时随地在各种平台上发布信息、接收信息，一则新闻从发生到传播至全球，只需要短短几秒。

自媒体的以上特质决定了它能够在主流媒体之外迅速崛起。它适应时代的特点和大众的需求，在移动互联网时代有着重要的意义。构建自媒体是互联网思维之下企业运营的新突破口，可以看到，小米、三只松鼠、阿芙精油等品牌都是利用自媒体成功发家的典范。这些品牌从产品的发布、宣传到与粉丝互动，都充分利用了自媒体平台，扩大了公司的宣传力度和广度。在互联网时代，很多客户会把公司是否拥有一批自媒体平台作为评判品牌价值的重要标准，一家没有官方微信、微博平台的企业必然不会是一家创新进取、紧跟时代潮流的公司。所以当下每个企业都应该把自媒体放到公司的战略层面上来，构建自身的自媒体平台，并掌握一套科学的运营策略，才能在移动互联网时代的品牌塑造上占领一席之地。

（三）常见的自媒体营销平台

自媒体平台多种多样，每一个平台都有自己的特色。从 QQ 到微信、微博、博客、论坛，这些便于人们交流的社交平台在自媒体时代实现了功能的完美转变，纷纷成为自媒体人的新赛道。除了微信公众号、微博外，目前比较常见的自媒体营销平台有以下几种。

1. 今日头条

今日头条是北京字节跳动科技有限公司开发的一款基于数据挖掘的推荐引擎产品，可以根据每个用户的兴趣、位置等多个维度的信息进行个性化推荐，为用户推荐有价值、个性化的信息，提供信息服务。由于今日头条推荐精准度高、流量大，即使某一账号的粉丝特别少，该账号也有机会凭借优质内容获得巨大的流量，所以它成为自媒体人主要使用的平台之一。

今日头条的自媒体创作平台也叫头条号，与微信公众号类似，个人用户、企业用户或机构用户都可以申请建立头条号输出内容，头条号生产的内容会在今日头条平台上得到展示。

2. 百家号

百家号是百度为创作者打造的集创作、发布、变现于一身的内容创作平台，也是众多企业实现营销转化的运营新阵地。创作者在百家号发布的内容会通过百度信息流、百度搜索等分发渠道传达给用户。

为了与更多创作者携手成长，打造更加健康、繁荣的内容生态，百家号在2019年推出了“金芒计划”，除了加“V”认证、粉丝赋能、补贴升级、流量倾斜等权益，还为创作者提供了创作能力指导、全方位品牌推广、商业变现赋能等多项权益。除此之外，百家号还推出了“百川计划”“匠心计划”“优选计划”“百家榜”等。

3. 大鱼号

大鱼号是目前较为热门的内容创作平台，能为创作者提供“一点接入、多点分发、多重收益”的整合服务。

大鱼号推出的“大鱼计划”是为优质原创作者倾力打造的创作激励计划，包含“大鱼奖金”“广告分成”“大鱼独家激励”三个部分。“大鱼奖金”包括“大鱼图文奖金”“大鱼短视频奖金”“大鱼图文短视频双料奖金”“大鱼潜力奖金”，旨在扶持激励具备优质原创能力的新锐、潜力创作者。“广告分成”是大鱼号对创作者的基础商业赋能，当创作者的内容运营能力达到一定要求时即可获取广告分成权益。“大鱼独家激励”是大鱼号与优秀原创作者的高阶合作模式，创作者如果承诺独家供应符合平台要求的优质原创内容，即可开展本项合作。这项合作旨在鼓励优秀创作者与平台携手共进，持续生产有价值的图文及短视频优质原创作品，让用户有更好的内容消费体验。

4. 知乎

知乎是高质量的知识社交平台和问答平台，以“知识连接一切”为使命，凭借认真、专业、友善的社区氛围和独特的产品机制聚集了互联网科技、文化等领域中具有创造力的人群，将高质量的内容通过人的节点成规模地进行生产和分享，构建高价值的人际关系网络。用户在知乎通过问答等交流方式建立信任和连接，打造个人品牌并提升个人品牌价值，发现和获得新机会。

5. QQ

QQ是腾讯公司出品的一款即时通信软件，早在2000年就占领了全国在线即时通信近100%的市场。在自媒体日渐火热的趋势下，QQ空间也成了商家必争的营销平台之一。QQ空间具有低成本、高活跃度、内容多样、互动便捷的特点。

很多商家看到了空间自媒体的优势，从而选择从 QQ 空间入手进行营销活动，如小米手机就选择在 QQ 空间进行新品首发。QQ 空间强大的用户流量和用户忠诚度，使其成为企业进行自媒体营销的选择之一。

二、自媒体营销策略

（一）头条号营销策略

头条号成了众多企业、自媒体人、网络营销人聚集的地方，也成为营销引流的一个关键利器。头条号的营销策略主要体现以下几个方面。

第一，通过数据的整理、分析和解读，做好协同推荐。在互联网时代，要说影响企业营销最关键的因素，应该就是数据了。今日头条作为一款数据挖掘的产品，自然在这方面做得非常出色。只要用户登录今日头条，它就可以凭借用户在互联网留下的公开的浏览痕迹来进行个性化的推荐，将一些用户关心的、有价值的内容推荐给用户，进而让用户阅读到自己想要阅读的内容。在互联网时代，营销早已不再走老套路了，而今日头条则成为企业的一个新营销阵地。在这个时代，人们的一切行为信息都可以通过数据来记录。企业可以依托于数据的整理和分析，了解用户的偏好，从而根据用户的偏好进行个性化推荐。企业要想做好自媒体营销，可以利用今日头条海量的数据整理、分析和解读来进行有价值、个性的推荐，进而达到精准化营销的目的。

第二，用高质量的文章在海量信息中脱颖而出。作为一款拥有六亿用户的自媒体平台，今日头条拥有着海量的信息和资源，是企业进行营销和发展的关键，但是也对企业提出了较大的挑战。海量的用户和资源也就意味着企业要用高质量的文章，从众多的文章当中脱颖而出，才能赢得用户的青睐，达到营销的目的。那么，如何撰写出一篇高质量的文章呢？

一是做好“标题党”。标题作为用户浏览的第一印象，一定要做到内容新颖，风格要大胆，要在用户浏览的第一时间吸引用户的目光，引起他们的好奇心，从而让他们点击进去，增加文章的点击量。那些平淡的标题一般是很少得到用户关注的，只有用户带有明确的目的性，他们才可能去阅读这样的文章。

二是内容与链接的发布。文章的内容必须是原创性内容，这样的内容不仅容易审核通过，更能够吸引大多数人的注意力，增强文章的可读性。在今日头条这个自媒体平台之中，文章的底部可以留下企业的微信公众号，这样也可以将用户引导到企业的微信公众号之中，继续开展营销工作。

第三，精准定位，精确传播。在今日头条之中，企业利用这个平台做好营销的另一个关键，就是要对企业的营销目的进行精准定位。认准了受众对象以后，才可以进行精确传播。只有定位准确，企业的营销才能更加有价值，才能将已有用户转化为忠诚客户。企业的营销精准地传播给忠诚的用户，就可以扩大品牌的影响力，增强企业与用户之间的黏度，发挥出最佳的营销效果。

（二）知乎号营销策略

知乎这个高质量用户的聚集地已经成为企业进行营销、吸引粉丝的一个重要的自媒体平台，也正是因为如此，知乎才会受到如此多企业和品牌的高度重视。但是，在知乎上进行营销也对企业提出了更高的要求和挑战。企业要在知乎上做好自媒体营销，就需要从以下两个方面入手。

第一，企业可以用情感类、创业类故事去主导营销。人们天生对故事有着强烈的阅读兴趣，尤其是新颖、有趣的故事。在知乎上对一个企业进行营销，可以根据企业的发展历程，撰写一个生动的故事，这种方法是比较容易受知乎用户欢迎的。当然，在利用情感类的话题进行营销的时候，必须根据自己所要营销的产品来确定主题，然后根据实际情况来进行撰写。在创业故事的讲述过程中，企业就可以进行产品的营销，并且寻求转发和点赞，获得用户的支持。这是创业类话题的一个较为明显的优势，通常不会引起用户的反感。

第二，企业可以选择相关性话题进行回答。在知乎上，选择好话题进行营销是非常重要的。在知乎上进行营销的时候，首先要对营销的产品进行基本定位，在知乎上进行回答的时候，就要选择相关话题进行回答。当然，企业还可以选择那些精华问答最多、聚集了相关话题中最多关注的话题进行回答。在话题中引入产品，多选择几个相关话题，争取和自己产品的话题发生重叠，这样就能产生营销效果。在现代营销之中，知乎已经成为影响企业发展、用户选择的一个重要自媒体平台。原因就是知乎是一个高质量用户的聚集地，也是一个品牌“集粉”的利器。企业要将知乎营销重视起来，做到以上两个方面，才能在知乎这个自媒体平台中做好营销。

第五章　新媒体营销的基本模式

近年来，随着互联网技术和移动通信技术的飞速发展，具有独特优势的新媒体营销模式相继诞生，社会信息传播逐渐从大众传媒时代迈向新媒体时代。伴随着传媒技术的更新换代，人们的消费形态也相应升级，这也使得人们的消费需求更加个性化。新媒体在营销方面的种种优势使其备受青睐，众多企业纷纷开拓新媒体渠道开展营销活动。面对新兴的营销模式，如何全面深入地理解新媒体营销模式，进而系统地开展新媒体营销活动以提升企业竞争力成为当代企业家们关注的重点。本章围绕病毒式营销、场景营销、饥饿营销以及口碑营销四种新媒体营销模式展开研究。

第一节　病毒式营销

一、病毒式营销概述

（一）病毒式营销的概念

病毒式营销（也可以称作病毒性营销）是一种常见的网络营销方式，经常被用在网站推广、品牌推广等方面。病毒式营销基于用户间的口碑传播，在互联网上更容易实现，并能如病毒般快速扩散，所以，病毒式营销是一种非常有效的信息传播模式，并且，因为它是在用户间自发地进行的，所以属于一种免费的网络营销方法。在互联网以外，病毒式营销作为“口碑”“制造热点”“整合媒体”“网络营销”的代名词而被使用。但在网上，不管这种营销手段的好坏，都被称作“病毒式营销”。所谓的病毒式营销，并不是真正意义上的以传播病毒的方式来进行营销，它借助使用者的口碑来推广网络，让信息就像病毒那样被传播和扩散，用一种可以迅速复制的方法，将它传递给成千上万的受众。Hotmail 就是一个典型的病毒式营销的例子，Hotmail 是全球最大的免费电邮供应商，它在成立一年半的时间里，已经吸引了 1 200 万的注册用户，并且还在以一天超过 15 万的速度增长着，让人难以置信的是，Hotmail 在网站成立的前 12 个月中，仅花费了少量的市场成本，还不到其竞争对手的 3%。Hotmail 因其强大的病毒式营销而迅速成长。另外，QQ、微信等网络产品也是成功案例。病毒式营销可以被看成是一种网络营销方法，也可以被看成是一种网络营销理念，它就是通过向用户提供有价值的信息和服务，在用户之间进行积极的传播，来达到网络营销的目的。

病毒式营销属于口碑营销的一种。我们简单来说，就是利用公众的积极性和人际网络，让营销信息像病毒一样传播和扩散，营销信息被快速复制传向数以万计、数以百万计的受众，它能够像病毒一样深入人脑，快速复制，广泛传播，将信息短时间内传向更多的受众。当然，这种通过提供有价值的产品或服务让“大家告诉大家”，利用群体之间的相互传播和向外传播，从而让人们建立起对服务和产品的了解，实现“营销杠杆”作用的方式，是“互联网 + 自媒体”时代一个典型的营销手段。因此，病毒营销成为很多自媒体人经常使用的营销手段。由以上案例大家可以看出，对于这种自带话题的宣传活动，是非常容易在社交网络上发酵和传播的，从而引起社会上广泛的讨论和关注，有利于产品宣传效果的扩散。当然，对于这类具有互联网思维的宣传活动，不是通过那些大而空的宣传，而是放低身份以及精心设计一些营销宣传，得到大家的广泛认可，同时还需要大量网友主动在线上参与互动，从而引发热烈的讨论。

（二）病毒式营销的特点

病毒式营销是通过自发的方式向受众传递营销信息的，因此它有一些区别于其他营销方式的特点与优势。

1. 推广成本低

病毒式网络营销与其他营销方式最大的区别就是它利用目标受众的热情，使商家的信息推广与传播的渠道成本大大降低，但渠道使用的成本还是存在的，只不过这一部分需要消费者来买单，所以对于商家而言，病毒式营销具有极低的成本甚至是无成本。因为营销信息的第一传播方式不是通过赤裸裸的广告，而更像是以一种“过来人”的身份和语气表达信息的内容，从而消除了消费者戒备的心理，使其自愿成为信息进一步的传递者。

天下没有免费的午餐，任何信息的传播都需要为使用渠道付费。所谓病毒式营销无成本，主要是指利用了目标消费者的积极参与，然而推广所需的渠道费用仍然存在。只是通过刺激目标消费者，使其自愿参与后续的传播过程，原本应由商家承担的广告成本转嫁给了目标消费者。因此，对于商家而言，病毒式营销是没有实质成本的。目标消费者并非能从“为商家打工”中获利，他们为何自愿提供传播渠道？原因在于：传播者传递给目标群体的信息并非裸露的广告信息，而是经过改造的、具有强大吸引力的产品和品牌信息。正是这层华丽外衣突破了消费者戒备心理中的“防火墙”，促使他们从受众转变为积极传播者。网络上短暂流行的“流氓兔”表明了在病毒式营销中伪装信息的重要性。这只卡通兔子相貌猥琐、行为龌龊、思想简单、诡计多端、爱耍流氓、只占便宜不吃亏，然而正是这个充满缺点、“活该被欺负”的兔子形象成了反偶像明星，它挑战已有的价值观念，反映了大众渴望摆脱现实、逃脱制度限制所付出的努力与遭受的挫折。流氓兔的动画在各大论坛和门户网站上广泛出现，同时也通过聊天工具、电子邮件进行了私下传播。如今，这个网络虚拟明星已经衍生出 1 000 多种商品，成为病毒式营销的经典案例。

2. 传播速度快

报纸、杂志、电视、广播等大众媒体的广告营销方式是撒网式，即“点对多”的辐射状传播，它无法保证营销信息真的传递给了目标受众。而病毒式营销采取的是自发式、非强迫式、扩张式的信息推广方式，通过人际间的传播以及各个群体之间的传播渠道，无形中构成强大的“信息传播大军”，因此病毒式营销的传播速度相对大众媒体广告来说要快很多。

3. 效率高、更新快

病毒式营销目标受众的信息传递者是其“身边的人”。相比大众媒体广告播出环境与接收环境的复杂性，病毒式广告熟悉的信息传递者使受众接收的心态更积极。因此病毒式广告克服了信息传播中的噪声影响，增强了传播的效果，提高了营销信息的接收效率。同时，由于病毒式营销的信息传递者对“病毒”的记忆与关注度，随着信息传递过程的继续，最开始的传播力已经慢慢转化为购买力，而新一波的“病毒”也会相继而来，将“病毒”的威力继续传递下去。因此，在整个病毒式营销的过程中，不仅有旧营销信息的传递，还有营销信息的转化与新营销信息的接力，信息更新速度比大众媒体广告更快。

（三）病毒式营销的类型

1. 免费的互联网服务

网络内容服务商由于提供了大量网络用户需要的和感兴趣的免费信息服务，因此网站的访问量非常大，是网上最引人注目的站点，如新浪、搜狐、雅虎等大型门户网站，都是网络广告发布的主要阵地。由于这些服务都是免费的，对用户有着很大的吸引力。另外，当用户自己在使用并对外宣传的时候，也就为提供该服务的公司做了免费宣传。

2. 便利的生活服务

衣食住行与居民的生活息息相关，提供与之相关的便利服务势必起到事半功倍的作用。而且这类服务信息的传播范围更广，需要的财力和物力更少，因此比较适合刚起步或者较小的公司或网站，提供一些类似天气查询、公交查询、电话查询以及餐饮查询等信息，集中起来能带给用户极大的便利，会在网民中大范围推广开来。

3. 节日祝福

在中国，每逢节日亲朋好友都要彼此祝福。而在信息化高度发达的今天，如何送上独具匠心的祝福成了大家关注的重点。因此，可以通过 QQ、微博、微信、电子邮件等通信工具向朋友发送一些祝福，后面附上网页地址或精美图片，节日里大家都很高兴收到来自朋友的祝福和喜欢发祝福给朋友，一个病毒式传播链就这样形成了。

4. 口头传递

互联网上最常见的传播方式是“告诉朋友”或“向朋友推荐”等方式。许多网站在网络广告、新闻信息和电子邮件中都会采用类似的表达方式。然而，在不同的网站中，这种方式的使用频率是不同的。例如，在一些娱乐网站中，“告诉朋友”可能更加受欢迎。然而，对于规模较大的网站，这种语言的使用程度主要取决于推荐内容的种类和用户群的特征。这种病毒式营销具有低成本、快速执行的特点，并可以通过引入竞赛和幸运抽奖等方式来增强其效果。

5. 人际交往网

人际关系网络由家庭成员、朋友或同事组成，每个个体都处于人际关系网络之中，几乎没有人与此脱节。鉴于社会地位的差异，一个人的人际关系网络可能包括数十个、数百个甚至数千个联系人。而互联网的用户也在积极构建虚拟社交网络，他们搜集电子邮件地址，建立邮件列表进行群体交流，并通过多种渠道结识新的朋友，网络营销人员需要充分认识虚拟社会和社会实体中这些人际关系网络的重要作用，病毒式营销通过把自己的信息置于各种关系网络之中，迅速地把营销信息扩散出去。

（四）病毒式营销的实施

病毒式营销并不是随便可以做好的，需要遵照一定的步骤和流程。一般而言，成功实施病毒式营销需要五个步骤。

第一步，病毒式营销方案的整体规划和设计。

第二步，病毒式营销需要独特的创意，其之所以吸引人就在于其创新性。

第三步，对网络营销信息源和信息传播渠道进行合理的设计，以便利用通信网络进行有效的信息传播。

第四步，对病毒式营销的原始信息在易于传播的小范围内进行发布和推广。

第五步，对病毒式营销的效果进行跟踪和管理。

尽管病毒式营销在实施过程中通常无需费用，但病毒式营销方案设计是需要成本的。病毒式营销通常不需要为信息传递投入直接费用，但病毒式营销方案不会自动产生，而需要根据病毒式营销的基本思路认真设计，在这个过程中必定是需要一定资源投入的，因此不能把病毒式营销理解为完全不需要费用的网络营销，尤其在制订网站推广计划时，应充分考虑到这一点。此外，并不是所有的病毒式营销方案都可以获得理想的效果，这也可以理解为病毒式营销的隐性成本。在实施病毒式营销五个步骤中的第四步就是关于病毒式营销信息源的发布和推广，因为病毒式营销信息不会实现自动传播，需要借助一定的外部资源和现有的通信环境来进行。这种推广可能并不需要直接费用，但需要合理选择和利用有效的网络营销资源，因此需要以专业的网络营销知识为基础。在传播时应该选择那些人群集中、互动性强和传播迅速快的平台，即时通信（IM）、QQ、论坛、邮箱等是常用的渠道。

二、病毒式营销的策略

（一）免费提供有价值的产品或服务

在病毒式营销中，对于市场营销人员来说，“免费”一直是最有效的词语。大多数病毒式营销计划提供的都是有价值的免费产品和服务，以此来引起大家的广泛注意。虽然大家对于“便宜”或者“廉价”之类的词语可以产生兴趣，但是相对来说“免费”更能引起大家的注意。当然，这个有价值的产品或者服务能够从一些免费的服务中刺激高涨的需求兴趣，将在未来得到盈利。“免费”仅仅是为了吸引眼球，然后让受众注意到你出售的其他东西，只有这样，才可能获得盈利。

（二）提供简短、易传播的传输方式

病毒式营销，顾名思义，就是那些易于进行传播的营销方式。营销者在使用病毒式营销时，需要确保携带营销信息的媒体必须是易于传递和复制的。要知道病毒式营销能够在互联网上极好地发挥作用是因为即时通信变得容易而且廉价，数字格式使得复制更加简单，从营销的观点来说，必须把营销信息简单化，使信息容易传输，越简短越好。

（三）利用公众的积极性大规模扩散信息

病毒式营销其实就是利用公众的积极性和行为不断扩散信息，只有这样才能达到病毒式营销的目的。最为关键的是，病毒式营销使得信息传递范围很容易从小发展到很大，进行大规模扩散，最终为了传播而建立在公众积极性和行为基础之上的营销战略将会取得成功。

（四）利用现有的通信网络和别人的资源

在“互联网 + 自媒体”时代下，要想营销就必须依靠现有的通信网络，最大限度地将信息向周围的人进行扩散，利用别人的资源达到自己的目的。要知道，最大范围的信息传播通常是从比较小的范围开始的。要学会利用现有资源，主动向用户传递信息，主动传播，等自愿参与传播的用户数量较大之后才能进行自然传播。

当然，从一定程度上来说，病毒式营销主要是通过类似病毒和计算机方面的病毒传播方式进行营销的，主要利用目标消费群体的参与热情引起广泛的社会讨论。但是，有一点要格外注意，原始话题必须是有强烈吸引力的“病原体”，切不可过于直白地将广告摆在消费者面前，而是需要进行一定的加工整理。要知道，正是披在广告信息外面的漂亮外衣突破了消费者戒备心理的“防火墙”，促使其完成从纯粹受众到积极传播者的转变。

第二节　场景营销

在场景营销中，营销者可以通过创造或植入特定的场景将产品或服务与特定的场景联系在一起，以达到提高品牌认知度和销售的目的。这种模式可以通过社交媒体、虚拟现实、实时互动等新媒体手段来传播和推广。因此，可以说场景营销属于新媒体营销的一种模式。

一、场景营销概述

（一）场景的概念

“场景”一词有场所、场域、语境、情境、情景、背景等多重含义，原本是戏剧学理论的概念，后来演化为影视专业术语，大多运用在文学艺术作品的创作过程中，是指在特定的时间和空间里复杂的人物关系之间的行动，是通过人物行动来表现剧情的特定过程。在戏剧演出时，场景指舞台场面，是剧本中的自然段落和基本元素，为剧中人物的活动提供具体的时空环境，展示人物的关系和性格，推动故事情节的发展。在电影里，场景泛指情景，包括对白、场地、道具、音乐、服装等。在电影拍摄前期，剧组会在室外露天的环境搭建宏大的叙事场景。在绘画作品中，场景是直接表现和刻画的重点，以人物在空间中的位置作为识别坐标，描摹周围的环境。例如，北宋画家张择端绘制的《清明上河图》，通过散点透视全景式手法展现北宋汴京繁华的城市生活场景。美国社会学家欧文·戈夫曼（Erving Goffman）在《日常生活中的自我呈现》一书中提出“拟剧理论”，这一理论所研究的场景是人们“面对面的场景”，偏向于空间的概念，指任何感觉到屏障限制的地方，如公园、礼堂、卧室、门诊部等。戈夫曼提出“前台”与“后台”的概念，他认为环境的限定是影响个体行为的一个重要因素，特定的交往地点和观众组成的差异会对个体的行为带来影响。但是，他只关注了人们社会生活中的双向互动是如何发生的，并没有将社会场景与物质场景分离。

在传播学领域，20世纪80年代中期，美国传播学家约书亚·梅罗维茨（Joshua Meyrowitz）整合了戈夫曼的“拟剧理论”与加拿大原创媒介理论家马歇尔·麦克卢汉（Marshall McLuhan）的“媒介决定论”，将“场景”作为构建社会事实的重要维度，论证了电子媒介对社会行为的影响。他在《消失的地域：电子媒介对社会行为的影响》中提到“情境”的概念，并将其重新定义为“信息系统”，场景从“物质场景”延伸到“信息场景”，形成“新媒介—新情境—新行为”理论。场景是一种整合式体验，它重构了人与人、人与物的连接方式，基于移动设备通过传感器感知用户所处的环境，通过定位系统精准获取用户所在的位置，将信息进行数据分析与整合。场景是一种产品、一种服务，更是一种随时随地身临其境的体验，是现代科技的复合体，是人类存在的生命状态，是社会发展进步的重要标志。在现实生活中，以移动互联网为基础的智能终端设备与电子商务、文化娱乐、金融保险、信息通信等传统行业的连接和融合，改变了人们的生活方式，将人们带入特定的场景中，场景已经成为人类存在的生命状态。

（二）场景营销的概念

场景营销是指企业在消费者所处的时间、地点和关系构成的特定场景下，基于对用户数据的挖掘、追踪和分析，连接用户线上和线下行为，理解并判断用户的情感、态度和需求，为用户提供实时、定向、创意的信息和内容服务，通过与用户的互动沟通，树立品牌形象或提升转化率，实现精准化的营销传播活动。场景营销传播是将商品置于恰当的场景环境之中，超越时空的限制，将物理场景和信息场景进行交互融合，集精准性、互动性和沉浸感为一体，使消费者能够有效地进行感知体验，提升消费者的购买欲望，促使消费行为的发生。互联网技术从Web 2.0时代向Web 3.0时代过渡，技术的智能化和移动化提高了信息的聚合、搜集和处理能力，作为支持“场景”的基本技术，大数据将营销的“亲身在场”从线下挪移到线上，以精准匹配需求的场景完成对于消费者的空间连接，依托基于心理、生理的“真实”刺激对于信息的传播与交互进行虚拟化场景的还原并不断放大。在国际上，基于移动互联网的场景化营销被称为“情境知觉营销”或“无处不营销”。场景营销是精准营销的具体深化，场景营销深入挖掘用户的数据信息，并不断追踪用户的地理位置、实时状态和环境氛围，在不同的消费场景下对用户行为进行细分，实现精准化的广告传播和个性化的服务，这才是场景营销传播的实质。

场景营销传播是集精准性、互动性和沉浸感为一体的数字营销传播形态。

（三）场景营销的本质

人们已经进入一个全新的商业购物时代——场景式营销时代。场景营销作为特定的营销方式，早已存在于我们日常生活中，只不过没有引起我们足够的注意罢了。例如，房地产开发公司为出售楼房所设计出的“样板房”展示，不但直观地向消费者展示楼盘的户型结构和使用面积，而且构筑了一个美好居家环境，从不同层面带给即将入住的楼房主人极大满足感和归属感，在观摩中迅速产生“这就是我家”的购买冲动。又如春节来临之际的商场或超市，通过橱窗、展台的布置营造节日气氛，每一种商品也都配有不同场景，与周围事物和购物环境有着千丝万缕的联系。商品与商品、商品与消费者彼此间的映衬、烘托，形成一个和谐喜庆的购物场景。这样的场景帮助消费者寻求完整的内心世界，感受节日欢乐氛围，激发消费者对商品的兴趣并产生购买冲动。这是传统场景营销中的两个典型案例，属于现实生活场景中的场景式营销范畴。现实生活中的场景营销与消费者的日常生活息息相关，能触发消费者切身体验，基本上可以算作“情景营销”的延伸或深化。在情景营销中，厂商运用生动形象的语言描绘或构建一幅真实的生活场景，让消费者在真实的场景氛围内亲身感受使用产品后带来的美好情景，激起消费者对这种情景的向往，调动和刺激消费者的购买欲望。情景营销的基本假设：消费者因日常生活中的某个“相似的瞬间”，更容易接受相同情景的宣传，不会受到个人或其他因素的影响而发生任何改变，也包括消费者的年龄、性别、收入等具体差别。现实生活中的场景营销更注重现实生活里的实体商品展示或消费者实际体验激发，产生消费欲望。现实生活中的场景营销并不具有普遍的推广意义，主要受到来自两方面的限制：一是人们需要的产品或服务多不胜数，并不是每一种产品或服务都能像“样板房”或商品那样实地陈列展示；二是受时间、空间及各自消费能力等多种因素限制，消费者不可能在购物消费时都能现身于真实的销售场景，同时厂商也没有足够的精力和财力将所有产品或服务都放置在实际场景中，让消费者观赏和充分体验。现实生活中的场景营销只是场景营销不可分割的组成部分，不能代表场景营销的全部。

在使用电脑端连接互联网的时代，消费者通过浏览器、搜索引擎登录电商的门户网站，实现浏览信息、搜集资料、网络娱乐、网上购物等多项功能。针对消费者的这些行为，厂商和互联网公司围绕“输入信息—搜索信息—获取信息”的路径和习惯，构建了以“兴趣引导 + 海量曝光 + 入口营销”引导用户进入特定场景的营销模式，取得一定成效，这属于互联网阶段的场景营销。同样，这个阶段的场景营销模式也具有很大的局限性：消费者消费或购物的前提是必须进入厂商门户网站或指定的网页，才有可能接触、认识产品或服务，继而进入体验环节，触发消费者产生消费的欲望。

消费者有没有进入门户网站或指定网页是营销成功与否的关键，因此就有了“流量为王”和“入口为王”的共识，在争夺流量、入口上展开激烈竞争。

随着移动智能终端技术的发展与普及，消费者通过移动智能终端保持时时在线，商家构建不同产品或服务的各种“真实”场景，让消费者置身于特定的应用场景之中，充分体验产品或服务的美妙，提高购买消费欲望，这不仅成为可能，还逐渐变成了现实。

那么，基于移动智能终端的场景营销到底是什么样子呢？基于移动智能终端的场景营销就是围绕消费者的碎片时间整合产品或服务，根据不同目标群体特性进行分类管理，对产品或服务进行有针对性的场景设定，在此基础上广泛推广精准营销。场景营销把看似无关的场景与消费者所处的实际情境相连接，以此提供贴合用户体验的场景应用，在潜移默化中影响和引导消费者完成购买行为。更通俗地说，场景营销就是借助消费者所处的场景及特定的时间和空间，营造特定的场景，与消费者形成互动体验、完成消费行为的过程。场景营销并非炒作，也不是单纯追求娱乐性。随着移动智能终端技术迅速普及，消费者的时间被移动互联网分散，使得人们的生活习惯和购买行为发生了重大改变，这也是市场营销领域不可回避的选择。移动互联技术的发展标志着新的购物时代已经来临。购物变得更加便捷，购物环节也更加高效，购物时间也变得碎片化。人们可以更加频繁地在任何时间、任何地点进行购物消费。越来越多的购物场景正在影响和改变消费者的消费决策。通过提供多样的购物场景和方便的购物体验，场景营销让消费者在众多信息中找到心仪的产品或服务，提高消费者的转化率和忠诚度，并使其成为某项产品或服务的支持者。

（四）场景营销的特征

场景营销有四大特征：碎片化、人格化、精准性与沉浸感。

1. 碎片化

在万物互联时代，人们的生活压力越来越大，生活节奏越来越快，生活状态呈现出碎片化的场景。场景正快速地发生变化，碎片化的特征十分突出。互联网的碎片化导致场景的碎片化，场景的碎片化导致群体行为的盲目性。从表面上看，用户拥有充分的自由权，但实质上，他们总是没有行动规律地四处乱撞。碎片化的场景让各种商业模式不再关注自身，而是从碎片化的信息及其交叉过程中找到灵感，通过广泛采集碎片化的信息，崇尚速度至上和效率至上，建构出无数碎片化的购物场景。

2. 人格化

场景深刻影响着现代人的人格，人们在不同的场景形态中扮演着不同的角色。

每个用户的使用场景与个人的性格和特征有关，促成了用户场景应用的人格化。场景暗含了人们对特定生活方式的向往，浸润着特定的情愫，具有人格化的特征。用户下载的各类场景应用软件、订阅的公众号、关注的微博都成为用户人格化的象征。应用软件在智能手机上的应用可以更准确地描述消费者的消费特征，描绘更加清晰的用户个性化画像。根据不同的场景，我们可以给不同的用户贴上各式各样的标签，以反映其独特的个性特征。场景应用通过分析人口属性特征，可以确定用户的性别、年龄、教育水平等标签；通过分析用户状态特征，可以确定用户的婚姻状况、消费习惯和居住地等标签；利用终端设备特征分析，可以筛选目标用户的设备种类、型号和操作系统等信息；利用线下场景数据采集设备与用户连接，识别用户使用的时间、地点、天气和基于位置的服务信息。运用目标群体指数（TGI）算法量化用户对品牌、体育、娱乐等方面的感兴趣程度，分析用户在浏览搜索、社交购物、线下活动等方面的偏好行为，从而为用户绘制出全面而清晰的个人画像。场景应用的后台可以利用检测用户手机应用的相关性来准确判断用户的特征。根据这一推测，安装“去哪儿旅行”和“携程”等应用程序的用户可能具有相似的兴趣和旅行偏好；安装“WPS Office”应用程序的可能是职场精英；安装“美丽说”“蘑菇街”“小红书”等女性购物场景应用程序的用户可能是时尚美妆达人。

3. 精准性

在场景时代，企业通过连接线下的实时场景和线上的优质服务构建全新的体验场景，以提供即时有效的个性化场景体验服务，满足消费者对于场景的需求。商家可以通过利用移动设备、传感器、大数据和定位系统的技术支持来分析消费者的实时数据，并借此精准定位消费者的位置信息，细化不同场景下消费者的需求。此外，商家还可以通过综合归纳并分析创建数据模型，更好地了解消费者的“痛点”和“痒点”。随后，商家可通过移动网络入口引导用户进入平台，以了解消费者的需求，并通过提供符合他们需求的增值服务，提高服务质量并提供更快的响应。例如，基于社交网络的定位服务软件 Highlight 可以通过连接消费者的实时地理位置和真实消费场景判断消费者的精神状态，以及对广告的接受程度。通过向消费者推送相应的广告内容，该软件可以提升广告投放的价值，并激发消费者的购买欲望。又如，为了实现精准的场景营销传播，星巴克利用定位系统准确获取消费者的地理位置，通过传感器掌握他们在餐厅周围停留的时长，运用社交媒体查找潜在消费者的购物偏好，及时向他们推送相关产品和优惠广告。当消费者渴望享用咖啡时，他们可以通过应用程序在线上订购，星巴克的服务员将骑着滑轮车将咖啡送到消费者手中。随后，星巴克将运用大数据技术进行分析，以便再次为消费者提供个性化消费和服务。

4. 沉浸感

随着场景时代的到来，人类的生存环境发生了巨大的变化。数字化的虚拟场景给消费者带来了极强的沉浸感。沉浸式的场景营销要求消费者参与其中，并与场景设定的情境进行深度互动。大数据、云计算、人工智能等技术在信息制作与生产过程中得到了广泛应用，使得人们能够体验身临其境的感觉，实现虚拟的自我与真实环境的互动。消费者在场景营销传播的互动过程中，体验到“心流体验”，这是心理学家米哈里・契克森米哈赖（Mihaly Csikszentmihalyi）提出的概念。心流体验指的是当个体全身心投入某项活动或事物时，整体的感觉和意识集中在狭小的范围内被环境所控制，只对特定的目标和明确的任务产生反馈。人们从事自己喜欢、擅长以及具有挑战性的活动（如爬山、游泳、打球、玩游戏、阅读、演奏乐器等）时，往往会轻松地产生心流体验。沉浸感的产生主要取决于刻画场景的细节和创造更广阔虚拟世界的能力，设计者将更多的关注放在细节上，而消费者会对场景的真实性有更深刻的体验，从而增强了他们在场景中的沉浸感。移动互联技术推动了各种不同场景应用的精确性和个性化，创造了有情感、超越时空的场景体验。生动的场景故事帮助消费者更容易融入其中，感受到独特的感官刺激，形成独特的场景体验和记忆。

（五）场景营销的法则

第一，注重细节。生活本身就是由无数细节组成的，场景营销也是如此，一般而言，营销场景也包含无数个细节。在营销场景构建中，如实地挖掘现实生活场景，找到真正能触发消费者购买欲望的要素以后，把产品植入场景并转化为场景语言或画面，让营销场景变得鲜活起来，获得消费者青睐，其中每一个细节都将发挥至关重要的作用。

第二，线上线下融合。从消费者体验入手，线上与线下联动，与消费者建立真正的沟通，将产品或服务信息精准传达给消费者。场景营销基于移动智能终端普及的优势，透过跨界多场景技术布局，实现用户网上全场景无缝覆盖，用一个个贴近用户的实际生活场景让消费者置身于营销场景中，深化产品或服务体验。

第三，巧妙融入产品。将产品品牌融入场景，让广告不像广告，让营销趋于无形，能够“润物细无声”地传播品牌信息，引导消费者产生消费行为。生活服务场景因消费者所处的环境、服务的类型不同，展示的服务场景也应该有所不同。例如，消费者在餐馆等餐，不排队就是用户的即时需求；用餐时，不知道吃什么，美食推荐就是这一场景的用户需求，而这些需求也正是产品或服务营销的最佳契机。

第四，立体化。场景营销中的立体化场景不是单一的场景，而是不同的场景多维组合，是基于不同元素组合而成的立体架构。

二、场景营销传播的策略

在移动互联时代，场景强大的连接能力使其成为互联网入口的重要方法论，也成为移动互联时代商业竞争的主要场域。场景的本质是对时间的占有，拥有更多的场景就拥有更多的用户时间，也就能轻松地吸引用户的注意力。新场景的创造带来了新体验，新场景的洞察带来了新流行，新场景的流行带来了全新的生活方式。场景为用户诠释新的价值，成为用户的情感寄托。因此，用户更愿意停留在场景中参与互动，进行消费。百度连接人与信息，腾讯连接人与人，淘宝和京东连接人和商品，这些互联网背景下崛起的平台共同营造了共享、共赢的经济生态场景和消费生活场景。场景营销传播对消费者的购买力产生巨大的影响，在日常生活中，常见的场景营销策略有移动式场景营销策略、体验式场景营销策略和话题式场景营销策略等。

（一）移动式场景营销策略

过去，移动购物使用的是淘宝、京东等网站，早期的移动营销被称作“手机互动营销”或“无线营销”，是一种在一对一的基础上实现精准营销的方式，它扩充了网络营销和数据库营销理论。后来，移动营销在成熟的云端服务的基础上，通过移动终端（手机、平板电脑、移动式可穿戴设备）获取消费者信息，向目标受众定向传递即时信息，通过精准的个性化信息实现与消费者的互动，最终达成营销目标。移动购物在智能手机终端有团购、淘宝、苏宁易购等多种形式。移动互联网的发展打破了时间和地域的限制，直播让用户可以在线下实现与线上的实时互动。将线上和线下两种渠道的体验整合起来，实现线下流量的线上导入，确保在移动的状态下通过线上渠道满足消费者需求，并提供高品质的服务。移动式场景营销随着移动互联网技术的发展而不断发展，用户分享“状态”和“动作”的个人数据与场景和地理位置相结合，进而提供更精准、更个性化的服务。

移动式场景营销打破了消费者寻找商家的传统思维，转化为消费者暴露自己的位置信息，由商家寻找消费者并为其提供服务。未来，移动式场景营销应该将重点放在跨境电商、虚拟现实技术方面，利用虚拟现实的沉浸式体验效果开发更多的消费场景。例如，鞋子生产商与手机健身应用合作，通过跟踪用户的运动轨迹与运动时间，判断他们鞋子的磨损情况，在恰当的时候提醒用户“你需要换一双新鞋了”，“请注意保护你的膝盖”。

（二）体验式场景营销策略

在场景营销时代，商品的必需属性大大降低，消费者的个体体验成为新的标准。人们喜欢的不再是产品本身，而是围绕产品所搭建的场景。人们需要更多场景来满足自己的不同需求，场景营销从理解消费者的情感和态度出发，为消费者营造温馨的、浪漫的、舒适的购物氛围，使他们沉浸在特定的场景中，满足其在生理上的感官刺激和心理上的情感诉求，触动他们的心智，进而产生消费行为。场景是以人为中心的、更加人性化和多元化的细节体验。购物中心将消费者的消费文化和生活意义结合起来激起他们的兴趣，为他们提供满意的产品和服务以及具有互动性和参与性的场景，强烈的临场感和沉浸感为他们的感官和情感带来惊喜和刺激，以丰富的文化内涵满足他们的精神需求，完善的产品功能构成了整体的客户价值，成为他们的数字生活和现实生活，使其成为品牌的忠实用户。场景技术允许市场营销者向越来越多的消费者和潜在客户提供适时体验。商家利用大数据技术和平台，紧抓消费者的个人特质，基于不同的碎片化场景提供用户需要的产品体验。在移动互联网真实用户体验的场景下，消费者需要体验极致的、鲜活的、及时的、互动的产品应用场景。注重真实场景的移动化，重视消费者的场景体验，只有消费者喜欢的产品才能为商家带来价值。优质的体验式场景营销需要在敏锐洞察消费者需求的基础上，营造一个有趣的、影响深远的消费场景，借助于节日的情感纽带、文化感召力和社群吸引力拉近品牌与消费者之间的距离。例如，在冰爽饮料的广告里出现聚会吃火锅的场景，在洗衣粉广告里出现小孩弄脏白衣服的场景，这些场景的精心设计让消费者产生一种真实的体验感，容易引起情感上的共鸣。消费者的消费意愿大多是由场景体验决定的，个性化的体验在场景应用中居于重要地位。商品的生产者和销售者都以体验为中心，创造出不同的应用场景。不断提升消费者的体验感，以消费者的需求和意向定制产品和服务，开发新市场。

（三）话题式场景营销策略

话题式营销场景建构有三个关键点：以场景为中心，以情绪为对象，以数据为驱动。场景是驱动用户的关键，微信红包实现虚拟体验和现实体验的结合。拜年给压岁钱这一传统通过微信“摇一摇”设计成“抢红包”场景，在《中央广播电视总台春节联欢晚会》舞台上，主持人为在微信平台发红包、抢红包创设话题，为观众搭建了虚拟共在的场景，形成了中国人大年三十边看春节联欢晚会边抢红包的互动方式，有助于主持人与电视机前观众的即时互动，使他们进入相同的时空维度中，实现了观众的实时参与。发红包、抢红包和观看春节联欢晚会都是在搭建场景，而消费者积极参与的在场状态，使其产生身临其境的感觉，消费者从被动的接收状态转变为主动的感知状态，极大地提升了消费者的参与感。

第三节　饥饿营销

一、饥饿营销概述

（一）饥饿营销的概念

在新媒体营销手段中，饥饿营销是经常会使用到的一种营销方式。商品或者产品的供应商通过有意地调低产量，让商品处于卖方市场的地位，以调控供求关系、制造供不应求的假象，从而最终达到维护商品的高价值形象，并维持商品较高售价和利润的目的。因此，在饥饿营销中最为关键的是要时刻关注市场竞争度、消费成熟度和产品的替代性等作用。当然，在新媒体营销中，饥饿营销由于其特点比较适合一些单价较高、一般不会批量进行购买的产品，这种营销方式可以帮助企业利用一定的差异化优势，形成一定范围的品牌黏度。其中苹果公司和小米公司就是饥饿营销的典型代表企业。作为饥饿营销使用最多的品牌，苹果公司无疑是较为成功的，它的产品也一直受到无数成功人士不断的追求，并且得到了广泛的好评。而小米公司以高配置低价格受到了很多人的关注，其本身的特点就是一个极大的卖点，再加上饥饿营销运用到了极致，也使得小米产品获得了极大的成功。由这两个案例可以看出，饥饿营销的运用是新媒体营销时代下，企业或者品牌必须加以重视的。

一方面，质量过硬。饥饿营销中最为重要的一点就是必须做到策划所围绕的产品本身一定要好。大家都知道做营销的产品或者服务本身一定要质量过硬、品牌要靠得住、口碑要好，这样才能真正收到最佳的营销效果。否则，一旦消费者使用不好的产品或者享受到不好的服务之后，会认为自己受到了欺骗，从而给出差评，这是营销中最为忌讳的一点，因此要让消费者感到物有所值。

另一方面，线上线下相结合。互联网时代下，线下商务机会与互联网结合（O2O）已经成为大多数商家和企业的选择。同样的，在新媒体营销中也要学会做好产品或者服务的线上线下宣传造势，为产品制造能够引起大家热烈讨论的话题，让产品本身带有一些话题性，从而引起大家的广泛讨论，让消费者积极参与进来，从而达到较好的营销效果。

（二）饥饿营销的实施基础

目前，饥饿营销已经在很多企业的营销活动中独当一面。不少企业通过此途径获得了高额利润，树立了过硬的品牌形象，但也有些企业因此陷入顾客退货、品牌效应恶化的局面。因此，运用饥饿营销策略的企业首先必须明确饥饿营销的实施基础和应用条件。

1. 产品要具有独特性

在当今物质丰富的社会，千篇一律的产品已经无法吸引消费者的注意力。只有那些拥有独特性能和特点的产品才能赢得更多消费者的喜爱。例如，成千上万的人为了购买一部苹果手机排起长长的队伍，这很大程度上是因为苹果手机本身出色的性能，也正是这些性能为苹果公司饥饿营销的成功提供了首要的保证。再如“哈利·波特”系列图书，已在全球范围销售了5亿多本，这一令人惊叹的数字揭示了英国作家J.K.罗琳（J.K. Rowling）独特的故事。小说故事情节是保障，“哈利·波特”每个奇妙而引人入胜的情节为其成功营销打下基础。因此，企业要运用饥饿营销策略必须确保产品独特性，符合消费者追求新鲜和与众不同的心理。

2. 产品要能满足消费者心理需求

消费者心理和营销策略之间存在着相互作用的关系。企业的营销策略能够引发消费者心理的变化和发展，而消费者心理的变化又会直接影响企业的营销活动。马斯洛需求层次理论将人的需求分为了生理、安全、社交、尊重和自我实现五个需求分类。现代市场营销活动中的许多营销策略都是针对这五个分类展开的。要使得饥饿营销这种新型策略取得成功，必须在满足消费者心理需求的基础上实施。众所周知，人们天生喜欢追求新鲜事物、相互比较，也崇尚名牌产品。通过实施饥饿营销策略并成功取得盈利的企业来看，它们的产品基本上都能满足消费者对新鲜事物的追求、对未知事物的好奇心、超越他人的竞争心理，以及对品牌产品的渴望。由此可见，对于企业而言，想要成功地运用饥饿营销策略，就必须奠定充分了解消费者心理需求及其变化的理论基础。

3. 产品要具有稀缺性

“物以稀为贵”这一原则指出，产品的价格在一定程度上取决于替代品的稀缺程度。替代品越稀缺，产品的稀缺性就越突出，进而推高产品价格。因此，采用饥饿营销策略可以满足消费者攀比心理和追求名利的需求。一般来说，消费者都希望与他人一样，甚至超过他人，这种心理通常与追求名声和炫耀心理相结合。正是由于这种心理，稀缺性产品才能在饥饿营销活动中脱颖而出。因此，饥饿营销必须选择市场稀缺产品，以在保持产品稀缺性的同时吸引消费者，并获得利润，进而赢得品牌形象。

（三）饥饿营销的优势和局限

饥饿营销的最终目的不仅是为了提高价格，更是为了使产品产生附加值，从而为品牌树立起高价值的形象。饥饿营销的核心是制造供不应求的现象，使用户产生紧迫感，以增强用户的购物欲望，刺激用户快速做出购买决定。采用这种营销策略时，企业需要注意以下四点。一是心理共鸣。营销成功的基础是产品能够满足用户的需要，用户认可该产品。二是量力而行。饥饿营销可以在一定程度上提高品牌的价值并增强其影响力，但企业要把握好度，不能过度消磨用户的耐心，否则可能适得其反，对品牌形象造成负面影响。三是宣传造势。企业实施饥饿营销的前提是成功激发了用户的购买欲望，吸引了更多用户的注意，使用户产生了危机感。每个用户对产品的需求程度和欲望强弱不同，企业或品牌商在制订宣传节点、策划宣传内容、选择宣传平台时要全面、认真、谨慎地考虑相关事宜。四是审时度势。在激烈的市场竞争中，市场环境多变，用户的消费心理和购买行为可能会受到诸多因素的影响，因此企业要多关注竞争对手的营销策略。

1. 饥饿营销的优势

（1）提升消费者购买欲望

饥饿营销通过宣传发布产品信息，在勾起消费者好奇心的情况下调控产品供求，使消费者产生越是得不到越是想得到的强烈购买欲望，这种欲望的扩张会进一步加剧企业供不应求的现象，使企业的销售活动具有更大的影响力。

（2）打响品牌知名度

饥饿营销中经常出现“一物难求”“排队抢购”现象，依据消费者的求同心理可知，当消费者看到成千上万人排队抢购时，这种心理会驱使他们参与其中并进一步谈论，这种一传十、十传百的宣传效应对于打响品牌知名度的帮助作用非同小可。

（3）利于企业获得高额利润

饥饿营销所采取的价格策略一般是高价策略，这利用了消费者的炫耀心理和从众心理。炫耀心理决定了消费者认为高价格意味着高质量和差异化，从众心理决定了消费者买涨不买跌，这两者共同的推动作用帮助企业保持产品的高价格，最终获得较高利润。

（4）维护品牌形象

饥饿营销出现的供不应求会给消费者错觉：这种产品供不应求，那必定是商品的性价比高、质量好。传统的消费意识认为品牌形象与高性价比、高质量有着密切联系，而供不应求假象带给消费者的错觉又于无形中推动了产品品牌形象的建立。在企业不断的饥饿营销战略中，产品品牌不断被消费者接受，在接受和认可的过程中，产品品牌进一步得到维护。

2. 饥饿营销的局限性

第一，危害企业诚信。诚信问题在当代企业屡见不鲜，饥饿营销实则涉及诚信问题。调控供求关系制造供不应求假象实际上是企业利用信息不对称条件而对市场进行的蓄意操纵，这在一定程度上违背了市场对道德标准的要求，极端情况下会使企业卷入道德问题和诚信危机，致使企业再无诚信可言。

第二，降低消费者忠诚度。消费者对于品牌和企业的忠诚度在一定程度上决定了饥饿营销能否顺利开展。饥饿营销能进行正是因为一定条件上利用了消费者对品牌的依恋和信赖，然而排队抢购却仍是一物难求的结果会打击消费者积极性，以至于引起他们对品牌的消极评价。当市场允许消费者有其他选择时，他们便会放弃该产品转而投向其他。

第三，实施具有难度，企业面临风险。饥饿营销的实施基础决定了企业必须对产品品牌和市场有充分的了解和把握，然而并不是每个企业都能对产品品牌、市场竞争和营销有准确的认识和操作，如果企业贸然使用饥饿营销策略，则可能会给企业带来损失。

二、饥饿营销的策略

（一）引起关注

要想做好饥饿营销，第一步就是需要引起用户的关注。可以利用预售、预约等方式吸引用户的关注和兴趣，这样才能在后期饥饿营销的宣传中做到位，让用户的目光聚集到这里，从而达到营销的目的。

（二）建立需求

建立需求是饥饿营销中最为关键的一点，有需求才会有购买力。在电子商务时代下，“秒杀”“免费试用”“前二十名免单”等字眼已经成为提高销量的重要方法，也是饥饿营销最为关键的一步。当然，制造出的这种供不应求的现象只是一种假象，实际上只是控制公布出来的数字，最终目的还是为了更好地销售。

（三）建立期望值

在饥饿营销之中，“预约”“预售”是一个经常使用的方法，在这个过程中帮助用户建立一定的期望值，让用户对于产品的期望和欲望越来越强烈，只有这样，才能达到购买的条件，用户才能产生购买的欲望。

（四）设立得到产品所需要的条件

设置购买条件才能让产品达到销售出去的最终目的。饥饿营销因为其特点灵活，要学会随时根据市场的实际情况来调整营销方式。大家都知道，当今市场灵活多变，消费者的购物需求会受到市场各种因素的影响从而不断更新，不断地变化，消费者的行为也会发生无法预期的变动。消费者会有感情转移的消费冲动，冲动购买是常有的事。因此，在饥饿营销中，设立得到产品所需要的条件，提高快速反应的机动性，是重中之重。

以上就是在饥饿营销中需要做到的。其实在新媒体时代下，饥饿营销作为一个最为常用的营销手段，已经成为很多产品和商家的套路，很多消费者已经对此有所免疫。因此，饥饿营销的存在也是一把双刃剑。用得好，可以使产品的销量不断攀升，使原本就较为强势的品牌或者原本不是很有名的品牌产生更大的附加值，从而获得更多用户的喜欢。但是相应的，假如用不好就会对品牌现有的知名度造成一定的损害，从而降低销售量。所以，需要慎重对待饥饿营销。

第四节　口碑营销

一、口碑营销概述

（一）口碑营销的概念

“口碑”一词是从传播学中发展而来的，后被广泛应用于市场营销领域，于是产生了“口碑营销”这一概念。在传统上，口碑营销一般是指企业经营者通过与亲朋好友等的相互交流，将自己的产品或品牌信息传播出去，以促进销售。

口碑是人们口头上的赞颂、众人的议论、群众的口头传说、社会上流传的口头熟语等。中国古代的各家百年老店、老字号虽然与现代意义上的口碑有所区别，但仍可以看作较早的口碑应用实例。所谓“酒香不怕巷子深”“皇帝的女儿不愁嫁”，这都是较为原始的口碑传播。中国学者陈明亮将“口碑”定义为消费者与消费者之间关于产品或服务的特性、使用经验及提供商等信息的交换与沟通。而传播学则将口碑定义成一种传播形式，是一种以语言为媒介的传播形式，因传播的持久与普遍而形成的一种定式、定性的社会公众评价体系，形象生动地描述为以口立碑。

最早的口碑研究开始于20世纪五六十年代，1956年，第一次用科学实验揭示了以口头传播为基础的“三人成虎”的社会从众心理；1966年，首次将口碑传播引入消费者行为学研究；1967年，第一次正式界定了口碑的概念，认为口碑是非商业相关个人间关于产品和公司的面对面的交流。美国的营销学大师伊曼纽尔·罗森（Emanuel Rosen）认为，口碑是关于某品牌的所有评述，是任何给定时间里关于某个特定产品、服务或公司的人与人之间所有交流的总和。现代营销学认为，传统意义上的口碑主要是指发生于亲戚朋友等强关系人群间的关于产品或服务的消费经验的分享，由于强关系人群之间较强的亲密关系和信任程度，因此他们的建议或意见能在更大程度上影响消费者的购买决策。

随着时代的发展，以计算机为载体的新媒体网络已被人们广泛地认知和使用，并逐渐占据了主导地位。信息的及时性、共享性使得一大波社群网站应运而生，消费者可以借用多种社交平台收集与交流产品的信息以及通过互联网对产品进行经验和知识的分享，基于网络平台的这一特点而开展的新型网络口碑营销对人们的影响越来越大，逐渐代替了传统的营销模式，成为新媒体环境下的营销新模式。

网络口碑又称为电子口碑或在线口碑，是指网民通过论坛、博客和视频分享等渠道与其他网民共同分享的关于公司、产品或服务的文字及各类多媒体信息。这些讨论相应的传播效力会影响到这个品牌、产品及服务的信誉度，也就是网络口碑，从而也会在某些方面对其经营造成一定的影响。交流的渠道包括聊天室、论坛公告栏、电子邮件、顾客评论以及即时通信工具等。例如，在智能手机市场上掀起一股强劲风潮的小米手机，其在生产、销售的过程中通过论坛、微博、微信等方式进行营销，与手机爱好者和消费者之间时刻进行紧密的互动，调动了无数粉丝的积极性，成功实现了口碑营销。

（二）口碑的常见形式

口碑有三种最常见的形式：经验性口碑、继发性口碑、有意识口碑。

1. 经验性口碑

在口碑营销中，经验性口碑是最能打动人心的，也是最有效的。在所有口碑营销活动中，经验性口碑所产生的效应一般占 50% ～ 80%。经验口碑的产生是由于产品或服务给消费者带来的实际体验要优于消费者的预期，使消费者产生良好的购物体验，继而愿意主动将产品或服务的信息传播出去。

2. 继发性口碑

继发性口碑是指消费者接收到传统营销活动传递给他们的信息，继而形成的口碑。相比于硬广告，这类信息对消费者的影响往往更直接、更强烈。因为这种可以引发正面口碑的营销活动，其覆盖范围和影响力都比一般的硬广告要更大一些。

3. 有意识口碑

有意识口碑是日常生活中常见的口碑创建形式，如明星代言等，但是这种口碑创建形式并没有被大多数企业所采用。其原因在于，创建有意识口碑需要投入大量的财力，但是其效果却难以衡量。一般来说，只有实力雄厚的大企业愿意为有意识口碑的创建买单。

（三）口碑传播的要素

口碑传播的要素有三个：一是产品定位，二是传播因子，三是传播渠道。

1. 产品定位

在口碑传播中，产品是关键，只有好的产品才有可能带来好的口碑，如果销售的产品不能让消费者满意，那么非但不会产生良好的口碑，反而有可能产生负面效应，导致产品销售量下滑甚至提早退出市场。

2. 传播因子

什么是传播因子？就是客户在购买并使用产品之后，促使客户主动对产品进行口碑传播的因素。一个好的传播因子能够迅速引起大量潜在消费者的关注，短时间内引爆销售市场。

3. 传播渠道

传播渠道是由营销模型决定的，尤其是产品目标客户群的特征会直接影响传播渠道的选择，传播渠道主要包括传统媒体、新兴的互联网媒体以及人际日常交流。

口碑传播多发生在亲戚、朋友、同学、同事等强关系群体中间，他们在传播产品口碑之前就已经建立了长期稳定的交往关系，因此他们之间的口碑传播被认为是可信度较高的，这也正是口碑传播最重要的一个特征。

（四）口碑营销的优势

口碑营销是通过口碑传播的形式达成销售目的的市场营销活动，具有非正式人际传播的属性，与传统的硬广告相比，其优势主要表现在以下五个方面。

1. 感染力强

相信在现实生活中人们都会有这样的经历，走在大街上时，总会时不时地有人突然递上来一张张宣传彩页。不接，是对那些发传单者劳动的不尊重；接了，自己对宣传页上的内容丝毫没有兴趣而且往往还没地方处理，因此产生对这种宣传方式的一丝反感。而口碑传播由于常常发生在相近的群体之间，信息的传播者和接收者之间往往相互了解，知道彼此的兴趣喜好，即使彼此不熟识，也对同一个话题或者事物感兴趣，有相同的兴趣点。此时口碑传播者所传播信息的感染力就会大大增强，能够很容易地引起相近群体的关注而不会对产品或宣传产生怀疑甚至是厌烦，这在很大程度上提升了消费者对品牌的好感度。

2. 具有较强的针对性

传统的硬广告营销方式中，企业营销人员的宣传活动更加复杂，也难以令消费者迅速做出购买决定。铺天盖地的广告会使消费者对信息接收产生疲劳，成为一种垃圾信息，浪费消费者的时间，难以达到有效传播的目的。

而口碑营销借助社会公众的人际交往进行传播，参与这个过程的每个人，不仅是信息的接收者，同时也会转化为信息的传播者，不断开启更大范围的传播。每个人在受人影响的同时，也在影响着其他人。在此过程中，信息传播者与信息接收者是熟悉的，了解信息接收者的切实需求，可以有针对性地对传播内容做出适当调整，以满足对方需求，具有更强的说服力和更好的传播效果。

3. 具有较高的可信度

传统的硬广告是由产品或服务的生产者或销售者制作的，它是站在企业的角度为企业利益服务的，消费者完全有理由怀疑一则广告的真实性。因此，那些明显具有商业意图的硬广告很难让消费者在心里真正产生认同感。但是，口碑营销则不然。在口碑营销的过程中，信息的传播者与信息的接收者一般都是产品的消费者，与产品的生产或销售企业不存在直接的利益关系，因此这样的信息更容易获得其他消费者的信任。

此外，在口碑营销中，产品或服务口碑的传播者与接收者往往是亲人、朋友、同学、同事等，存在较为密切的交往关系，双方具有相同或相近的生活背景、文化素养、价值体系、消费习惯等，对于彼此间传播的信息接受度更高，更容易产生认同。

4. 传播成本较低

众所周知，传统硬广告的成本是比较高的，不但要支付广告的制作费用，对广告的发布平台也需要支付相当高昂的费用。相比之下，口碑营销可以说是一种成本最为低廉的营销方式。由于人类天然地具有传播信息的特性，企业不用为此支付专门的广告费用，可以说是一种几乎零成本的营销方式。

5. 有利于培养忠实客户

当消费者认可了产品或服务的口碑，往往会产生多次购买行为，成为忠实客户，而“回头客”的多少是衡量品牌忠诚度的一项重要指标。全球知名的客户体验管理公司发布报告称，成功的公司具有一个共同的特征：在各自的行业里，尽最大努力实现用户体验最佳化，使用户产生较高的忠诚度，并由用户的口碑传播将品牌的影响力持续扩大。

用户口碑宣传值（net promoter score，NPS）系统可以通过询问客户是否愿意将某产品或服务推荐给朋友、同事以及愿意推荐的程度，从而获得一个分数，该分数即为用户口碑宣传值。然后，根据用户口碑宣传值来评估产品或服务的客户体验效果和收益增长情况。用户口碑宣传值是一个可以有效评估用户忠诚度的指标，在行业内处于领先地位的企业，其用户口碑宣传值一般是比较高的。用户口碑宣传值较高的企业往往可以较为轻松地令消费者愿意为其产品做口碑宣传，而用户口碑宣传值较低的企业则要应对更多消费者传播出去的对企业的不利信息。

口碑营销的以上特点决定了这种营销方式对企业而言是最经济的，也是效果最好的。目前，大部分企业已经认识到口碑营销的巨大作用，并已着手为各自的口碑营销活动创造有利的条件。

（五）实施口碑营销的三个步骤

1. 分享

赶潮流者是产品消费的引导人群，他们最先体验产品的可靠性和优越性，并第一时间向周围朋友圈传播产品的质量、原料和功效信息，或者把产品企业、商家系统、周密的服务感受告诉身边的朋友，以此引发别人跟着去关注某个新产品或新业务。例如，宝洁公司的 Tremor 广告宣传引起各方关注和讨论，在口碑营销上 Tremor 广告做足了势，靠大家的分享和煽情提升产品的认知度，实现了口碑营销的低成本策略，即鼓动消费精英群体，使口碑组合化、扩大化，从而拉动消费使产品更具影响力。

2. 价值

传递信息的人如果没有诚意，口碑营销便因无效果而失去口碑传播的意义。任何一家希望通过口碑传播来实现品牌提升的企业必须设法精心修饰产品，提供健全、高效的服务价值以达到口碑营销的最佳效果。当消费者刚开始接触一个新产品，他首先会问自己："这个产品值得我广而告之吗？"有价值才是产品在市场上稳住脚跟的保证，所谓的"口碑"必须是消费者认为值得信赖的有价值的东西。当某个产品信息或使用体验很容易为人津津乐道，产品能自然而然地成为人们茶余饭后的谈资时，即可以认为产品很有价值，形成了口碑。

3. 回报

当消费者通过媒介、口碑获取产品信息并产生购买行为时，他们希望得到相应的回报，如果营利性企业提供的产品或服务让受众的确感到物超所值，进而顺利、快速地将产品或服务理念推广到市场，就实现了低成本获利的目的。

（六）口碑的建立

网络口碑是开展新媒体下口碑营销的首要步骤和关键步骤，因此，如何建立口碑也就成为企业所必须学会的重要技能。下面将介绍三种重要的方法。

1. 超出顾客想象，创造更大价值

当消费者在购买产品，所获得的产品价值远远超出消费者所付出的价值，获得大量的额外利益时，消费者就会愿意购买此类产品，这就是消费者的剩余价值理论。当消费者所能获得的剩余价值越大时，消费者也就会对品牌更加信赖，产品的好口碑也就越容易建立。

2. 好的服务才能带来好的口碑

进入 21 世纪以来，中国的经济一直持续发展，其中以服务业为主导的第三产业的增速更是超过了之前一直“稳坐头把交椅”的第二产业，意味着中国正在由原来的工业主导型经济向服务主导型经济转变。企业或商家的服务怎么样，往往能决定企业能够走多远。提供高质量的服务，让顾客感受到无微不至的关怀，这才是能够迅速建立良好口碑的制胜法宝。

服务其实是每个企业都非常重视的核心战略，例如，海尔提出“以用户为是，以自己为非”的是非理念；联想打出“让用户用得更好”“为客户利益而努力创新”的口号；海信则有“顾客至上，公平服务”的服务宗旨和“一日承诺，立信百年”的服务承诺。而在这些企业中，最著名的恐怕还要属在餐饮界刮起一股旋风的“海底捞”了。海底捞之所以能吸引如此多人的目光，用海底捞董事长张勇自己的话来说就是海底捞提供了地球人拒绝不了的服务。几乎所有到海底捞吃过饭的人都会对海底捞的服务称赞不绝，并且这些人中的大部分都成了回头客。可以想象，这是笔多么宝贵的口碑财富。也可以看到，好的服务所带来的价值是多么巨大。

3. 时刻关注顾客需求，让顾客参与营销

要想建立好的口碑，就必须了解顾客真正的需求是什么。只有了解到顾客真正的需求之后，才能为客户提供有针对性或者更好的“私人订制”式的服务。与此同时，如果在从生产到销售的整个过程中能够邀请顾客实时地参与进来，凝聚每一位用户的智慧和创意，将企业的产品做成顾客自己的产品，如此一来，“王婆卖瓜，自卖自夸”，不愁口碑不能迅速建立并传播开来。

二、口碑营销的技巧

麦肯锡公司对 50 个销售案例进行了调查，结果表明，口口相传的广告引起了巨大的市场需求，这并不是偶然或巧合的，是有规则的。企业可以通过对消费者之间的相互作用和相互影响进行分析来对口碑广告的传播进行预测，从而实现其网络化、知识化、全球化，而想要获得网络口碑，则需要付出很大的努力。

（一）将广告变得独具特色且通俗易懂

并不是每一种产品都适用于口碑营销，口碑营销对各种产品的作用也是各不相同的。因此，要想更好地发挥口碑营销的作用，所有的市场推广最好以那些乐于宣传此类产品的人群为目标，从他们最为关心的信息开始传播。在进行口碑营

销的时候，要注意两个方面的条件：第一，产品必须具有一定的特色，如外表、功能、用途、价格等；第二，要具备良好的口碑传播能力，广告要通俗易懂。

（二）引导顾客进行体验式消费

戴尔总部每个办公室的信息栏上都有一个标语：“顾客体验，把握它。”其中客户体验指的是客户与公司产品、员工、流程之间的互动总和，也就是说，客户可以亲身参与整个产品的生产或享受消费乐趣，通过这种方式，让客户形成以自己希望的销售价格、销售时间和销售方式来得到自己想要的东西的消费欲望，戴尔公司还提出了“顾客体验是竞争的下一个战场”的观点。这种体验式消费经历是让人难以忘怀的。正是因为这样，越来越多的商品开始选择体验式消费，利用这一古老而又神奇的营销方法帮助企业在市场中走得更稳，走得更远。

（三）学会利用品牌进行推荐

如果一个品牌还没有形成一定的知名度，那么让优秀的品牌来推荐的话，会对口碑产生很大的影响。对一个新产品而言，著名品牌的推荐可以打消消费者的疑虑，如纽特威公司，它刚刚上市的时候需要让消费者知道，它的产品是没有味道的，也是非常安全的。第一个问题很好解决，那就是让客人免费品尝。但要让客户相信它的安全性，难度就大得多了。纽特威公司生产产品的安全特征必须经过长时间的使用方能得到证实，于是随着可口可乐、百事可乐等公司纷纷推出含有纽特威的低糖产品，“纽特威是糖安全替代品”也就被证实了。

（四）让品牌和故事结伴传播

故事是一种很好的提高声望的手段，因为它是通过感情来传播的。进入新世纪后，意大利品牌“法雷诺”皮鞋悄无声息地进入了中国，“法雷诺”皮鞋不仅款式新颖，做工精细，用料考究，展现成功自信、尊贵不凡的男士风度，更有着一段传奇般的传说。公元 1189 年，神圣罗马帝国皇帝腓特烈一世和英法两国国王率领第三次“十字军”出征，前往耶路撒冷。快到阿尔卑斯山的时候，天气突然变了，暴风雪让“十字军”的战士们双腿僵硬，无法前进。在这种情况下，罗马骑士法雷诺（Farino）让他们用自己随身携带的皮革裹住自己的双腿，然后继续赶路。14 世纪时，意大利北方一位著名的制鞋匠为了纪念这位法雷诺将军的事迹，将其最高级的皮鞋取名为“法雷诺”，从此，“法雷诺”这个名字广为流传。

（五）关注自己的每个细节

有时候，影响顾客对品牌评价的，并不是商品本身，而是那些微不足道的细节，如西装上的扣子、电器上的按钮或者维修人员的一句话，这些看似无关紧要的小问题，很容易让顾客产生强烈的情绪，而这种情绪又很难被品牌所察觉，所以很难快速、彻底地改善，甚至会出现销售额下降的情况，但却找不到原因。如在某购物公司的大厅设有一个很大的咨询台，咨询台的主要功能是为未买到货品的顾客提供服务。如果有客户在商店买不到自己需要的产品，服务台的工作人员会把他带到其他的商店去购买。这种做法也许微不足道，可就是这些有形有质的细节让人念念不忘，印象极深。不但获得了竞争者的信赖与赞赏，还让客户对公司有了一种亲切的感觉，进而每次去买东西都会想到这家公司，公司的顾客越来越多，他们的生意也越来越好。

（六）提供快捷周到的服务

易安信是一家美国信息存储资讯科技公司，是美国计算机行业的领军企业，它坚信，只要客户信任了企业，企业就一定要努力维护这种信任。只要企业能够展示出它对客户负责到底的决心，客户就不会走。所以，当易安信的储存系统出现问题时，易安信通常会向客户提出两个解决方案：第一，更换新的易安信储存系统；第二，易安信支付费用，消费者可以选择其他品牌的系统。当时公司里有人质疑这种让客户选择赔偿方案的方法是亏本的，但是客户却由此感受到了易安信对客户负责到底的承诺。因为易安信对客户负责的精神，所以尽管易安信的产品价格高于其他厂家，很多用户还是坚持使用易安信的产品。

此外，还可以利用排行榜、社会公益活动、限量销售等方式来为自己的品牌或产品打造一个良好的口碑。需要注意的是，想要获得知名度，需要花费大量的资金，并通过密集的广告轰炸，而想要获得口碑，就必须在各种基础工作中做到细致、到位，并且坚持下去。只有当产品和服务的水准超出了顾客的预期，才能获得他们的推荐和推广，而那些领先于竞争对手或者具有独创性的服务和举措，更能让消费者在感受到愉悦享受的同时，还能将其进行有效的传播。

三、口碑营销的策略

（一）转变营销传播理念

对于企业来说，首要的任务就是先转变自己的营销传播理念。在传统的传播方式下，企业更多的是依靠媒体广告和企业人员推销的方式来实施营销。然而如今的市场竞争加剧，既需要企业投入更多的资金和资源来维持，同时传统营销模式所带来的效果也不如过去那样的明显。在这样的环境背景下，要求企业打破自己过去的传统营销模式，摆脱对传统思维的依赖性，尽快地适应新的竞争环境，采用新兴的营销传播方式。只有从思想上彻底转变过来，才能从上而下、一以贯之地执行下去。但同时要明确一点，改变营销理念并不是一味地否定传统的营销模式，传统的营销方式依然在企业的营销中起着无可替代的作用。改变是要去其糟粕、取其精华，将传统的营销理念与新媒体营销相结合，相辅相成，形成更好的竞争力。

（二）提升品牌形象

改善产品质量，提升品牌形象。无论采用何种营销模式，只有产品好才是真正的硬道理。所以对于企业来说，最重要的还是要提升自己产品的功能和质量，提供最好的产品和最好的服务，这样才能提升自己的品牌形象，形成客户对品牌的好感，自然而然地吸引大量的消费者。

（三）增强与消费者的互动

加强与消费者的互动，发挥消费者的主动性。传统的营销策略是企业为了向消费者传播产品信息而采取的强势营销，通过媒体轰炸让消费者接受大量信息，然而采用这样的方式所取得的效果往往并不是很理想。在新媒体的环境下，企业应该密切关注消费者的真实需求，加强和消费者的互动交流，尊重消费者的意愿和个性，调动消费者的积极性和主观能动性，让消费者能够感受到自己被尊重以及自己所发挥的作用，拉近了双方的距离，这样就能保持消费者高度的认同感，能够及时地了解到客户的反应，从而迅速地调整自己的策略，获得更好的营销效果。

（四）开发意见领袖

意见领袖是指在人际传播网络中经常为他人提供信息，同时对他人施加影响的“活跃分子”，他们在大众传播效果的形成过程中起着重要的中介或过滤的作用，由他们将信息扩散给受众，形成信息传递的两级传播。由于网络上的意见领袖本身就是网民，在和网民交流的过程中，意见领袖所提供的意见也就更加容易被网民接受，会对网民形成较大的影响力。比起企业营销人员的自说自话，意见领袖具有其独特的优势。所以企业应该尽其所能，开发各方面的意见领袖，通过意见领袖来创造好的口碑。

（五）开展口碑营销活动

企业要紧密关注口碑的传播，积极引导口碑向好的方向传播，开展网络口碑营销活动。向消费者传播真实、清楚、具体的信息是打造良好品牌形象、成功实施口碑营销的保证。由于网上口碑信息的传播速度极快，传播的随意性很强，信息被扭曲的可能性很大，所以企业通过互联网进行口碑营销活动时必须从一开始就向消费者传播真实、清楚、具体的信息，避免传播抽象信息。实践证明，清晰、具体的品牌形象更容易成为消费者谈论的对象，而模糊的品牌形象则容易使消费者产生误解，不利于品牌的口碑传播。因此，企业向消费者提供的营销信息要做到清晰、具体，避免抽象和模糊。此外，将品牌形象与典型故事或典型事件相联系也是通过口碑树立品牌形象的一条捷径。

（六）公益营销

公益营销是指企业与公益组织合作，充分利用其权威性、公益性资源，搭建一个能让消费者认同的营销平台，促进市场销售的营销模式。公益营销以关心人的生存发展、社会进步为出发点，借助公益活动与消费者进行沟通，在产生公益效果的同时使消费者对企业的产品或服务产生偏好并由此提高品牌知名度和美誉度。公益营销的本质是“营销行为”，与单纯的慈善活动划清了界限。企业通过公益活动等实际行动，既体现了企业的社会责任感，又使得社会受众群体对企业产生了良好的印象，实际上是做了一次变相的企业形象广告。因此公益营销更像一种立意长远的营销活动。

（七）终端推广

一般来说，消费者对于消费的认知有一个过程，首先通过广告建立对所需商品的第一印象和初步了解，但是这对于销售成交的达成并没有多少帮助，即便有也很少，因为时空转换的距离障碍，人们接收广告信息一般是在家里，而从家到销售终端一般都有一定距离，消费者的短暂购买冲动会被这个距离障碍磨灭或削弱，现实中有一些消费者带着目标去购买，结果到了现场却购买了另一个品牌的商品，从而体现出不同商家对于终端推广控制能力的强弱差别。销售终端推广的作用在于唤醒消费者的购买冲动，借助卖场的横幅、张贴画、小礼品以及人员介绍促使其下决心，最终付诸购买行动。相对高空广告而言，利用终端推广可以与消费者进行亲密接触，利用终端作为与消费者沟通的平台或工具，其过程可控性更强，效果也更易评估。

（八）降价

在当前供需失衡的市场里，大量同质化的产品充斥于市场，面对商品滞销，商家很自然便会想到降价销售，这虽然牺牲了宝贵的利润，但是能赢得资金回流。现代商战中，降价是最见成效的武器，但也是最容易失控的一种营销方式，容易造成和竞争对手两败俱伤，因而在一般情况下，企业不要轻易采用降价的策略，而应通过增加价值吸引消费者。

（九）媒体广告

广告在营销中行使着传播的职能，在市场产品高度同质化的今天，越来越多的企业逐渐意识到在产品上的领先很难办到，唯有传播才能创造出差异化的品牌竞争优势。现代企业的市场竞争力是商品力、销售力和形象力的综合体现，这三力的建造是如此依赖广告这一信息传播手段。电视、报纸、杂志、网络或广播等媒介因为拥有为数众多的受众群体而成为广告营销的有效手段。

第六章　新媒体营销的团队组建

企业或商家要进行新媒体营销，必然要选择一些适合这些岗位的人才，并且组建起优秀的营销团队。这就需要对新媒体人员的素质进行相应的了解，同时深入研究媒体营销团队的构成和组建，以期为制定有效的新媒体营销策略奠定理论与实践基础。本章围绕新媒体营销人员的素质、新媒体营销团队的构成、新媒体营销团队的组建展开研究。

第一节　新媒体营销人员的素质

随着新媒体平台的迅猛发展，新媒体营销“玩法”层出不穷，各行各业纷纷将其作为自身品牌宣传和营销推广的重要阵地。这就对新媒体营销从业人员提出了更高的要求，即必须具备一定的职业素养。

一、新媒体营销人员的基本素质要求

新媒体营销人员要想胜任相应的岗位，就需要具备一定的基本素质和职业能力。具体来讲，新媒体营销人员的基本素质要求主要包括四个方面，具体分析如下。

（一）良好的“网感”

所谓“网感”就是对当前趋势的一种判断，从本质上讲它也是指对时下热点信息的敏感度。新媒体营销人员要对时事、热点时刻保持敏感，能够随时随地对网络热点、爆点进行敏锐地捕捉，同时及时对用户关注的内容进行了解，并且能够全面把控网络语言以及网络流行趋势。

一般来讲，热点事件具有较强的时效性，一旦错失最佳时机，热点事件的效果将大打折扣。因此，新媒体营销人员要熟悉互联网文化，提高自身对网络的敏

感度，还需要在发生热点事件时敏锐感知并果断做出正确反应。为此需要做到以下几点。

①关注新媒体营销的最新案例，对近期最火热的案例进行系统分析，并取长补短。

②时刻关注微博热搜榜，查看当前热门信息。

③关注百度搜索风云榜，了解用户搜索与关注的热门内容。

（二）良好的职业能力

1. 独特的思维创新能力

对于新媒体营销人员而言，若是其拥有独特的思维创新能力，就能够不断地给用户带给新鲜感，为其制造更多的惊喜，从而让用户持续关注，使用户的忠诚度进一步提高，用户黏性不断增强。而这些惊喜的创造需要新媒体营销人员具有源源不断的奇思妙想，并使其在营销活动中得到有效应用，从而对用户的心理产生一定的影响。因此，新媒体营销人员的必备能力之一就是思维创新能力。

2. 强大的学习能力

新媒体营销人员要对身边的事物充满好奇心，不断充实自己的知识库，促进自身专业技能水平的提升与发展，同时积极主动地提升实用工具操作和文字编辑相关能力水平。此外，新媒体营销人员还应不断扩充自己的知识面，学习新的东西，因为对于新鲜事物的体验往往是灵感的重要来源。同时，新媒体营销人员还应养成读书的好习惯，促使自己的知识体系不断丰富和发展。

3. 明辨是非的能力

面对舆情和突发事件时，新媒体营销从业人员应当遵守行为规范，坚守价值底线，不盲从，不造谣，不传谣。

4. 极强的抗压能力

新媒体营销工作不是一项轻松的差事，从业人员需要马不停蹄地追热点、找素材、写文案、做推广，偶尔还需要客串一下客服的角色，因此需要极强的抗压能力，做好“多面手”。

5. 良好的用户思维理解能力

作为新媒体活动营销人员，应当明确自身职责，帮助客户更好地传播每一场活动，为品牌带来更多的用户与美誉度。而这一切，都离不开一个前提：对用户思维进行深刻理解，其中包括活动目标用户以及甲方。营销人员要热爱品牌的产品与服务，认同品牌的价值观，要对品牌的价值了如指掌。通常情况下实现途径有三种，具体分析如下。

第一，多与业务部门、一线销售人员交流。对于用户反馈和品牌的市场地位进行深入了解等。

第二，多与用户交流。可以通过品牌新媒体和用户进行实时交流，观察用户对于品牌的产品与服务的评价。

第三，让自身成为品牌的用户。只有这样才能认同自身的工作价值，感同身受地了解用户眼中对该品牌的期待。

6. 扎实的文案撰写能力

如今，新媒体迅速发展，在此背景下，网络上的媒体充斥着大量的信息，如果活动推广信息难以对观众产生直接吸引力或戳中用户的痛点，那么即使策划的活动再有创意、有内容，也很难引导用户参与到活动中来。对于新媒体人而言，一个重要的核心技能就是文案撰写能力，与普通文案相比，新媒体的文案是有所不同的，它具有明确的目的性，不需要太多华丽的辞藻。例如，营销人员要写一篇活动文案，则需要了解目标人群是哪一类、这个活动的目的、如何帮助用户解决问题，只要将这三者表达清楚，就算作一篇合格的新媒体文案了。

7. 良好的数据分析能力

作为合格的新媒体人，营销人员需要具备良好的数据分析能力。数据分析是一种思维方式，通过对设定好的目标进行合理的拆解，最终一步步完成目标。从本质上讲，数据分析就是获得更直观的具体数据，帮助运营者更好地量化工作，促使工作效率进一步提升。活动正式开展后，营销人员需要对效果进行实时数据统计，其中包括基础数据（阅读量、点赞数、打开率、留言率、分享率）、用户数据（用户属性、用户画像、用户习惯、用户标签、用户需求）、业务数据（分析转化率、文章阅读转化率、购买转化率、业务流程）等，以统计数据结果为依据及时调整相关活动内容，可以使用微信、微博等新媒体平台提供的专业营销分析工具对活动效果进行准确掌握。

8. 优秀的资源利用能力

企业的营销活动都需要一定的资源，没有任何资源也就谈不上营销了，这些资源包括资金、知识、信息、服务等。资金是最重要、最活跃的一种营销资源，可以用来购买其他重要的营销资源，如广告、市场研究、顾客服务软件等，但资金并不是营销资源的全部，而且在通常情况下，资金总是相对稀缺的资源。因此，为了解新媒体营销的规律、充分发挥新媒体营销的作用，拥有对营销资源的利用能力是很重要的。

互联网上有各种各样的资源，如学习研究资源、企业应用资源等，又如我们常见的搜索引擎、网络营销工具、电子刊物、供求信息平台、调查咨询公司、专业媒体网站等。新媒体营销人员应该具备掌握和利用这些资源的能力，这是新媒体营销取得良好效果的基础。

9. 良好的内容策划能力

比起产品，用户最先接触的是企业推出的相关文字、图片、视频等产品介绍。因此，新媒体营销人员要提升自身的内容策划能力。一般来说，新媒体营销人员应该从新媒体文案策划、软文营销策划及写作平台策划三个途径来提升该项能力。

①学习新媒体文案策划，掌握卖点挖掘、文案创作及内容传播的方法。

②学习软文营销策划，掌握软文设计、软文投放及效果评估的技巧。

③学习写作平台策划，借鉴百家号、大鱼号等平台的内容策划优势。

需要特别说明的是，现在很多新媒体平台都可以实现直接下单购买产品，因此新媒体营销人员除了要关注自身的内容策划能力，还要了解如何提升用户的下单欲望，以实现较高的转化率。

10. 良好的运营统筹能力

新媒体营销人员要具备一定的运营统筹能力，因为新媒体营销是一项比较系统化的工作，需要营销人员从策划到执行反馈都要有良好的统筹能力。为了培养这种能力，新媒体营销人员可以从微信、微博、社群营销与运营，以及活动及产品的策划与运营等方面入手学习，举例如下。

①学习微信营销与运营，掌握个人号形象设计、朋友圈营销、微信公众号运营等技巧。

②学习微博营销与运营，掌握微博发布、推广及矩阵打造等方法。

③学习社群营销与运营，掌握团队搭建、日常运营、社群激活等具体技巧。

④学习活动策划与运营，特别是直播活动的整体运营，充分利用直播提升企业销售业绩。

⑤学习产品策划与运营，如为企业策划专属小程序、与小程序开发团队充分沟通以确保小程序顺利上线。

11. 良好的工具应用能力

新媒体营销人员不一定要掌握专业的设计或者网站建设能力，但必须掌握迅速找到合适的新媒体工具，并且使用该工具提升工作效率的能力。例如，当新媒体营销人员想要设计一张活动用的海报时，可以选择“创客贴”网站在线作图，经过简单的操作就可以在线生成一张海报。为了提高自身的工作效率，新媒体营销人员要经常使用不同类型的工具，所以要熟悉相关的操作步骤。

一般来讲，新媒体营销人员需要掌握的工具如下。

一是图像处理工具。新媒体营销岗位需要掌握的图像处理工具有 Adobe Photoshop（PS）、美图秀秀等。PS 是由奥多比系统（Adobe Systems）开发和运行的一款用于图像处理的软件，主要在电脑端安装使用。美图秀秀是由厦门美图公司研发推出的一款图像处理软件。

二是文案排版工具。常用的文案排版工具有秀米、易企秀等。秀米是一款专门用于编辑微信文章的编辑器，上面有大量免费和付费使用的模板。易企秀是一个可以提供内容创意设计的数字化营销软件，适用于 H5 场景、海报图片等的创作。

三是榜单工具。除了利用自身平台查看最新热点，新媒体营销岗位还需要掌握一些专业榜单工具的使用方法，具体分析如下。

①爱微帮：包括每日热点、热文推荐等栏目。

②西瓜助手：公众号数据分析工具，包含公众号热文排行榜。

③清博大数据：集合微信公众号、微博、今日头条等各大媒体平台的热文和最新资讯，覆盖的热点内容范围比较广。

（三）良好的人际吸引力

除了以上各类能力之外，新媒体营销还要求营销人员具有较好的人际吸引力。因为新媒体运营是一项沟通内外的工作，不仅要对内与设计师、产品经理等人沟通产品细节，也要对外与消费者接触，摸清消费者喜好，从而有针对性地做出精准推荐。因此，只有具备良好的人际吸引力，营销人员才能更高效地完成新媒体营销工作。

所谓人际吸引力，就是指在人际交往中引起对方的好感、缩短双方的交际距离并延续双方交往时间的那些主客观因素。每个人都喜欢接近有吸引力的人，而不愿意接近没有吸引力甚至乏味的人。新媒体营销人员可以从以下几个方面培养自己的人际吸引力。

第一，主动热情地与人交往。在交往过程中应该积极、主动、热情，摒弃不良心理，解决主观态度的问题。

一是排除害羞心理。从交往的角度考虑，害羞是交往的障碍之一。腼腆者在社交场合常感到紧张和手足无措，严重者甚至难以清楚地表达自己的愿望和想法，因此他们常将自己封闭在个人的小天地里，不愿主动进行人际交往。有这种心理的人在不熟悉的环境中容易显得焦虑、紧张、局促不安、不自然、不协调。由于害羞，记忆容易发生障碍，思维也会出现差错，反应迟缓，词不达意，举止失调，错失良机。这相当不利于搞好人际关系和人际交往。因此，新媒体营销人员需要排除害羞心理。

二是排除自卑心理。不少心理学家认为，自卑感强的人自尊心也强，他们勤于反思而又敏感多疑。为了保护自尊心不受伤害，他们不愿意坦率地与人交往，对社会活动采取回避态度。在人前他们时常表现出低眉顺眼的表情、缩手缩脚的举止和自惭形秽的心理。心理上的自卑必然导致自感低人一等，缺乏与别人平等交往的勇气，从而难以正常地进行交际，这种情况会导致恶性循环，加重他们的自卑心理。所以，新媒体营销人员特别要树立自信、自强的自我人格，做交往的主动方。

三是排除嫉妒心理。嫉妒是以多种形式表现出来的一种情感，它包含忧虑和疑惧、羡慕和憎恶、愤怒和怨恨、猜疑和失望、屈辱和虚弱以及伤心和悲痛。多数人认为，嫉妒心理是一种有害的、消极的思想情绪，它是对别人在某些方面比自己优越而产生的一种极欲排除别人的成就、优越地位和功劳的嫉恨心理。具有嫉妒心理的人很难保持心理上的平衡，一旦不能控制情绪，心理上的痛苦会激发情感上的对立，势必造成分裂和攻击行为的增多，极大地伤害人际关系，更有甚者严重影响自身的身心健康。因此，新媒体营销人员有必要排除嫉妒心理。

四是排除猜疑心理。猜疑是一种缺乏事实依据的主观想象和猜测。猜疑心重的人时常会用自己的“合理想象”去揣度别人的心理，甚至会用千奇百怪的理由来证实自己的猜疑，无事生非。猜疑心理是人的消极心理品质，常导致人际关系的恶化。因此，新媒体营销人员需要排除猜疑心理。

五是排除自傲心理。有自傲心理的人自我评价过高，总以为人不如己，孤芳自赏，骄傲自大，唯我独尊，缺乏自我批评，而且不允许别人批评自己。自傲的人容易与人发生冲突，使他人远离自己，从而使自己陷入被孤立的泥潭。因此，新媒体营销人员需要排除自傲心理。

总的来讲，以上心理状态都可能成为人际交往的心理障碍，必须加以克服。

否则，就不可能很好地与交际对象和谐相处，更谈不上建立和发展良好关系。

第二，与人交往时善于求同存异。17世纪德国哲学家、数学家戈特弗里德·威廉·莱布尼茨（Gottfried Wilhelm Leibniz）说过一句经典的话：“世界上没有两片完全相同的树叶。”我国俗话也说得好：“人上一百，形形色色。”[①]说法不同，但道理是相通的。人与人之间，“异”是客观的，是不以人的主观意志为转移的，即使双胞胎个性也不完全一样。了解了这一点，我们在与人交往时，就不能强求一致，只能求大同存小异，就是在基本方面求得大体一致或相似，特别是在态度上的相同或相似；在非原则问题上，保持各自的特点、差异。生活是多姿多彩的，自然是千姿百态的，那么人同样也不可能是千人一面的，因此人要有包容心，允许别人与自己不一样，允许别人有自己的观点、认识、看法和生活方式。一个成功的智者在与他人交往的过程中，总是习惯运用求同存异的智慧，而能够自如地做到求同存异的人，肯定是一个充满智慧的人。

第三，尽可能地满足对方的需求。一个乐善好施而且善解人意的人是一个富有吸引力的人。在社会生活中每个人都需要和依赖他人的关心、友爱和温情，尤其是身处逆境时，对别人的态度更为敏感。因此，给失意的人送去宽心的话，向焦虑的人伸出援助的手，都能激起对方感情的波澜，获得对方的信任与感激。一个营销人员不仅要主动关心、帮助他人，更要将心比心，善于体谅对方的难处，更好地理解对方的动机，挖掘出对方潜在的需求，从而增加相互之间情感的融洽度。

第四，擅用多样化的交际方式。新媒体营销人员的交际方式和渠道不宜单一，而应多样化，这样才能使自己有机会结交社会各界人士。要平等待人，真诚坦率，不能做人际交往中的“势利眼”，否则，就不可能建立广泛的人际关系。

（四）积极的工作态度

态度不积极是导致执行力弱的主要因素。因为态度属于人内心的一种潜在意志，是个人能力、意愿、想法以及价值观等在工作中的直接表现。换句话说，态度在一定程度上就代表着竞争力，积极的工作态度自始至终都是人才脱颖而出的重要筹码。所以，对于新媒体营销人员而言，积极的工作态度是一种重要素质要求。只有热爱营销，并愿意为之倾情倾力付出的人才会有良好的心态、饱满的热情，遇到困难和挫折后才能有高质量的情商调节自己，坚韧不拔，不见难思退，从而有可能在这个行业做强、做深乃至有所建树。这是新媒体营销人员必备的基

① 汤素兰. 海纳百川 有容乃大［J］. 民主，2016（02）：56-57.

本素质和适应这一工作的内驱动力。只有在这个内因的基础上谈其他能力才不会成为空谈。

二、新媒体营销人员的职业发展与岗位职责

（一）新媒体营销人员的职业成长路径及能力素质要求

如果尝试在招聘网站搜索“新媒体营销”，通常会出来排版、推广、数据分析、增长、优化、营销、拍摄、宣传、转化、调研、拉新、吸粉、活跃度等一系列关联词，这些词其实就是新媒体营销的岗位职责要求。

可以说新媒体营销岗位的职责又多又杂，需要具有较强的综合能力，是一个需要长期学习和积累的工作，需要一步步学习。进入这个行业时间越长，职位越高，所需要具备的能力就越多。

1. 入行 0 ～ 1 年

刚进入新媒体、短视频行业，此时还是个实习生，这时除了最基本的办公技能、学习 / 提炼能力之外，在专业上首先需要提高的是编辑排版 / 视频剪辑、视觉审美、用户运营和社群运营能力；其次是内容规划和内容运营能力，内容选题和原创能力，行业认知、用户需求把控能力，用户调研与分析、市场 / 用户洞察能力。这些都是未来职场发展的硬技能，打好基础，会发展得很快。如果在刚入门时就学太多策略性、战略性的内容，其实是无法消化的。

2. 入行 1 ～ 2 年

入行 1 ～ 2 年已经是新媒体编辑或者短视频运营专员了，和初入行时相比，营销人员的各项技能都应该有所提高，除了编辑排版 / 视频剪辑能力、视觉配图 / 视频拍摄能力、内容选题和原创能力、社群运营能力，还要在市场 / 用户洞察能力、用户调研与分析能力、用户需求把控能力上面有更多的提升，同时营销策划、流量获取、流量变现、运营数据分析等能力也可以提前锻炼。

3. 入行 2 ～ 3 年

入行 2 ～ 3 年应该已经做到了新媒体主管 / 短视频主管的位置，对于编辑排版 / 视频剪辑的工作应该已经非常熟悉，此时营销人员多数时候是在做一些活动策划、活动运营、营销策划等工作，所以需要在用户把控上更加精准，对行业的认知也要更加成熟，同时还需要了解创新创意、渠道拓展、对外商务合作等工作，学会整合公司内外部资源，做一些品牌建设、流量获取和变现等工作。

4. 入行 3～5 年

当担任新媒体总监时，相应的工作内容和所需要具备的职业技能也就越来越多，同时站的高度也更高。此时需要站在公司层面，制定整个新媒体 / 短视频部门甚至是市场部门的策略：什么时候该做什么，如何根据公司业务的需要有针对性地选择新媒体平台，做出标杆传播案例。此外，还需要打造有战斗力的团队、招募和管理人才，同时还要了解最新的案例和平台“打法”等。

新媒体是一个特别培养人，颇具成长性的工作岗位。我们既可以做用户增长工作，又可以销售产品，还可以做用户管理等工作。当深入新媒体这个行业后会发现，不仅可以接触到用户、产品以及营销，还可以了解整个商业闭环，而且在这个过程中，还会不断学习和提升自己的内容营销、裂变增长、文案策划等各种能力。

也正因为这样，新媒体营销人才具有了其他任何岗位人员不具备的横向和纵向深入发展的可能：既可以走纵向的专业路线，如擅长写文章就走内容线，往主编方向发展，擅长做活动运营、用户运营、项目经营，就往运营总监方向发展，擅长做创意、营销，就往市场总监方向发展；又可以走横向的经营路线，向项目操盘手、项目管理等方向发展，甚至还可以看到许多新媒体人开始创业，通过新媒体获取流量，通过社群、抖音积攒用户。

（二）新媒体营销的岗位职责与要求分析

在招聘网站上以“新媒体营销”作为关键词搜索招聘信息并进行分析，得到的新媒体营销岗位群包括新媒体营销策划、新媒体运营推广和新媒体文案编辑等具体岗位。其职业发展遵循互联网行业的一般规律，成长路径一般为助理—专员—主管—经理—总监。

新媒体营销工作绝对不是简单的码字、复制和粘贴。新媒体营销岗位的日常工作包括选题定位、素材搜集、内容编辑、图文排版、封面配图、内容校对、推送发布、数据监测、留言处理、用户反馈互动、定期总结等。

1. 新媒体营销岗位群的工作职责

新媒体营销岗位群的工作职责界定如下。

一是营销策划，主要包括深刻理解公司发展战略和产品特点，聚焦社交平台的最新营销动作和产品舆论资讯，致力于品牌形象提升和营销业绩转化；与团队共同讨论策划方案，配合执行各种线上线下营销活动，进行媒介对接与内容制作。

二是新媒体运营。各新媒体平台（微信公众号、微博等）的策划、日常内容更新、数据分析等运营及推广工作。

三是视觉设计，主要包括图像、文案、视频、资料、产品创意的策划、收集、制作与管理。

四是粉丝运营，主要包括与各新媒体渠道粉丝进行良好互动，通过有效的新媒体运营手段提升粉丝活跃度，跟进推广效果，分析数据并及时反馈；聚集各社交平台上的粉丝群体，发展与维护核心用户，提升社群经济的规模效应。

2. 新媒体营销的主要工作岗位和技能要求

（1）新媒体营销的主要工作岗位

新媒体营销岗位大致可归纳为六个模块，这六个模块都遵从一个基础法则——“内容传播+流量变现”法则。因为保证新媒体营销的策划拉新、促活执行、拓客留存、收益变现、服务分销全部成功的基本法就是“内容传播+流量变现”法则。在2021年6月国家人力资源社会保障部发布的《互联网营销师国家职业技能标准（征求意见稿）》中，相关职业有互联网营销师、视频创推员、商务策划专业人员、数字媒体艺术专业人员、营销员等，就是对应的“内容传播+流量变现”法则的工作内容。

所以，基于内容传播和流量变现法则，工作岗位包括方案创意、内容创作、活动策划、用户运营、社群营运和数据分析这六大模块。关于这六大模块工作岗位的具体要求，可以以人民网北京频道上的一则招聘信息为例来具体分析。

第一，关于新媒体编辑，其职位描述和任职要求如下。

职位描述：负责微博、微信、客户端等新媒体的运营和维护；负责新媒体产品策划制作，专题策划的拟定与执行；线上线下创意活动的策划、执行。

任职要求：良好的政治素质和思想品德；热爱党的新闻事业，恪守新闻工作者职业道德；遵纪守法，无不良从业行为记录；本科及以上学历，新闻传播、视觉、动画、新媒体等相关专业；有敏锐的网络热点捕捉力，擅长信息的搜集与编辑整理，拥有运营微博、微信等相关工作经验者优先；熟悉视频的拍摄和制作流程，熟练运用视听语言，熟悉短视频、H5等新媒体产品制作流程；熟悉PremierePro、EDIUS、PS、AE等视频编辑和制作软件。

第二，关于营销主管，其职位描述和任职要求如下。

职位描述：负责公司经营产品营销，面向客户销售人民网北京频道及人民网在海内外各平台的广告、活动、舆情监测、内容审核等销售类产品资源，为客户提供创新的互联网营销整合解决方案，完成公司下达的业绩目标，深度挖掘行业及市场发展契机；拓展新客户、维护重点客户关系，建立与客户长期深度合作的机会；准确了解客户各渠道推广的需求，独立完成与客户的洽谈和签订合同等相关事宜，跟踪客户后期操作进度，定期制定项目运行计划方案，为客户提供专业指导以及优质的后续服务；收集客户各方向建议，定期提出有助于客户拓展的策划需求及创意策略。

任职要求：熟悉北京市场，熟悉互联网媒体行业的产品及营销方式，有线上线下大型品牌论坛或活动策划执行经验者优先；本科以上学历，两年以上相关从业经验，身心健康；拥有良好的沟通协作能力和团队意识，思维敏捷，工作积极主动、实干、高效率、敢于开拓创新；具备对市场和行业的敏感度，具备良好的品牌及营销策划能力，具备良好的应变及谈判能力，抗压能力强。

总的来看，上面两条新媒体岗位的工作内容，都包括在方案创意、内容创作、活动策划、用户运营、社群营运和数据分析这六大技能模块中。

接下来将对这重要的六大模板进行深入分析。新媒体营销人员一般要求掌握六大模块中的一项技能，它将成为是新媒体营销人员的核心技能，也是新媒体营销人员在职业生涯中的核心竞争力。当然，新媒体营销人员也需要熟练掌握核心技能之外的另外五项辅助技能。

（2）新媒体营销的主要技能要求

基于内容传播和流量变现法则，新媒体营销工作岗位根据职能设置所对应的职业有互联网营销师、视频创推员、商务策划专业人员、数字媒体艺术专业人员、营销员等，其主要技能要求如图 6-1 所示。

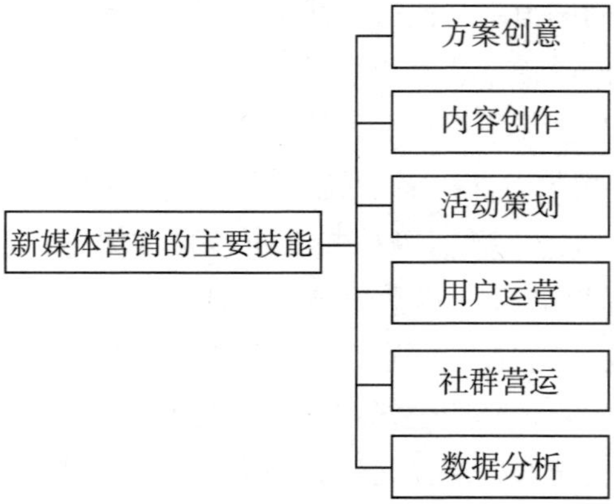

图 6-1　新媒体营销岗位的主要技能要求

第一，关于方案创意，其主要技能要求如下。

①负责商品文字、宣导素材、广告用语等文案素材的输出。

②负责商品文案的出样，审核供应商提供的文案是否与有关广告的法律法规冲突。

③编辑商品详情文案，深入了解产品，提炼产品卖点。

④根据运营策划方案，提供与活动相关的图片、视频、海报、推文等文案素材。

⑤创造有吸引力的文案和图片，把控后期设计出品，提高商品曝光率等。

第二，关于内容创作，其主要技能要求如下。

①负责 App 品类的内容规划。

②把控用户需求和时事热点，规划内容选题。

③监控品类数据，通过分析不断更新内容策略和方向。

④配合运营计划，捕捉热点，制造话题等。

第三，关于活动策划，其主要技能要求如下。

①负责市场拉新活动策划，针对各大节日和热点事件等策划新的活动。

②执行推进活动上线、活动资源的统筹协调，根据策划活动的数据进行分析，客观合理地评估活动效果。

③负责策划用户活动，根据活动效果进行活动改进及策略优化。

④收集行业竞品动态及信息，及时调整优化活动运营方案，提高活动转化率等。

第四，关于用户运营，其主要技能要求如下。

①结合商家生命周期的不同阶段，挖掘用户需求，搭建触达管道，整合各类资源，提升用户活跃度。

②负责用户管理体系的建立和完善，对用户转化、留存、促活、拉新负责。

③通过分析数据，构建用户画像，挖掘用户特征，建立用户分层机制，制定不同层级的用户维护策略和活动并跟进。

④不断探索商家和用户的融合方式，建立长期可持续发展的用户运营策略。

第五，关于社群营运，其主要技能要求如下。

①负责搭建和运营用户社群，吸引精准用户加入，策划线上活动，孵化培养优质用户。

②管理线上核心社群，创建激励机制以提升成员留存率、复购率，增加用户黏性，维护核心用户。

③配合营销团队的用户运营工作，完成团队协作等。

第六，关于数据分析，其主要技能要求如下。

①分析文章的阅读量、分享率等数据来了解内容质量，优化内容编辑。

②分析不同渠道广告的点击率和转化率来比较渠道质量。

③基于对业务需求的充分理解，设计数据分析和洞察方案，洞察数据分布规律、变化趋势、相关关系等设计数据，分析模型并输出数据分析和策略建议报告。

④负责监控行业走势，并对数据进行分析，剖析数据合理性，及时发现问题并反馈相关人员。

以上是新媒体营销人员需要掌握的六个部分的基本技能，在拥有以上其中一个核心技能的同时，还需要掌握另外五项辅助技能。

第二节　新媒体营销团队的构成

一、营销团队概述

所谓营销团队，可简单定义为为了共同营销目标而进行分工、协作的特定群体。营销团队共同的终极目标无疑就是占据销售额和市场份额。因为所在行业、所处职位的不同，营销团队成员之间分工协作的紧密程度和重要程度大不一样。营销如战争，有时要大兵团立体作战，有时要小部队分散作战，有时还要孤胆英雄式单兵作战。

根据营销团队成员之间紧密合作程度的不同，营销团队划分为专业互补型、相对独立型和相互竞争型这三种类型。

（一）专业互补型营销团队

专业互补型营销团队是最符合团队定义的营销团队。管理完善的大公司一般由销售部经理、市场（企划）部经理、渠道（如商超渠道、电商渠道、封闭渠道等）经理以及营销总监（副总经理）等组成营销管理团队。其中，市场部团队中又有产品经理、媒体（传统媒体、新媒体）经理、推广经理、文案专员、设计专员、调研专员等各司其职的团队成员。此类营销团队的显著特点：团队成员各有专长，互补性很强，如果缺少其中的一员，团队的专业效能将大打折扣。

构建专业互补型营销团队，应围绕一个原则、两个基本点。一个原则：专业人做专业事。所组建团队的成员必须在其专业领域内有明显的专长，如销售经理必须有较强的客户交际能力、谈判能力、客户拓展维护能力，市场经理必须有较强的市场分析、策划能力。两个基本点：一是专业务必互补，即强调团队成员之间的专长各不相同，但组合在一起必须能够发挥整体的聚合作用；二是职权分明，应该说任何团队成员的岗位职责都必须职权分明，在该类型的团队内，职权分明使团队成员能够充分发挥自己的特长优势。

（二）相对独立型营销团队

相对独立型营销团队是行业分布、团队数量及人数最多的营销团队，许多营销团队都属于该类型。例如，快销企业内，销售总监领导省区经理团队，省区经理领导地区主管团队以及城市经理领导重点客户业务、小店业务和批发业务团队等；企业内可按大区、省区、县市不同层级划分区域销售团队，也可按客户大小、类型不同划分为行业销售团队等。

该类型团队的共同特点：每个团队成员都有自己的“一亩三分地”，即有自己的以地理区域、行业或渠道划分的势力范围，业务领域受公司制度保护。每个成员的岗位职责基本相同。团队成员共有一个上司，相互之间基本独立运作，业务合作程度低。构建相对独立型营销团队，要注意以下几点。

第一，对团队成员的知识、技能及素质的要求应尽可能统一。因为团队成员的职责要求是基本相同的，无论团队成员是几人还是几十人，每个成员的任职条件也必须基本相同。只有知识、技能和素质相同的团队成员才会尽可能确保思想的统一性、行动的一致性。该团队成员的任职条件强调专业特长的共性，与专业互补型营销团队的要求截然相反。

第二，每个团队在自己的职责范围内必须能够独当一面，团队成员的综合素质要求比较全面。省区经理对一个省的业绩负完全责任。即便是仅管几个街道的基层业务人员，他也必须对所辖区域的客户订单、回款、客户情况负完全责任。作为相对独立型营销团队成员，除了在业务技能方面有专长和经验外，还应有较强的沟通协调能力、自我时间和行为管理能力。该类型团队的任务特性决定了成员工作的相对独立性和素质要求的全面性。

第三，注重团队构建时的新旧结合、内外结合、老小结合。因为职责雷同，所以团队容易僵化，缺少活力。在团队构建时，必须重视新人的引进（因为新人具有新气象、新思维）和旧成员的稳固（团队文化思想的继承），还必须重视年老的成员坐镇（因为中老年人思想上成熟、行为上稳重）和年轻人的激情（因为年轻，他们有积极进取、奋发向上的精神）。这种团队构建的最终目的是时时确保团队的活力。

（三）相互竞争型营销团队

相互竞争型营销团队是行业分布数量少，但绝对人数却不少的相对松散型营销团队。如保险公司、直销公司（包括微商直销）、房产中介及媒体代理型广告公司等的业务团队，面对相同客户，团队成员之间可相互争夺。业务人员之间的相互竞争，本质上与以合作为基础的狭义团队定义相冲突，但现实中，在这种事实上极有可能相互竞争的群体里，提起最多的词汇就是“团队”两个字。这些团队的共同特征有以下四点：业务人员的职责完全相同；公司一般不设定地理、行业等保护范围，同一客户可由不同的业务人员进行竞争；业务人员的收入绝大部分来自直接销售提成；团队管理者的权限比较有限。

这是最不稳定，人员素质参差不齐，个人收入悬殊的营销团队。团队成员的入职门槛比较低，在学历、经验和经历等方面都没有什么特别的限制。要在该类型团队里表现出色，应满足以下两方面要求。

①性格要求：积极主动，性格外向，不怕挫折，喜欢挑战。

②基本能力要求：有较强的人际交往和沟通能力。

二、新媒体营销团队的构成

所谓团队，是指一种为了某一目标的实现而由相互协作的个体所组成的正式群体，是以员工和管理层为主要组成部分的一个共同体。为了共同目标的达成，它会对每一个成员的知识和技能进行合理利用，保证协同工作、共同解决问题。

（一）新媒体营销团队的构成要素

1. 共同的目标

对于团队而言，营销目标是其旗帜和方向，用以实现力量的凝聚、士气的鼓舞以及行动的统一。尤其在新媒体营销团队创建初期，目标一致尤为重要，它可以将团队成员牢牢凝聚在一起，使分散的个体凝聚成一股强劲的力量。在遇到挑战和困难时，团队中的每个成员都知道自己需要做的事情，不等待，不推诿，这就是目标的力量。

2. 合理的结构

一般来讲，团队由三个以上的成员构成，在初期最适宜的成员数量为3～5人。人是团队最核心的因素，所以说创业团队中最重要和最关键的因素就是人员的选择。一个团队必须有人出主意、有人制订计划、有人实施、有人组织协调，还要有人监督工作的进展，可以说，为了完成团队的目标大家要进行合理分工。因此，在人员选择方面，新媒体营销团队要将人员的知识、能力和经验如何以及技能是否互补等作为重要考虑因素。

3. 恰当的分工

在新媒体营销团队当中，职责分为两个方面：一是团队负责人的职责和权力，新媒体营销团队负责人权力的重要相关因素就是团队的发展阶段，通常情况下，在团队发展初期领导权是相对集中的，随着团队成熟度的提升，领导者所拥有的权力会越来越小；二是团队的职责和权力，要确定整个团队在组织上拥有什么决定权，如活动策划决策权等。

（二）新媒体营销团队成员的角色定位

在组建新媒体营销团队时，需要以团队结构为依据进行团队成员的选择，实行分工协作。在团队中每个成员所扮演的角色都是不同的，如有的人是团队的领导，有的人是执行人，有的人擅长专门与团队以外的有关人员进行有效的协调和沟通。一个协作团队只有在具备了范围适当、作用平衡的团队角色时，才能使高效的协作优势得到充分发挥。通常情况下，团队需要的角色包括以下八种类型。

一是主导者。主导者能对别人的意见进行耐心听取，但在反驳别人的意见时会表现出足够的强硬态度；能很好地授权给他人，是一个好的咨询者，并且不会轻易变更自己所做的决定。

二是策划者。策划者是一个“点子型人才”，知识面广，思维活跃并且发散，喜欢打破传统。

三是协调者。协调者能够引导一群不同技能和个性的人向着共同的目标努力；成熟、自信，办事客观，不带个人偏见；除权威之外，更有一种个性的感召力；在团队中能很快发现各成员的优势，并在实现目标的过程中妥善安排。

四是信息者。信息者的强项是与人交往，在交往的过程中获取信息；对外界环境十分敏感，他一般是最早感受到外界环境变化的人。

五是创新者。创新者拥有高度的创造力，思路开阔，观念新颖，富有想象力，有挑战精神，会推动变革；爱出主意，其想法往往比较激进，缺乏实际感。

六是实施者。实施者会将主意变为实际行动；非常现实、传统，甚至有点保守；崇尚努力，计划性强；有很好的自控力和纪律性；对团队忠诚度高，能为团队整体利益着想而较少考虑个人利益。

七是推广者。推广者说干就干，办事效率高，自发性强，目的明确，有高度的工作热情和成就感；遇到困难时，总能找到解决方法，而且一心想取胜，具有竞争意识。

八是监督者。监督者对工作方案的实施等实行监督；喜欢反复推敲一件事情，决策时能把范围很广的因素都考虑进去；挑剔，但不易情绪化，思维逻辑性很强。

在实际工作中，一个团队不一定要全部具备以上八种角色，而要根据实际情况来确定。

第三节　新媒体营销团队的组建

企业构建新媒体营销矩阵，离不开运营团队人员的合作。如何进行运营团队人员的配置及关键绩效指标（KPI）的设置是企业重点考虑的内容。

一、运营团队的人员配置

（一）新媒体营销团队的人员构成

企业想要进行新媒体的营销，首先要了解新媒体营销团队的构成。一般来说，企业在拓展新媒体业务时，都会成立相应的新媒体部门。虽然企业是以部门的形式呈现的，但是，更确切地说是它是一个团队。虽然整个部门由为数不多的人组成，但是每个人的分工都特别明确。一般来讲，新媒体营销团队主要由下列人员构成。

1. 新媒体营销经理

新媒体营销经理的岗位职责包括以下几方面。

①负责团队的管理工作。新媒体营销经理有全面主持新媒体营销工作的指挥、指导、协调、监督及管理的权力，并承担执行公司规程及工作指令的义务。

②制订新媒体营销计划。新媒体营销经理要有互联网信仰，最好是重度使用者，在此基础上制订有效的新媒体推广计划。

③统筹新媒体营销实施工作。熟悉新媒体，对微博、微信等了如指掌，在此基础上有效统筹新媒体营销工作的实施。

④有效分析新媒体营销实施效果。挖掘和分析微信用户需求，收集用户反馈，

分析用户行为及需求，即时掌握当下热门话题；提高粉丝活跃度，与粉丝做好互动，对粉丝的网络行为进行分析与总结；监控推广效果和数据分析，对推广效果进行评估改进。

2. 文案人员

综合分析各大公司新媒体文案的相关岗位，其主要职责是新媒体渠道的内容策划及写作、企业各阶段营销活动的策划及推广、热点事件的营销跟进、评估工作效果及其他文案工作。

①新媒体渠道的内容策划及写作。新媒体文案应根据企业的品牌和产品撰写对应的宣传文案，以及在不同的新媒体渠道上，如微信公众号、新浪微博、社群等，推出并发布各种形式的文案内容，如图文、视频、语音等。

②企业各阶段营销活动的策划及推广。新媒体文案应根据企业需要以及节假日等特定事件策划相应的营销活动，并落实推广。例如，企业新产品发布需要策划一系列新品发布活动，明确用何种形式的活动及文案吸引目标人群的注意及参与，以达到新品发布的最佳效果。

③热点事件的营销跟进。新媒体文案应根据社会时事热点，有选择地跟进以达到企业的宣传目的。

④评估工作效果。无论是文案内容的投放发布，还是活动策划的落地，新媒体文案在执行后均需要收集相关数据以评估工作效果，并对往期工作内容提出相关的优化建议，以利于后期进一步参考及工作改进。例如，在微信公众号推送一条图文消息后，需要统计阅读人数、转发人数，并与往期数据进行对比，以评估效果，并反思标题及文案内容品质。

3. 美编人员

新媒体美编人员负责的工作以及需要具备的岗位能力如下。

①负责微博、微信、朋友圈、官网等新媒体及线上宣传相关的美术编辑，负责文案策划及推广，提高粉丝关注量及活跃度。因此，需要熟练使用 DW、PS、CDR 等设计软件；熟练运用 InDesign 等排版软件。

②负责撰写品牌宣传文案，使宣传多样化、品牌化。因此也需要熟练制作 H5 海报以及熟练制作短视频。

③负责活动文案的新媒体编辑和运营，提高访问量和用户黏性，提高品牌影响力。因此，要熟悉移动互联网使用人群的特点及行为习惯，具有微信运营经验，具有活动策划及较强的营销方案撰写能力。

④具备时尚敏感度，对潮流趋势有一定的分析，热爱学习，对市场有独到的见解。

⑤热爱本职工作，工作细心，责任心强；具有较强的理解、领悟能力、工作协调能力和创造力；具有良好的团队合作精神；良好的职业操守，有责任心、细致、耐心、谨慎、踏实、稳重；人际沟通、协调能力强，具有良好的团队合作意识。

4. 营销人员

新媒体营销人员主要负责企业新媒体项目的运营以及新媒体团队的建设，要主持、负责企业新媒体（如 App、官方微博、微信平台等）的策划、运营以及推广，并且及时跟踪评估新媒体营销方案的实施效果，拓展新媒体合作伙伴，维护客户关系。其岗位要求如下。

①热爱互联网，熟悉各种网络产品应用；对微博、博客、论坛等产品有浓厚兴趣或深刻认识，并且善于把握用户的各层次需求。

②根据上级方针，创意地开展微博、微信上的活动；负责自主网络媒介平台的开发与维护，运作官方网站、微博、微信，确保人气的提升；勤劳肯干，能够承担较大工作压力，并且能按时完成上级交代的工作事项。

③根据公司品牌策略，结合网站、微博、微信各自的特性，寻找能引起传播的话题，引起粉丝互动，包括操作其他官方新媒体的联合推广等。具有较强的洞察力和创新能力，具有一定的敏感性，善于把握最佳的发布时机。

④与公司其他部门沟通配合，搜集汇总粉丝的意见反馈和批评建议，及时反馈给相关部门负责人，了解粉丝需求并挖掘需求，掌握行业内的最新资讯，提供有质量的内容。具有较强的规划、分析能力和创新意识，敏感地对待产品和数据的运营，思维清晰而有条理。

⑤定期收集整理运营数据反馈给相关部门负责人，具备良好的数据分析能力、语言及文字表达能力、跨团队协作能力。

⑥注重团队合作，善于沟通，富有创意，有服务精神，以及具备良好的职业素质和敬业精神。

5. 客服人员

客服人员是新媒体营销里不可缺少的职位，既属于客服，也属于营销。好的客服是可以促成二次消费和口碑传播的。

现在有些新媒体营销企业设立了很特别的客服人员，如做数据分析的、向消费者提供服务支持的，还有“首席惊喜官”，他们不光为员工制造惊喜，而且每天在客户留言中寻找潜在的推销员或专家，找到之后会给对方寄出包裹，为这个可能的意见领袖制造惊喜，这就是营销客服。

（二）团队人员配置方法

在进行新媒体营销运营团队人员配置时，可以参考的方法主要有两种，即按业务模块配置和按平台配置。

1. 按业务模块配置

通常来讲，新媒体运营工作可分为四种：内容运营、用户运营、活动运营和投放运营，其各个业务模块又可以进一步细分。新媒体运营团队在进行人员配置时可以将这些业务模块作为重要依据。

就企业而言，可以以业务模块为依据推进人员的合理配置。此种情况下的新媒体营销矩阵也叫模块型新媒体架构。四大模块可以细分为不同的小模块，如从形式上看，内容运营可以分为三个模块，即文案撰写、图画设计、视频拍摄制作，基于此，运营团队就可以分成三个组别，即文案组、图画组和视频组。各制作小组分别做好相应的内容，然后再将相应内容分发到各大新媒体平台上。在各个平台的内容发布任务主要由负责内容运营的人员承担。用户运营、活动运营和投放运营也同样如此，如负责活动运营的人员会统筹各个平台上的活动。

2. 按平台配置

企业在进行人员分配时可以以不同的平台为依据，此种情况下的新媒体营销矩阵又叫平台型新媒体架构。企业可以将负责新媒体营销的人员分为三大团队，包括微信运营、微博运营及抖音运营，其具体人员配置如图 6-2 所示。虽然微信运营团队可以进一步细分为三个组别，即文案组、社群组和投放组，但一般情况下微信平台上的内容输出是文案组主要负责的内容，而微博平台上的内容不是该组别的负责内容。

以上两种配置方法没有好坏之分，主要是看更适合企业自身情况的是哪一种。第一种配置方式更具灵活性，第二种配置方式更适合在某平台上运营规模非常大的企业，例如，有企业在抖音平台上拥有 20 个以上账号，那么该企业就可以为抖音平台进行专门运营团队的配置，之后基于具体情况再进行调整。

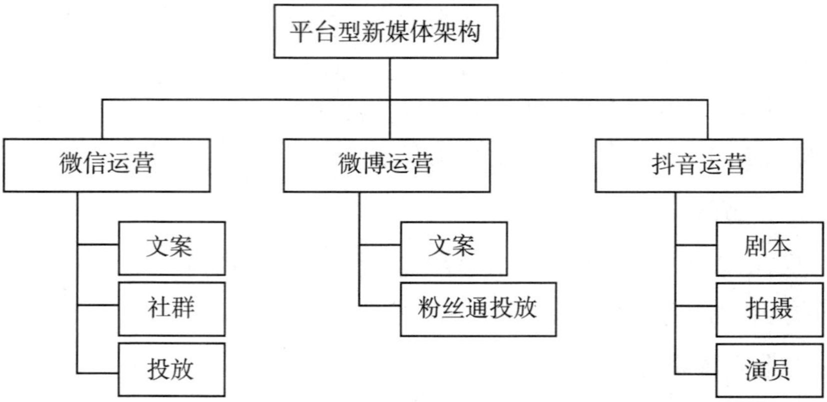

图 6–2　平台型新媒体架构

（三）团队成员的选择原则

在新媒体营销团队的组建过程中，团队人员配置工作一定要做好，为此首先需要考虑并弄清楚团队计划中所需人员应具备的知识、素质和能力，之后以实际需要为依据来完成能够担当各种职务的成员的选择和组织。一般而言，在选择新媒体营销团队成员时要遵循下述原则。

1. 人数合理

在刚开始组建新媒体营销团队时，会碰到很多意料不到的问题：人少了，团队的群体效应难以发挥出来；人多了，思想不统一，碰到困难很容易引起争执。通常情况下，初建阶段最适宜的团队成员数量应设置为 3 ～ 5 人，这样便于组织领导与任务分工，能够使团队各项工作的完成质量和速度得到保证，对市场能够迅速反应，提高效率，保证质量。

2. 技能互补

一般来讲，新媒体营销团队应囊括的基本人才包括负责报表制作和资金运作的财会人才，负责紧急事务处理和团队分工协调的管理型人才，负责活动策划的创意型人才，负责运营推广和内容编辑的实干型人才等。在团队创建初期，每个团队成员都应多注意培养和挖掘个人的其他潜力，不仅能够做到人尽其才，而且要人尽其用、一人多用，让每个人都具有“独当几面”的能力。

3. 目标统一

凝聚团队的一个核心因素就是目标，它在团队组建过程中具有特殊意义。一方面，它是一种有效的激励因素，如果团队成员坚定了未来发展目标，预见了随着目标实现而到来的美好未来，他就会把个人目标融入团队目标，并为实现目标而持续奋斗；另一方面，目标也是有效的协调因素，团队中不同的角色有着不同的个性和能力，但是需要特别注意的一点是要想取得胜利需要保证步调一致。

4. 责任心强

对于个体而言，无论多么强大，若是没有责任心，就难以成功。团队成员要做到有责任心，而不是相互推诿、相互拆台，每个人都要肩负起自己的责任，为团队目标共同努力、共同奋斗。

二、运营团队的 KPI 设置

对于企业新媒体营销而言，设置 KPI 是非常重要的一步。企业在为运营团队设置 KPI 时，首先要对以下两方面的内容进行了解。

（一）企业设置 KPI 的注意点

了解考核指标只是第一步，企业在 KPI 设置方面的注意点包括以下几方面。

1. 考虑行业实际情况

企业应以实际情况为依据进行 KPI 的合理设置，即根据目前行业及自身的情况合理设置 KPI。以媒体型新媒体为例，若行业的平均文章打开率在 3% 左右，而自己的文章打开率也是 3%，这样可以以周为时间周期设置 KPI，最好不要设置翻倍目标，这样不切实际，而可以将打开率增长的 KPI 设定为“每周增加 5%”。

2. 考虑季节等时间因素

通常来讲，KPI 考核周期可以分为三类，即年度、季度和月度，但事实上企业在设定时也要以所属行业的实际情况为主要依据。例如，教育行业和新媒体营销人员可以按周设置 KPI，因为通常周六、周日是流量高峰。从季度看，寒暑假时学生有着非常高的活跃度，在基础教育领域发力的，尤其是针对学生运营的新媒体，可以将这段时间的 KPI 数据调高。对于电商行业，有两个重大的时间节点是需要新媒体营销人员考虑的，即“6·18”和“双 11”，因此，6 月和 11 月的整体指标要设置得比平常高一些。

3. 考虑人力资源因素

企业在进行 KPI 设置时同样要将人力资源作为重要考虑因素。例如，在小型企业中，负责新媒体运营的只有 1 ～ 3 人，同一员工不仅要运营社群，而且要负责写文章，此外还要负责投放，如果对他同时进行多个 KPI 考核，似乎不太公平，甚至可能导致他放弃此项工作。这时要重视每个人工作重心的合理分配，并且严格遵循“二八原则”，即考核其关键业务的产出。如果员工将内容方面的工作作为主攻方向,那么企业可以主要为他设置内容方面的KPI,以其他方面的KPI为辅。

（二）促进新媒体营销人员发展的 KPI 设置要领

促进新媒体营销人员发展的 KPI 设置要领包括以下几方面。

1. 注重过程考核

就企业管理者而言，在考核组内人员时要更加注重过程而非结果，可以设定一个可行的目标，把目标进行拆分，然后逐一实现。企业管理者除了要对指标的达成与否进行关注外，还要对员工的执行过程进行重点关注。

2. 采用“1+*N*”的设置方法

企业管理者在某个阶段要进行指标的合理设置，包括一个核心指标和几个辅助指标。对于新媒体营销人员的执行行为，这个核心指标应发挥正向作用。例如，在微信公众号运营初期，将大量的粉丝聚集起来是主要目标，如果粉丝量已经达到百万级，这时粉丝增加已经不是运营微信公众号的主要目的，更重要的是促使用户黏性进一步增强。为了推动用户黏性不断增强，企业管理者可以选择一个核心数据，即每篇文章的留言数。为了促使这个指标进一步提高，新媒体营销人员要推动文章选题的优化，促进互动栏目的增加，增加与粉丝的互动并提高互动质量。

3. 灵活调整 KPI

企业设置的 KPI 并非一成不变的，而需要企业以自身的具体发展目标为依据进行灵活调整。例如，在微信公众号“罗辑思维”的创建初期，粉丝增加是主要目标，后来则更注重粉丝变现，把粉丝引导到得到 App 上进行消费。

4. 始终以用户为中心

新媒体营销人员的最大价值并非完成 KPI，而是给用户创造价值。企业重视用户中心原则，保证将优质内容提供给用户，同时用户也会给予企业超预期的回报。对于一些火爆的微信公众号而言，最大的成功秘诀不是利用耸人听闻的标题对用户产生吸引力，而是借助深刻的用户洞察，在内容方面注重迎合用户的情感和生活诉求。

第七章　新媒体营销的运营策略

通过前面章节的分析，我们了解了新媒体营销的相关理论知识，为新媒体营销的开展奠定了基础，同时也总结了开展新媒体营销所必不可少的营销方式与营销模式的选择方法，接下来就需要新媒体运营者制定具体、合理、可行的运营策略，以保证新媒体营销的顺利开展，从而实现营销目的。本章围绕新媒体营销的运营流程、营销分析阶段的运营策略、营销设计阶段的运营策略、营销执行阶段的运营策略、营销创新阶段的运营策略展开研究。

第一节　新媒体营销的运营流程

一、新媒体营销的运营流程简介

一般来讲，可以将新媒体营销的运营流程分为营销分析、营销设计、营销执行和营销创新四个阶段，并基于价值链的视角将其展开，分为价值识别、用户画像、组合设计、价值定位、平台引流、圈粉变现、粉丝裂变和价值创新八个环节，形成一个新媒体营销闭环，如图 7-1 所示。

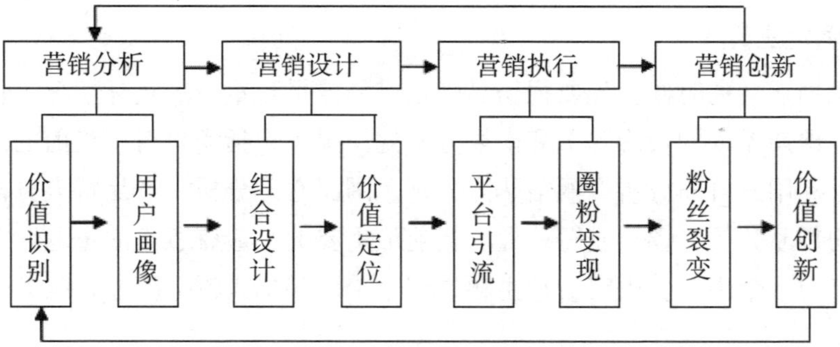

图 7-1　新媒体营销的运营流程

首先，新媒体营销分析的第一步就是价值识别，基于用户视角分析用户需求、识别用户价值，然后利用数据挖掘技术和相关算法构建“用户画像”模型，搭建用户体系，结合自身经营情况进一步细分用户，确定目标用户，从而为营销设计阶段的价值定位和组合设计提供基础。

其次，在对用户价值要素进行识别、构建用户画像、分析用户需求的基础上，结合企业自身的资源和能力进行营销设计，借助 4M（money media market message）营销组合策略，选定产品所应具备的价值，选取合理有效的变现模式，借助相应的营销渠道和营销方法，进行具体的营销组合设计，并对所开发的产品（包含为用户提供的产品、服务、内容等）进行价值定位。

再次，在营销执行阶段通过内容、技术、场景等不同的引流方式吸引目标用户关注，开展营销推广，借助不同的变现渠道“圈粉引流”，实现变现。

最后，在现有消费群体的基础上通过裂变式传播拓宽营销范围，以消费者为导向进行价值创新，挖掘新需求、新用户，再进行价值要素的识别，重新进行营销策略的制定，形成良性循环，打造良好的品牌形象，扩大品牌影响力，不断开拓新市场。

二、新媒体营销的运营策划流程及具体要求

新媒体营销运营贯穿整个新媒体运营过程，一场成功的新媒体营销运营活动可以帮助该品牌吸引新客户、留住老客户、塑造良好的品牌形象。

（一）分析阶段：做好准备工作

做好新媒体营销活动策划，不仅需要从业者动用大量的人力、物力，同时还需要做好活动的前期分析准备工作。提前明晰统筹计划、活动节奏和流程才能保证一场新媒体营销运营活动顺利举行和开展。新媒体营销运营活动策划前期需要做的准备工作如下。

1. 确定主题

在策划活动的时候，先要根据品牌、产品或平台本身的实际情况（包括活动的时间、预期投入的费用等）和市场分析的情况（包括竞争对手当前的活动行为分析、目标用户群体分析、网络热点分析、网民心理分析、产品特点分析等）做出准确的判断分析，扬长避短，提取当前最重要的、最有意义的主题，即当前最值得推广的一个主题。决定活动主题的四个维度包括人群 / 行业、服务 / 卖点、热点 / 名人、痛点 / 共鸣。

第一个维度：人群 / 行业指的是品牌、产品或平台的目标受众（老人、小孩、女士、男士、学生等）和所属行业（教育、医疗、娱乐、健身运动等）。

第二个维度：服务 / 卖点指的是受众的需求，从业者能够为用户提供何种服务，内容最大的特色和亮点有哪些。

第三个维度：热点 / 名人指的是引入网络热点或名人话题，与竞品爆款做比较。

第四个维度：痛点 / 共鸣指的是洞察受众的痛点，帮忙解决受众的问题。以上四个维度都可以作为活动策划选题的方向。

2. 目标人群

选定主题之后，从业者应该瞄准目标受众，无论是怎样受欢迎的活动，都无法得到所有受众的认可和喜爱。所谓青年人的抖音，中年人的快手。抖音比较文艺，目标受众是青年人。比起抖音中的俊男、美女、超模、彩妆、奢侈品，快手相对更受中老年人群的喜爱，尤其是其中的教学做饭类、销售类、秀技类、教育类内容。在抖音平台的线上活动可能针对的目标群体都偏向年轻群体，而快手则偏向中老年群体。因此，运营活动应该瞄准特定的客户群，然后再选定合适的运营策略。

3. 活动目标

在新媒体营销活动策划前期准备中，一定要制定具体的营销目标。目标可以是获得新顾客、提高销售量、建立顾客忠诚度；也可以是改变现有顾客的观念、习惯或者满足未满足的客户需求；还可以是建立详细的参与者数据库、提升客户服务、加强消费者内在认知及响应等。

（二）设计阶段：注重运营细节

1. 策划内容及创意点

优秀的营销活动创意策划是评定一场新媒体营销活动运营成败的关键，在活动策划与设计的过程中，人们应该从以下几点进行内容和创意点的策划。

第一，策划以活动目的为出发点。例如，某平台想通过一场网络活动来调查用户对该平台的体验满意度、建议和意见，为了吸引更多的用户进行讨论和投票，组织了线上抽奖活动，虽然用户参与度高，但很多参与者只为领取活动奖品，未能与该平台积极互动、提出有效的意见和建议，最后结果是该活动未能达到预期活动目的。

第二，抓住网络热点话题。实时关注各类新媒体平台的热点话题，结合活动本身进行策划。但是鉴于热点话题更新速度快，因此常常需要加快活动进程。

第三，增加活动的趣味性。增加活动的趣味性才能有效地吸引用户参与其中，奖品的设置和活动的趣味性是吸引用户参与的关键。

第四，引发参与者的情感共鸣。人与人之间重要的连接纽带就是“情”，包括爱情、亲情、友情、师生情等。所以营销活动一定要从情感出发，去感染参与者。例如，某月饼运营商在七夕情人节推出晒自己与爱人合照的活动，以“但愿人长久，千里共婵娟”为主题，用户参与规模较往年活动提升了10倍，提前预热中秋节月饼销量市场。该活动以“情”感染消费者，从而达到提升产品知名度及销量的目的。

2. 推广渠道及宣传方式

新媒体营销活动推广渠道主要分为自媒体平台、社交平台和短视频平台三大类，其中，自媒体平台成了新媒体的主力军，目前主流的自媒体平台有企鹅号、一点资讯、百家号等。社交平台主要有微信平台、微博平台，以及知乎、百度、360等问答平台。短视频平台主要以抖音、快手为主。在策划阶段，可以根据各个平台的优势和活动目的进行宣传推广，达到最大的宣传效果。

3. 运营周期及宣传节点

一般来讲，营销活动分为年度活动、每月活动和热点活动三种。

年度活动：该主题必须与企业全年的新媒体营销活动主线和整体调性一致。这些新媒体营销活动看起来是由一个个零散的活动组成的，但好的新媒体营销活动一定是围绕营销活动主线展开的，特别是细节执行中的海报、文案、视频等，其风格需要围绕整体调性来设计。设计企业年度活动主题需要了解企业的整体目标，包括产品目标、品牌目标、销售目标等。

每月活动：即某月在线上发布新品、进行降价促销、推出会员月等。运营者需要参考新媒体运营规划，设计每个月的活动主题、活动形式、活动玩法。

热点活动：围绕热点撰写的文章、策划的活动，其曝光效果很可能达到日常效果的数倍甚至数百倍。因此，运营者需要对互联网热点进行准确把握。就互联网热点而言，新媒体运营者需要先预测，后评估。

通常情况下，互联网热点可以分为两类，即突发热点和常规热点。一般来讲，突发热点是缺乏征兆的，运营者只能随机应变，如明星事件、社会事件等。相比之下，常规热点则呈现出了周期性的特征，运营者可以提前预测，如西方节日——

圣诞节、万圣节，传统节日——春节、元宵节、中秋节，平台自造节日——天猫双十一、京东 618 等。全年的热点五花八门，而未必所有的热点都适合某一企业。因此，运营者需要对热点与企业的相关性进行有效评估，选择最贴合实际需求的热点，并以此为基础完成相关活动的策划。

（三）执行阶段：保障活动实施

在执行阶段，营销运营人员应该维持活动的正常进行，准备好活动物料，进行人员分配和管理，实时监督活动的舆论导向，挖掘活动的热点话题，以达到活动的预期效果。

1. 预估活动效果

策划目的是预估营销活动效果，营销活动的最基本目的是“拉新促活”，推动付费转化率的增长。一般包括以下几点（具体视不同营销运营活动而定）。

第一，预估活动能够带来多少流量：其中包括推广指标、人员指标和服务指标三种。

①推广指标：用户增长数、粉丝关注度、各入口点击数、各页面停留时长等。

②人员指标：活动参与人数、社群新增用户数、关键意见领袖新增人数等。

③服务指标：即时服务评价、本次活动评价、App 评分等。

第二，预估活动流量的转化率：商城页面浏览量、商品新增成交量、站内虚拟服务新增成交量等。

对于预估活动效果的两点建议如下。

①不能只是预估，要有数据分析，用数据支撑策划者的设想，纸上谈兵只会让运营者信服力不够。

②做预估不可过高或者过低，过低没有说服力，过高则完成困难。

2. 监管活动流程

在营销活动开展过程中，一定要将网友的言论约束在法律允许的范围内，要及时监管整个活动的流程，对营销活动中违法的行为或言论进行及时制止。一些有争议的话题本身未超出法律许可范围，同时收到用户的积极讨论，运营者可以对它进行适度加工和传播，吸引用户的参与，增强活动宣传力度。

3. 挖掘热点数据

针对营销活动中的热点进行深入挖掘和发酵，将热点同产品、品牌相结合，达到提升品牌知名度、促进销售等目的。在营销运营活动过程中，创作者需要实时跟踪以及衡量数据的表现情况，根据数据调整内容以及创意。活动中如果有符合当下热点的话题，运营者应采取有效的措施提高该热点内容的曝光度和热度。

活动结束后，数据分析也是必不可少的环节。通过数据分析，可以衡量整个营销活动有没有取得预期目标成果，发现在活动过程中有哪些需要改进和提升的部分以及促使活动成功的因素和操作，这些都有利于对营销活动经验进行总结，并为接下来的营销活动提供参考。

4. 进行活动颁奖

活动颁奖一定要符合活动规则，坚持公平、公正的原则，需要充分利用获奖者的领奖过程和获奖宣言，提升此次活动影响力。活动奖品派发可以在活动的进程中分阶段派发，奖品大小可以层层递进，由小到大，最后活动结尾揭幕最终大奖，提高参与者的积极性。

（四）创新阶段：总结实践经验

活动结束后，及时总结该活动是否达到预期效果，是否有不足之处可以改进，在营销活动中是否遇见新的问题。通过这些总结思考，避免重复失误，有利于为下次活动提供宝贵的经验，推动创新发展。具体来讲，可以通过以下两方面进行活动总结。

一方面是目标达成情况：预期活动目标是否达成，是否得到管理者的认可，活动效果是否达到预期要求，这些都需要组织者通过活动中的相关数据分析得到。通过数据来分析活动效果，如果目标是传播，就要看传播量是多少，品牌曝光是否成功，微指数上升程度，百度指数上升程度；如果目标是带动 App 下载，就要看带来多少有效的下载。

另一方面是总结不足及优点：分析活动细节的优劣、环节是否有不足、活动成功的原因、活动失败的原因等。通过对这些问题的分析和总结，找到本次活动的优缺点，这是活动策划的一个重要环节。

第二节　新媒体营销分析阶段的运营策略

一、价值识别

互联网时代的新媒体营销，客观资源已经不具备优势，用户的需求越来越复杂化、个性化，这就要求新媒体营销不应仅仅满足于传递营销信息，更应该尽量满足目标受众的实际需求，更精准地将产品信息传递到目标用户手中，实现企业效益和竞争力的可持续发展。因而，分析用户需求、识别用户价值是展开新媒体营销的第一步，其关键就在于识别用户的不同需求。

在营销分析阶段，将顾客价值的驱动要素分为产品价值、服务价值和体验价值，产品价值是指消费者从产品本身所感知和获得的价值；服务价值是指消费者从服务中所感知和获得的无形的价值；体验价值是指消费者在拥有、使用或消费产品时内心精神需要获得满足的价值。服务价值和体验价值中包含顾客价值分类中的人员价值，因为企业人员主要是通过为消费者提供各种服务来使消费者获得价值，并且服务态度好、服务水平高的员工能提升企业在消费者心中的体验价值。一般来讲，可以将用户价值的驱动因素分为产品价值、服务价值和体验价值三类，然后针对每类因素进一步细化为具体的价值识别要素，展开价值识别，如图 7-2 所示。

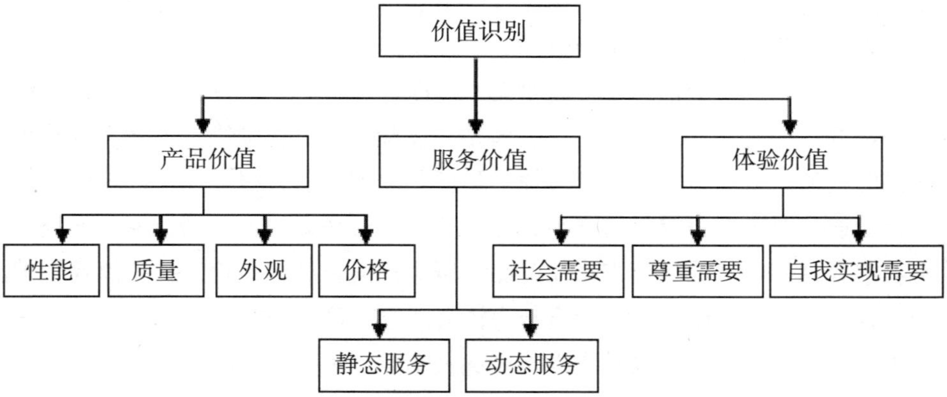

图 7-2　价值识别要素

第一，关于产品价值。产品价值是指消费者从产品本身所感知和获得的价值，主要满足消费者对产品基本功能的需求。产品是顾客价值的载体，多数情况下消费者所感知到的价值来源于产品本身。根据属性的不同可以将产品价值分为性能、质量、外观、价格四类。

①性能。性能是指产品所具备的功能属性，如产品的舒适性、安全性等。

②质量。质量是产品最基本也是最核心的价值，是指消费者购买某种产品在使用过程中发生故障或维修的严重程度及频率，以及对消费者正常使用的影响程度。

③外观。外观指产品的外在表现，如规格、款式、品牌等。

④价格。价格是消费者在购买过程中最为关注的要素之一，也是产品的重要属性之一。

第二，关于服务价值。服务是指消费者在选择、购买和使用产品的整个过程中所获得的由企业提供的支持和帮助。服务价值是指消费者与企业接触过程中所感知到的价值。如今消费者在选购产品时，不再仅关注产品本身的价值高低，而是更加注意产品附加价值的大小。企业向消费者提供的附加服务越完备，产品的附加价值越大，消费者从中获得的实际利益就越大，购买的总价值也就越大。良好的服务能更好地满足消费者的安全、归属和尊重等需要。服务价值可以分为静态和动态两类。

①静态服务。静态服务主要包含消费者通过触觉、视觉、听觉等感官获得的服务，如店铺的装修风格、背景音乐等。

②动态服务。动态服务指消费者在与企业互动过程中的感受，包括售前咨询、使用服务和售后反馈等，产品的易用性、可靠性以及工作人员的专业性、体贴性等都会影响消费者对服务质量的感知。

第三，关于体验价值。体验就是企业以服务为舞台，以商品为道具，在消费过程中设置一些更加人性化、生动、体贴的体验性细节，围绕着消费者创造出值得回忆的活动，从而在产品价值传播的强度和深度上感染目标用户。体验价值是指消费者通过对企业所提供的产品或服务的感知所获得的内在精神需要的满足。消费者愿意为有价值的体验支付比产品、服务价值更高的溢价。根据满足精神需要侧重点的不同，可以将体验价值分为社会需要、尊重需要和自我实现需要。

①社会需要。社会需要是指消费者通过消费行为所获得的归属感、关爱等心理需要。例如，周末或者假期与家人或亲戚朋友一起外出休闲度假，需要发生交通、饮食、住宿及景点门票等消费，这些消费的目的不单是为了到达目的地、吃饱、找个地方睡觉等，更多的是为了获得一种与家人或亲戚朋友在一起的归属感、相互关爱或友情联系等心理需要的满足。

②尊重需要。尊重需要是指消费者通过消费行为所获得的自我尊重、知名度、社会地位等心理需要。在基本的物质需要和关爱需要得到满足的情况下，人们都希望获得一定的社会地位以及知名度，以满足人们自我尊重的需要。自我尊重的需要也可以从消费行为得到满足和体现，如穿戴名牌服饰、拥有名牌手表等，在很大程度上都是为了追求一种自我尊重，这也是人们愿意为高档名牌产品支付非常高溢价的原因。

③自我实现需要。自我实现需要是指消费者通过消费行为所获得的自我发展

与实现等心理需要。社会需要和尊重需要更多的是关注别人的看法，是为了获得别人的认同和关注，而自我实现需要更多的是满足人们内心的需要，是对自我的一种挑战。

二、用户画像

在营销分析阶段，通过价值识别了解消费者需求后，还需要运用大数据技术对用户数据进行捕捉分析，构建用户画像，进一步对目标用户进行细分，充分了解目标用户的差异化特质，挖掘其潜在需求与价值，为接下来的价值定位提供更精确的支持。构建合理有效的用户画像需要着重解决两个问题：一是选取简洁高效的特征模型，客观地完成对用户价值的表征；二是选择合适的模型构建用户画像。

（一）认识用户画像

企业在定义产品和服务的功能时，首先要明确其使用者是谁。任何一类产品都不可能针对所有人，也不可能只针对某一个人，一定是针对某一个或某几个特定人群。这些人群就是企业的目标群体。为找到目标用户，第一件事就是要建立用户画像。

第一，用户画像的定义。用户画像（personas）这一概念由“交互设计之父”——阿兰·库珀（Alan Cooper）提出，是指真实用户的虚拟代表，是建立在一系列属性数据之上的目标用户模型。

互联网中的用户画像是通过多个角度，从用户行为数据中提取某个产品的使用者的共同特征，通过特征比对和建立标签来描绘该产品使用者的画像。

收集并清洗用户数据，建立标签，对一系列抽象的用户交互行为进行数据分析，描绘出一个具体的用户形象，这就是建立用户画像的过程。

我们往往习惯于为具有某一类特征的人打上某些标签，如喜爱说唱、街舞的人往往会喜欢潮牌，喜爱逛高级超市的人往往更注重生活品质，对商品价格相对不敏感。收集某一类人的行为习惯并进行标签关联，就是应用用户画像的过程，而这些标签关联就是用户画像。

总的来讲，网络用户画像可以简单理解成海量数据的标签，根据用户的目标、行为和观点的差异，将他们区分为不同的类型，然后从每种类型中抽取出典型特征，赋予名字、照片、一些人口统计学要素、场景等描述，形成一个人物原型，并不是指某一个特定的人。

网络用户画像为企业提供了足够的信息基础，能够帮助企业快速找到精准用户群体以及用户需求等更为广泛的反馈信息。在实际运用中，用户画像往往会以通俗易懂的话语将用户的属性、行为、观点与目标数据转化结合起来，作为实际用户的虚拟代表，形成产品和市场需要的有代表性的主要受众和目标群体。

第二，用户画像的要素。用户画像的要素主要包括基本性、同理性、真实性等，如表 7-1 所示。

表 7-1 用户画像的要素

序号	要素	解释
1	基本性	该用户角色应当基于对真实用户的数据记录
2	同理性	该用户角色中包含姓名、照片和与产品相关的描述，该用户角色应当具备同理性
3	真实性	该用户角色对于与顾客交接的人来说应该具有真实性
4	独特性	不同用户角色之间基本不具有相似性
5	目标性	该用户角色应当符合与产品销售相关的目标，应当有相应的关键词对该目标进行描述
6	数量性	用户角色的数量不应过多，应具有一定的代表性
7	应用性	产品设计人员应当使用用户角色进行设计与决策
8	长久性	用户标签应当具有较长的“保质期”

第三，用户画像的作用。用户画像的作用是通过用户各个不同维度的特征描述来区分产品的受众群体与其他群体的不同，目的是寻找并明确客户需求，以便能够更好地完成产品营销。具体来看，用户画像的作用主要体现在以下几个方面。

其一，助力运营分析。用户画像可以帮助业务人员从多个方面进行运营分析，如商品分析、用户分析、渠道分析等。

①商品分析：借助用户画像，业务人员可以对商品的销量进行分析，如可以快速定位爆款品类，进一步分析购买爆款品类的用户在各个维度上的特征。

②用户分析：借助用户画像，业务人员可以了解平台用户的性别、年龄、职业等各维度特征。通过用户画像，商家可以进一步了解其用户的属性，进一步优化店内商品，吸引老用户及新用户前来购买。

③渠道分析：在用户画像应用中，业务人员可以分析目标人群的渠道来源，使渠道投放的策略更有针对性。例如，业务人员使用用户画像系统组合标签圈定

对某女装款式感兴趣的人群，在渠道维度进行透视，分析该批用户主要来自哪个渠道，然后有针对性地在该渠道投放该女装款式的广告。

④漏斗分析：用于分析产品流程或关键节点的转化效果，业务人员可借助漏斗图展现转化效果。漏斗图是一种外形类似漏斗的可视化图表，它可以直观地追踪产品的整体流程、业务的转化路径、不同生命周期阶段的用户群体表现。通过一系列转化率的分析，可以迅速锁定问题，方便运营人员及时调整运营策略。漏斗分析可帮助业务人员分析每天来访用户在详情页访问、加购点击、下单点击、支付结算等各关键环节的转化情况，帮助业务人员不断优化产品路径。

⑤人群特征分析：可以通过组合标签来自定义人群，然后从各个维度对自定义人群进行透视分析或建立对照组人群，做人群对比分析。根据经验，在人群分析时一定要做对比分析，单纯看单个人群的分布信息没有太大价值，不对比看不出差异。借助用户画像产品形态，可以分析圈定的用户群在各个维度上的特征情况。

其二，实现精准营销。面向精准用户实现营销的精准推送是提升企业营销效果的关键因素。以短信营销和邮件营销为例，日常生活中我们经常从许多渠道接收到营销的信息。一条关于红包到账的短信消息推送可能会促使用户打开已经很久没访问的 App，一条关于心愿单中的图书降价的邮件消息推送可能会刺激用户打开推送链接直接下单购买。这些营销信息推送都是借助用户画像来实现的。当用户画像被做成产品形态后，业务人员可以根据业务规则组合标签圈定相应目标人群，将该批目标人群推送到对应的业务系统中进行运营，或将目标人群的数据导入第三方平台后以短信、邮件等方式进行营销。

其三，利于获客和留客。在获客上，用户画像可以帮助找到优势的宣传渠道，通过个性化的宣传手段吸引有潜力需求的用户，并刺激其转化。在留客上，用户画像能够预测用户是否可能会从平台上流失。用户流失可能会包括多种情况，如用户体验、竞争对手、需求变化等，通过预测用户的流失率可以大幅降低用户留存的运营成本。

第四，用户画像的数据类型。用户画像数据类型可以分为静态数据和动态数据两种。静态数据是指用户相对稳定的信息，主要包括社会属性、商业属性、心理属性等方面的数据。动态数据是指用户不断变化的行为信息，主要是用户的网络行为数据，包括消费属性、社会属性等，如搜索、浏览、注册、登录、签到、发布信息、收藏、评论、点赞、分享、加入购物车、购买、使用优惠券、使用积分等一系列的行为数据。

①静态数据通常包括以下三方面：社会属性，如年龄、性别、地域、血型、受教育程度、身高、职业、收入、家庭状况等；商业属性，如财富、月收入、消费等级、信用价值等；心理属性，如性格、能力、气质、价值观、情感、思维等。

②动态数据通常包括以下两方面：消费属性，如类目爱好、偏好习惯、下单习惯、消费特征、消费周期等；社交属性，包括兴趣爱好、圈子、互动行为等。

（二）明确用户画像标签

在数据越来越被重视的时代，用户画像标签备受关注。无论身处新媒体营销的哪一个岗位，都会涉及用户画像标签，甚至有不少人基于此开展各项日常工作。

第一，用户画像标签的定义。用户画像标签是指某个用户特征的一种表示，或者说是某一用户特征的符号表示，即将用户的所有特征定义为一些碎片化的标签。

把用户当成一个整体，分析这个用户各个维度的特征，将通过这些维度分析的信息拆分成无数个标签，一个标签表示某一个用户特征。

第二，用户画像标签的分类如下。

一是统计类标签。日常生活中最基础、最常见的标签类型是刻画用户的基础。例如，用户的性别、年龄、省份、城市、活跃状态、历史购买记录等，这类数据一般可以由用户注册数据、用户访问、消费类数据统计得出。

二是规则类标签。规则类标签基于用户的行为以及确定的规则产生。例如，可以将平台上“活跃”用户这一口径定义为近 7 天有超过 3 次购买行为的用户。规则类标签的规则通常由运营人员和数据人员共同协商确定。

三是算法型标签。算法型标签主要通过数据挖掘产生，用于对用户的某些属性或行为进行预测和判断。例如，根据一个用户的行为习惯判断该用户的职业和身份，根据一个用户的消费习惯判断其对某商品的喜爱程度。

（三）确定用户画像原则

在构建用户画像之前，首先要明确用户画像原则。

第一，数据真实、有价值。用户画像是根据数据挖掘和建模得来的，所以数据的真实性和有价值性成为用户画像的首要原则。数据的真实性是指每一份用户画像的样本数据都可追溯到源头，都是真实的。用户数据的有价值性是指对广大用户有代表性，对企业有应用价值。此外，是不是所有用户都应纳入构建用户画像之内呢？并非如此，如理财产品注册用户有很多是僵尸用户，不怎么投资和使用，这个时候做用户画像就要把这部分人群去掉。

第二，画像交叉率低。用户画像聚合的时候，一定要注意低交叉率原则，即确保绘制的用户画像的完整性和独立性。完整性保证囊括尽可能多的用户群体，独立性又保证囊括的群体不重叠。这个不重叠并不是指标签的不重叠，而是指用户画像的非重叠性。举个例子，同一组产品有两组画像，除了教育程度和年龄，其余标签几乎一致，那就可以初步理解为在目标用户中对产品的需求是一致的，除了教育程度不同或者说年龄跨度不同，所以可以将两者合并为一个画像，同时也提示企业弱化教育程度和年龄的差异。

第三，画像有优先级。一个产品的用户画像并不是越多越好，最好是3～5个。当有多个用户画像时需要考虑优先级，企业要首先满足首要用户画像，在不充足的情况下满足次要用户画像。当一个产品非常复杂，在设计和营销的时候，也要根据企业的综合实力和经营策略进行分阶段开发。

第四，画像动态调整。用户画像并非一成不变的，是一个循环的闭环。刚开始做产品，可能会预测目标用户是什么人群，慢慢地可能出现偏差，常常发现有超出范围的时候，这时候就需要进行修正。

（四）构建用户画像

用户画像作为一种设计工具，可以很好地帮助设计师跳出“为自己设计”的惯性思维，聚焦目标用户，发现核心价值，赋能产品。因此，绘制用户画像至关重要。

第一，关于用户画像的构建步骤，具体分析如下。

其一，准确识别用户。用户识别的方式有很多种，如邮箱、微博 / 微信 /QQ 等第三方登录、手机号等，这些都是互联网用户相对于传统线下渠道所特有的身份标识，其中手机号是目前移动端最为准确的用户标识，但随着用户的注册意愿越来越低，微博 / 微信 /QQ 等第三方登录成为越来越多企业的折中选择。

其二，动态跟踪用户网络行为轨迹。用户网络行为动态跟踪主要包括三个维度：场景 + 媒体 + 路径。应用到互联网中，场景主要包括访问设备、访问时段；媒体指某一时段下用户具体访问的媒体，如资讯类、视频类、游戏类、社交类等；路径指用户进入和离开某媒体的路径，可以简单理解为用户的站内与站外行为，例如，是通过搜索导航进入还是直接打开该 App，离开时是站内跳转到其他网页还是直接关闭。这样一方面有助于媒体自身优化流量运营，另一方面可以帮助广告主有效控制不同页面的投放频次，避免产生用户倦怠。

其三，结合静态数据评估用户价值。静态数据获取后，需要对人群分析，不同的目的分类依据不同。例如，对于产品设计来说，按照使用动机或使用行为划分是最为常见的方式；而对于营销类媒体来说，依据消费形态来区分人群是最为直接的分类方式。静态数据获取方式存在多种，数据挖掘是最为常见也是较为精准的一种方式，如果数据有限，则需要定性与定量结合补充。定性方法包括小组座谈会、用户探访、日志法、透射法等，通过开放性的问题，了解用户真实的心理需求，具象化用户特征。定量方法通过问卷调研的方式进行，关键在于后期定量数据的建模与分析，目的是通过封闭性问题一方面对定性假设进行验证，另一方面获取市场的用户分布规律。

其四，用户标签定义。从繁杂的数据中抽取共同的特征值，根据特征值对群体进行定义，有助于广告主一目了然掌握该群体的特性，如“时尚小咖”，可以快速地联想到针对这类人，时尚感至关重要，即产品的设计感、外观等，并且“小咖”两字表明该类人并不盲目追求潮流，他们有自己的审美观，并且能够影响身边的人。同时，一个群体会有多个标签，不同的群体之间也会有标签的重合，此时标签的权重反映了不同群体的核心特征。例如，“时尚小咖”和“科技先锋”两类人群中都有女性标签，此时需要比较女性在不同人群中的标签权重，以决定将该标签解读给哪类群体。通常，一个好的用户画像，不同人群之间的标签重合度较小，只有在那些权重较小的标签上会有些许重合。

其五，不同人群优先级排列。目前，大部分画像只完成上述四部分就结束了，然而最后一部分决定了最终效果的落地。组合策略可以按照频率的高低、市场的大小、收益的潜力、竞争优势等，根据企业自身情况排列不同组合。例如，品牌刚刚建立，需要快速提升知名度，可以按照不同媒体目标人群覆盖率的高低进行预算分配；当品牌具备一定知名度，企业核心领域营收处于快速增长期时，可以按照不同媒体目标人群贡献的市场大小进行分配；当企业想开拓新市场时，可以按照不同媒体目标人群的收益潜力进行分配；另外，当企业品牌需要增强差异化的竞争优势时，可按照不同媒体目标人群的竞争优势进行投放。

第二，关于用户画像构建的常见误区，具体分析如下。

其一，受难采集的数据限制。在进行用户画像构建时，并非所有的数据都是容易得到的，有时候一些数据很难得到，要想办法通过其他数据来侧面反映，不应该被难采集的数据限制了最终画像的生成，从而导致画像不准确。

其二，只会列数据，没有分析用户画像的思路。数据是构建用户画像的基础，但分析用户画像不能只依靠数据，还要具有明确的思路，这样才能将数据串联起来。

其三，无限拆分，没有逻辑，最终得不到结论。在构建用户画像时，也要避免仅进行简单的拆分，而不考虑深层次的逻辑性，这样用户画像容易失真。

以上误区都是因为只关注了“用户画像”，而没有考虑“分析”，只拆解数据和列举用户指标是无法真正分析用户画像的。

（五）重视用户画像在运营中的应用

前面已了解了用户画像的建立流程，接下来看一下如何应用。这里从用户路径和用户层级两方面来说明。

第一，用户路径中的用户画像应用。在整个用户路径中，从拉新开始，到用户引导、留存和转化，以及后期的用户维护，要想最大效率地让用户增长，就需要用户运营的介入。那么用户运营以什么为依据提高运营效率呢？

在每个环节的分析过程中，以用户画像为指引，用户运营能够发现用户特征，有效提升用户增长空间。举例来说，用户运营可以根据活跃程度为用户打上标签，并将标签关联到用户画像，也就是将用户按其在用户画像中的活跃层级做好分类。

第二，不同用户层级下用户画像的应用。按照活跃层级，可以将用户分成潜在用户、活跃用户、忠诚用户和流失用户四类。

一是潜在用户的画像应用。潜在用户一般指的是对产品有需求但暂未使用产品的用户。针对潜在用户，我们可以做一下受众分析，由受众数据得出用户画像，就可以描绘出吸引这类用户的营销点，进而调整营销内容或激励政策以促进潜在用户使用产品。

二是活跃用户的画像应用。针对活跃用户，可以着重进行来源分析。渠道进行无差别拉新，然而不同渠道来源的用户在产品里的表现和活跃程度都不一样。在资源有限的情况下，资源必定是优先投入用户质量高的渠道以实现资源利用的最大化。而这样的资源优化对后面的用户成长和用户转化也有正向增益。

三是忠诚用户的画像应用。忠诚用户是用户运营的核心资源，而用户画像是帮助用户运营、维护用户梯队的利器，保持对忠诚用户行为的关注，用户运营可以即时调整针对他们的策略。

四是流失用户的画像应用。针对流失用户，最重要的一点在于分析出流失的原因，是他们不是产品的目标用户，还是产品没有满足他们的需求。了解到这些用户群体的特征，就可以针对流失用户的行为特征进行分析，决定是放弃还是努力召回。

第三节　新媒体营销设计阶段的运营策略

一、组合设计

（一）提供具有价值的产品

新媒体时代的产品有着区别于传统意义上产品的特点，在形式上更具多样性、内容上更具多元性。传统的营销组合策略已经无法适用于新的营销情境，因此，从价值层面考虑，参考价值管理循环创造价值、衡量价值、沟通价值、传递价值四个阶段，提出了适用于新媒体营销情境的营销组合策略，其中的价值模块、变现模式、营销方法和媒介工具分别对应于价值管理中的创造价值、衡量价值、沟通价值和传递价值。

新媒体营销中，进行营销组合设计的重要一步就是确定要为消费者提供具有何种价值的产品。在价值定位的基础上，如何赋予产品价值，输出相应的产品，使其能够满足消费者需求，是开展营销的前提。通过参考美国市场营销专家菲利普·科特勒（Philip Kotler）的产品五层次理论，从价值角度，由内到外，由浅入深，提出了核心价值、表现价值、期望价值、附加价值和潜在价值五个价值模块，以期为企业开发产品、创造价值提供一些思路。

一是核心价值。核心价值是指消费者真正购买的基本效用或利益，是产品应具备的最基本、最主要的内容。例如，消费者购买手机其实是为了满足基本的通信需求，“通讯”就是手机的核心价值。

二是表现价值。表现价值是指产品的基本形式，是产品表现出来的基本功能所具备的价值，如质量、性能、外观、包装等，这是价值模块中最直观、最重要的一部分。例如，手机的型号、性能等就是其表现价值。

三是期望价值。期望价值是指消费者购买产品时所期望得到的一组产品属性和条件，是消费者根据认知了解、互动交流以及以往的经验对所要购买的产品形成的一种心理要求。期望价值是对表现价值的进一步提升，是消费者希望表现价值中各要素达到的水平或状态。例如，手机像素的具体参数给消费者带来的价值属于其表现价值，但是不同消费者对于照相功能有着不同的心理预期，注重摄影的消费者对于手机像素的期望价值往往高于其他消费者。

四是附加价值。附加价值是基本产品所具备的价值之外的附加服务和利益，即能够超越用户的期望价值，能够为企业带来竞争优势的价值。附加价值最重要的体现就是服务，例如，消费者购买手机时，咨询服务、质保延保等都属于附加价值。

表现价值、期望价值、附加价值三者都是围绕产品展开的，表现价值体现的是产品的外在特性，期望价值体现的是产品的内在特性，而附加价值则体现产品为消费者提供的增值利益与价值。

五是潜在价值。潜在价值是指现有产品能够通过改进提高附加价值和新增价值，最终实现产品升级或新产品的开发。潜在价值不仅关注满足消费者所期望的、使其感到满意的产品价值，而且关注能带给消费者意想不到惊喜的产品价值。企业通过不断提升潜在价值，进而开发出满足消费者越来越高期望的新产品。

（二）重视媒体组合

新媒体营销设计阶段，营销者必须以平台主张为依据完成媒体组合的选择。换言之，营销者需要从更加宏观的角度出发针对营销渠道进行深入思考，其涉及网站、手机网站、微博、个性化的音乐网站等，然后再考虑怎样借助精彩的创意概念为各种媒体注入灵魂，为每件传播作品设计正确的基调、外观，以实现平台主张。

1. 媒体组合计划

现阶段，企业必须深入思考的一个问题就是最有可能接触足够多的参与者、最大限度地实现品牌传播的媒体组合是什么样的。媒体组合计划实际上就是实现媒体组合最优化、实现新媒体平台传播的最优化。由于沟通渠道繁多，在制订媒体组合计划时企业需要对媒体优先等级进行合理设定，这意味着企业要致力于规划最佳的媒体组合，包括渠道比例和种类以及不同渠道之间的关联性等。在制订媒体组合计划时应该考虑以下几个方面。

（1）参与者数字行为

对参与者数字行为进行深入研究分析，不仅能确定参与者所喜欢的媒体渠道，对其数字媒体使用习惯进行一定程度的了解，而且能对营销者起到一定的协助作用，助力其完成沟通渠道优先级的排定，使媒体组合达到最优化。最优化媒体组合有助于企业与关联消费者进行沟通。企业可以对消费者互动进行全方位引领，使相关消费者在互动过程中自然形成对企业的印象及相应的体验。

企业应进一步了解相关新媒体渠道在参与者决策过程中的不同阶段将以何种方式扮演何种角色；由于参与者特质和产品属性不同，参与者路径也会产生很大区别。以手机购买为例，一般来讲，买主的参与者路径为查询网络消费者评价→浏览相关评论→与销售人员互动→分享消费者体验；而相比之下买车则是有所不同的，其参与者路径一般是查询网络消费者评价→浏览汽车微博→造访汽车经销商→和销售代表互动→试驾汽车。此外，买衣服和买房子的参与者路径也是不同的，通常情况下，买房子的参与者路径会更长一些。

（2）媒体衡量机制

针对媒体数据的分析是参与者数字行为洞察工作的重要基础和前提。即使是同一媒体，不同的参与者路径所运用的机制也可能出现差异。举例来说，如果房子是营销产品，那么手机媒体的使用目的就很有可能是之后更方便地和买房的业主取得联系。但同样是手机媒体，如果是针对零食这一产品的营销工作，则很可能采取的做法是通过电子优惠券的促销活动促使消费者购买产品。

要想真正实现企业媒体组合计划的优化，还必须以营销目标为依据对更有可能发挥效益的渠道类型进行准确判断。这就涉及界定各媒体渠道的衡量机制。企业必须清楚知道各个媒体期望达成的目标，是增强对于潜在消费者的吸引力，还是促使消费者忠诚度进一步提升等。为了对欲达成的目标进行准确说明，营销者一定要先设置衡量活动成效的标准，即媒体衡量机制。

（3）进行媒体的选择与组合

进行媒体的选择与组合，即通过合理选择和组合不同类型的新媒体，实现理想的新媒体平台推广渠道的搭建。新媒体渠道类型繁多，因此企业要对参与者偏好的渠道有所了解。为此，企业需要对大量的数据进行有效收集，并随时保持与消费者的联系，定期追踪参与者对企业信息的反应，同时对参与者的兴趣进行有效评估，最终以他们的新媒体渠道偏好为依据决定究竟选择哪些媒体作为自己的营销推广渠道，并且以他们的信息需求为依据来决定信息传播频次。

如今，新媒体的发展为企业提供了多种媒体形式，包括门户网站、视频网站、搜索引擎、论坛、贴吧、微博、微信、网游等，它们各自的优势和特色也是十分明显的。企业应以各媒体特点、自身情况以及目标用户的新媒体使用习惯为重要依据来实现对新媒体渠道的合理选择。

2. 提出创意概念

与其他的营销方式相同，新媒体营销也需要好的想法，需要能对消费者起到触动作用的新鲜点子以引起消费者的注意和兴趣。企业完成对媒体渠道的选择后，首先要做的就是决定平台呈现的基本内容，即营销的主题和主要创意概念。可以说，实现新媒体营销平台主张的关键所在就是出色的创意。创意始终是品牌传播的灵魂。就营销者而言，其提出创意概念时应该注意以下两点。

（1）彰显品牌形象

不管采取的新媒体形态如何酷炫、互动方式多么新奇，新媒体传播的本质仍是品牌传播，其目的仍是促使品牌的影响力与价值进一步提升。企业不管是开设网站、微博、微信、手机网站，还是举办其他活动，新媒体营销仍只是整体营销的一环，必须服务于企业的整体营销。

（2）表现形态多样

事实上，新媒体自身的发展与创意密切相关，甚至可以说它就是创意、创新的结果。企业在运用新媒体进行营销时，同样也需要把创意摆在足够重要的位置上。企业必须不断思考自身创意是否会对参与者产生持续性的吸引力。新媒体创意概念可以是幽默的、感人的，或权威的、平易近人的等，可以采取的风格和取向多种多样。

由于新媒体种类繁多，特色、优势各不相同，所以相应地，企业应当重视多样化的新媒体营销创意概念的表现形态，还应针对不同类型的新媒体施以不同的创意风格和概念。例如，微博营销的创意不仅需要幽默大胆，而且需要出其不意，以期吸引消费者的注意，引起其好奇心，而微信营销的创意则需要抛出一些“干货”，对内容的价值进行重点强调，或设计好玩的互动，以使之能引起消费者的自动转发和参与；如果是搜索引擎营销，则其创意的核心在于关键词的设计，需要以用户行为特征为依据对关键词进行合理规划。

二、价值定位

所谓价值定位，主要是指企业在对用户需求有所了解后，确定如何提供响应每一细分用户群体独特偏好的产品或服务的筹划。在商业模式设计中，做出正确的价值定位是至关重要的一步，同时做出合理的价值定位也是构建价值网络的重要依据。企业进行新媒体营销的前提是知道自己是谁、目标用户是谁，了解品牌的属性和价值，做好产品或服务的价值定位。

（一）明确价值定位要素

价值定位主要包括价值主张、用户选择和价值内容三个要素。

一是价值主张。在移动互联网时代，企业需要解决的一个重要问题就是传递何种价值观念。当前，市场竞争愈发激烈，产品或服务也在不断创新发展，在此背景下，价值主张的重点内容如下。

①增值服务。增值服务是指在用户应该享有的产品或服务的范围外，企业提供的其他服务。增值服务不仅能对其产品或服务与其他企业的差异性有所体现，还能赢得用户的满意。增值服务不仅包含优质的售后服务，还包含易于获得的产品的相关信息等。用户不用支付额外的费用就能快捷地享受可靠的增值服务，从而促使用户的满意度进一步提升。

②解决方案。现在用户不再单纯地针对产品进行寻找，更多的是寻找解决方案，对方便、完整的解决方案需求变得更加强烈。例如，“当当网”的出现使得人们去书店买书的习惯逐渐改变，而“樊登读书”等图书解说类平台的出现使人们在快节奏生活时代的阅读困难问题得到有效解决，这也与人们的阅读习惯更加契合，为用户带来了轻松、便捷的消费体验。

③个性化定制。个性化定制使用户能够基于自身喜好来完成产品或服务的选择或定制，而不受条件或范围的约束。就大规模个性化生产而言，按订单生产是最完美的形式，产品或服务是根据准确的、用户指定的规格产生的，这就避免了传统的因错误预测需求和备货生产而产生的费用。

二是用户选择。用户选择是指企业针对产品或服务的目标对象进行选择，它要解决的重点问题就是为谁创造价值的问题。用户价值定位与目标用户必须保持一致，即提供的产品或服务必须针对正确的目标用户。这里提到的正确的目标用户主要是指此类用户高度重视企业所提供的产品或服务，这些用户可以为企业提供收益。

三是价值内容。价值内容是指企业将通过何种产品或服务为用户创造价值，而企业准备将何种形式的价值传递给目标用户是需要重点解决的问题。价值内容主要包括四个方面，即功能价值、体验价值、信息价值和文化价值。

①功能价值。功能价值指产品或服务中用于满足用户某种使用需要的基本属性。通常情况下，产品或服务的某种功能是用户所看重的，获得的是一种标准化的有形产品或无形服务，这是一种最基本的传统价值。

②体验价值。体验价值是指企业以用户的个性化需求为依据提供的体验。事实上，所谓体验主要是指当个体达到体力、情绪甚至是精神的某一特定水平时，其意识中产生的美好感觉。

③信息价值。信息价值是指用户在进行某种产品或服务的购买或使用行为时，能够将某种信息传递给他人，从而产生相应的价值。

④文化价值。文化价值指产品或服务中包含的，能够为用户带来归属感的某种文化属性。

（二）明晰价值定位方法

企业进行价值定位时，需要重点考虑两个方面，一是向外对标同行业竞争者，二是对内寻找自身的优势或强项。

对标同行业竞争者时，企业应先将同行业的竞争者找出来，对他们的优点进行深入挖掘，更要发现他们的弱点，然后以强胜弱，将用户的痛点与需求作为重要依据进行价值定位。

自身的产品或服务对标行业的价值，体现差异化。企业可以让自身的产品与行业内的其他产品或服务形成差异，重点强调独特定位的打造，给用户留下深刻的印象，让用户能够快速记住相应的产品或服务。

在行业的功能方面做出差异。对于企业的产品功能，相应企业要注意重点突出其与行业内其他品牌产品存在差异的地方。

要想寻找自身的优势或强项，企业首先需要进行用户细分，然后用产品或服务来实现对用户痛点问题的解决。企业要找出能够为用户提供的独特价值、卖点，并对其进行重点推广或宣传。

对于企业自身敏锐的商业判断力进行有效利用。就企业的运营人员而言，其商业判断力若是足够强大，则他们可以从企业自身出发，对企业产品的独特价值进行合理定位，并将其传递给用户。

找到用户的价值诉求。企业要善于发现用户的问题，并针对用户遇到的问题进行有效解决，进而实现价值定位。

对来自用户的评价进行重点关注。用户往往会在社交媒体平台上针对一些企业的产品或服务进行有效评价，对此相关企业要随时重点关注；或者通过一些问卷或访谈，明确用户对企业的认知；或者通过组织一些研讨会，用头脑风暴的方式获得用户对企业的认知信息，以用户评价为依据进行合理的价值定位。

第四节　新媒体营销执行阶段的运营策略

一、平台引流

随着互联网技术的发展，流量的价值被无限放大，如何借助新媒体平台增加用户的流量成为企业之间竞争的主战场，“引流”一词开始出现。最初的引流主要是从线上到线上，将流量吸引到目标网站或平台；随着移动智能终端、虚拟现实技术、个性化推荐技术、大数据技术的出现丰富了引流手段，实现了精准引流，逐渐打开了线下流量入口，引流转变为线上和线下流量之间的互相引导。

借助新媒体平台的引流可以分为基于内容的引流、基于技术的引流和基于场景的引流三类。根据所依托载体的不同，将基于内容的引流分为广告引流、推送引流等；根据所借助技术的不同，将基于技术的引流分为搜索引擎引流、虚拟现实技术引流、全息 / 三维立体技术等。

（一）内容引流

1. 广告引流

网页广告是网络广告的最初类型，具有可连接性，能进行交互式操作，只要广告被上网者点击，就能进入广告设计者希望点击者进入的页面，进而看到更详细的广告信息，并能及时做出反馈。新媒体营销下的广告引流即利用平台页面中以文本、图片、动画、视频等为内容，以按钮、横幅、弹窗等为主要形式的广告为广告主引流。在用户浏览页面时，其上的广告激起用户的兴趣或好奇心，使用户点击，以超链接的形式将其带到目标页面。用户每完成一次点击，对于广告设计者来说就完成一次引流。

2. 推送引流

推送引流主要包括社交平台、电子邮件、短信等形式。推送引流最大的特点就是运营者可以主动地向用户进行营销推广，并且推荐方法比较灵活。一方面，可以利用自身用户数据库通过电子邮件、短信或者 App 完成推送。另一方面，也可以通过在新媒体平台上发布营销信息完成推送，因而相较于广告引流，其成本更低。

（二）技术引流

1. 搜索引擎引流

早期的搜索引擎引流是通过搜索服务用超链接技术将两个文件信息连接起来。用户输入需求信息，通过搜索服务将用户从标题引向目标文件，这种引流方式完全依赖于技术，是一种基于用户主动需求的“自然引流”，具有直接性、主动性和技术性的特点。

如今的搜索引擎利用人工智能技术逐渐构建更为完善的结构和生态，实现信息从“被动传递”给用户到“智能推送”营销信息的基因变革。搜索引擎由最初真实信息之间的对应连接转变成与关键词相关信息的智能推荐，使企业利用搜索引擎进行关键词引流成为可能。

值得一提的是，百度作为众所周知的搜索引擎平台，其本身具有无可估量的优势。具体来讲，百度旗下六款平台的引流方法和技巧如下。

第一个是百度百科。在百度上对某个关键字进行搜索，那么来自百度百科的词条一定是排在首页的。这时候可以发现，要在百度百科上建立自己的词条，这样既有利于自己品牌的有效传播，也能够对关注自己的用户产生更强的吸引力。而且，百度百科引流具有四个特点：成本低、转化率高、质量高、具有权威性。

当一些用户知道了相应企业的产品、品牌时，可能第一时间就会在百度上对其产品、品牌进行搜索。例如，对于大多数人来说，香云纱似乎是一个比较陌生的词汇，当用户得知有卖香云纱的商家，他的第一个反应是对香云纱的相关信息进行检索。在百度页面上输入香云纱，在了解香云纱的同时，还能看到该商家所经营的香云纱品牌在百度百科上的词条，虽然这个用户对该商家并不熟知，但是他对相应商家的产品信任感已经基本建立起来了。

第二个是百度知道。百度知道是一个分享提问答案的平台，和百度知道相竞争的就是知乎。相比于知乎，百度知道的引流方法要更强，因为百度知道相对于知乎的软文营销更具有真实感。百度知道引流的特点就是用户转化率高、没有链接、真实感强、用户信任度高。

我们在看百度知道的时候，主观上就会觉得这是在为自己答疑，而不是营销。但是，我们在知乎上去搜索一些问题的时候，就会觉得这是营销，哪怕前面有故事做衬托。百度知道出现的时间久，又是百度搜索引擎旗下的产品，所以在搜索关键字的时候，最先出现的一定有百度知道的内容。

举个例子，一个卖茶的运营者，在百度知道里面发了一条提问：云南有什么特色茶？回答的不一定是运营者的小号，也可能真是回答者，在众多回答者中，运营者小号隐藏其中，但是，所有答案中，运营者的小号回答得最具体，这样一来，更专业的回答就会吸引受众关注。关注的人多了，引流也就水到渠成。

第三个是百度文库。百度文库是一个互联网分享学习的开放平台，但是这个平台很利于运营者进行引流，关键有三点。

关键点之一，能够设置带长尾关键词的标题，百度文库里面的标题都能够设置关键词在里面，轻而易举地吸引不少流量。

关键点之二，内容质量高就会增加点击量，好内容、高质量的文章不仅有高点击量，还会有高下载量等，最重要的是，持续输出高质量内容，会被用户关注。

关键点之三，百度文库进行引流，大多数是从学术、专业方面切入，用户的关注点也在于此。所以，二者是在专业的基础上建立的联系，彼此更具信任度。

第四个是百度经验。在通常情况下，搜索引擎会根据网站的权重高低来排定推广顺序。权重越高的网站，在搜索引擎中的排名就越靠前。就百度公司的具体情况来说，它们通常会把较高的网站权重给自己的产品，如百度知道、百度贴吧、百度百科、百度经验等往往会得到较高的权重，所以，这些百度系的平台都是不能忽视的。

百度经验之所以应该受到新媒体营销运营者的关注，是因为百度经验是一款生活知识系的产品，它的主要内容是告诉用户一些实用经验，让用户知道一些具体操作的方法。也就是说，百度经验是一款干货满满的产品，主要目的在于帮助用户解决实际问题。对于用户来说，百度经验的内容具有很强的借鉴性，很多用户在遇到问题时，往往会在百度经验上寻求帮助。

在这个平台上，用户可以分享各种各样的经验。这些经验是用户在多次实践之后才得到的知识或者技能，是用户耗费时间、精力、金钱才得到的宝贵财富。这些分享出来的经验让那些想要得到相关经验的人少走了很多弯路，消除了很多困惑，解决了很多问题，对他们来说，这些经验是十分有益的，那些分享经验的用户是非常值得信赖的。这种信任感恰恰是借助百度经验这一平台进行推广的关键所在。

根据既有的经验，借助百度经验引流，以下几点需要多加注意。

第一，在标题中不能包含广告，而且一定要有与内容高度匹配的关键词。

第二，完成操作所需的工具可以不写，但是操作步骤一定要清晰明了。

第三，在所写内容中如果涉及链接，则一定要确保与经验内容有关联。

第四，如果内容并非原创，千万不要添加原创标签，以免被判定为剽窃行为。

第五，在内容中不能添加无关链接，而且最好通俗易懂、图文并茂。

百度经验平台的审核相当严格，一旦有不符合平台规定的情况出现，那么新媒体营销运营者发布的内容就很可能会被删除。所以，在这个平台上引流，一定要创作质量较高的内容。如果觉得自己无法写出令人满意的内容，则可以到网络上搜索相关内容，寻找创作方法和技巧，通过借鉴的方式去创作自己的内容。

在百度经验平台上发布内容，有一些比较容易掌握的通过审核的办法，对于引流有很大的帮助。

第一，操作步骤详尽。对于需要从百度经验寻求帮助的用户来说，操作步骤越详尽，上手越轻松，操作起来越简便。百度经验平台会根据用户的需求和喜好，将这类经验推到比较靠前的位置。这样一来，新媒体营销运营者能够得到的流量入口就会很大。

第二，借用第三方的力量。在宣传推广方面，可以借用第三方（推广服务商）的力量，让他们帮忙发布百度经验，这样不但可以提高内容审核的通过率，而且能多一条宣传渠道，还能节省一部分时间和精力，从整体上提升了引流效率。

通过百度经验进行引流，关键在于获得用户的信任。有了这个前提条件，用户才会愿意接受新媒体营销运营者的引导，去浏览和关注运营者的企业账号。对于运营者来说，给用户最有效、最实用的经验，应该是始终不变的追求。只有通过这种方式，才能不断吸引粉丝，不断增强粉丝黏性。

第五个是百度贴吧。百度贴吧是以聚集兴趣相投的受众为主旨的平台，也是一个打造口碑、塑造品牌价值的好平台，是一个引流圣地，不仅如此，贴吧也是很多品牌引导舆论的战地。百度贴吧的一个明显优势就是能够找到相应的精准用户群，然后加入贴吧里相应主题的贴吧，把一些文章或者图片发到贴吧里，让跟自己志趣相投的用户看到，并且互加微信。百度贴吧引流也是需要技巧的，具体来讲，需要注意的点包括以下几方面。

第一，标题和帖子内容要有趣且有用。

第二，利用小号“顶帖”互动。

第三，团队矩阵布局，效果绝佳。

第四，可以利用账号留下联系方式。

第五，贴吧留言附带联系方式会比百度知道容易很多。

第六，注意违禁词和内容，任何平台都一样。

第七，帖子可以插入视频。

第八，看贴吧规则以及吧主公布的规则，不要在风口上搞营销引流。

第九，只要符合平台要求，初学者也可以创建品牌贴吧。

第十，签到、活跃发言，提升账号等级。

第十一，真诚交流和分享价值，不要只想着营销。

第十二，成为吧主可以获得更多特权，方便维护品牌贴吧。

第十三，帖子精选和置顶能让效果放大百倍。

第十四，利用好楼层回复，增加曝光量。

第十五，开通会员增强营销效果。

第十六，利用多账号操作，每天发帖、回帖 1 000 条以上。

第十七，借用好贴吧工具，可以事半功倍。

第六个是百度网盘。在百度系的众多产品中，百度网盘是面世较晚的一个。虽然比较“年轻”，但是它的实用性让越来越多的人开始关注并使用它。只不过现在大多数人只是把它当作寻找资源的渠道，很少有人把它开发成推广和宣传的渠道。也就是说，如果新媒体营销运营者选择运用百度网盘进行引流，那么面临的竞争压力就会相对小很多，最终成功引流的可能性也会大很多。

在百度网盘上做推广，同样有一些注意事项，做好以下几点，往往可以取得较好的推广效果。

第一，打造稀缺感。借助百度网盘做推广，网盘文件夹的标题一定要别出心裁、吸人眼球，给用户带来稀缺感，这样才能激发他们的兴趣，最终吸引他们完成下载。

第二，资源公开分享。百度网盘是一个开放的平台，这个平台上的资源都是大家共享的。只有把资源公开分享，其他用户才能看到这些资源。用户一旦觉得这些资源确实有益，就会主动联系分享者。

第三，发布链接地址。当资源被公开分享之后，分享者会得到一个链接。分享者应该将这个链接提交给百度平台，然后去其他网站上发布这个链接。这样一来，链接就会被搜索引擎收录，这对于后续传播有十分积极的意义。

百度网盘是一个相对“年轻”的平台，很多人对于如何在这个平台上做推广并没有清晰的认识。新媒体营销运营者应该抓住这个契机，在推广手段、模式方面进行深入的摸索，寻找一条最适合自己的推广之路。如果能在这个平台上率先发力，占据一席之地，那么通过这个渠道吸引的粉丝和流量将是非常可观的。

2. AR/VR 技术引流

AR/VR 技术引流是指利用 AR/VR 技术进行的引流策略。AR 技术是利用计算机技术将原本现实世界难以体验到的视觉、味觉、触觉等信息模拟叠加到虚拟环境，从而达到超越现实感官体验的新技术。在当今移动互联网时代，AR 被视为继二维码技术之后，又一种可以连接线上与线下的技术，市场营销也成为 AR 最主要的应用领域之一。VR 技术是通过构造一个虚拟环境，使用户在虚拟环境中体验的一种仿真系统。经过计算机仿真系统形成了一种模拟的仿真环境，也是一种多种信息相互融合的三维动态影像系统，通过该系统仿真，人们可以进入“真实的世界”。

对于企业来讲，基于 AR/VR 技术引流的价值体现在其不仅能够通过对眼动追踪、关注时长等数据的收集，更加精准有效地评估消费者行为，还能够通过 AR/VR 营造生动的场景化氛围，使消费者享受到无可比拟的沉浸式体验，进而促进企业的销售业绩。

3. 全息 / 三维立体技术

全息技术主要是利用干涉和衍射原理的一种影像技术，首先通过干涉原理将物体的光波信息记录下来，然后利用衍射原理将这些光波信息展现为真实的三维图像，立体感强、形象逼真，让受众产生真实的视觉效应。无论是什么样的营销活动，都应该先丰富自身内在，而全息影像等新技术正是一种增强自我的好手段，可以为用户带来更加精彩的内容。

三维立体技术主要是将两个影像进行重合，使其产生三维立体效果，用户在观看三维直播影像时需要戴立体眼镜，即可产生身临其境的视觉效果，进而产生良好的营销效果。

在全息、三维等高新技术蓬勃发展的今天，企业可以将这些技术运用在网络直播内容中，这也是值得人期待的。

（三）场景引流

随着社会经济和消费形态的升级，用户自我实现的意识逐渐增强，消费模式正逐步从物品消费向场景消费转变，场景引流逐渐受到重视。传统的引流场景仅仅通过在线下提前为消费者设置体验场景的方式，吸引消费者的关注，激发消费者的兴趣与欲望。

随着移动互联网时代的到来，移动设备、社交媒体、大数据、传感器和定位系统等技术逐渐成熟，场景引流基于用户位置的实时场景，以满足用户需求为核心，以移动终端为载体，以定位技术为支点，以情感沟通为纽带，通过洞察特定场景中的消费需求，个性化地为消费者提供实时、定向的信息和内容服务，精准地为消费者进行有价值的信息适配，利用二维码、AR/VR 等技术提供线上渠道，吸引消费者的关注，将消费者引导到线上平台。

二、圈粉变现

（一）注重粉丝的获取和维护

1. 注重粉丝的获取

运营账号有个人与企业之分，其粉丝的获取也与账号类型有关，不同的账号类型可采用的方法不同。下面将分别从个人与企业两个方面对粉丝的获取进行介绍。

（1）个人新媒体的粉丝获取

个人新媒体的粉丝获取很大程度上依赖于网络上的社交关系，提升粉丝量主要有以下四种方法。

第一，与同类人群互相关注。在不同的新媒体平台上，存在了很多拥有相同或相似爱好、对同一个事物感兴趣的群体，一些存在于群体中的用户会彼此吸引、产生共同话题、交流互动，从而互相关注（即互粉）。因此，在新媒体运营前期，可以加入自己感兴趣的群体，如话题、超话、微博群等，踊跃发言，融入其中，互相关注，再结合下述方法，进一步扩大媒体的影响力，形成粉丝的自然增长。

第二，外部引流。外部引流是指将其他平台上已有的粉丝导入自有平台中，如豆瓣、知乎、百度知道、微信、QQ 等，甚至可以在出版物上注明个人媒体号，引导用户关注。外部引流就是非常直接且快速的积累粉丝的方法，且用该方法积累的粉丝质量普通比较高，所以要利用好各种平台资源，形成一个完整的传播矩阵。

第三，依靠内容增加粉丝量。依靠内容增加粉丝量是指通过发布有价值的、有趣的内容来吸引用户，依靠内容增加粉丝量也可以结合微博内容的运营技巧来进行，如利用热门话题、借势等。

第四，利用活动增加粉丝量。利用活动增加粉丝量是指通过举办一些有趣、有奖励的活动，吸引用户关注微博账号，参与活动，最常见的活动形式是关注转发抽奖、关注参与话题讨论、参与某某挑战等。

（2）企业新媒体的粉丝获取

企业官方新媒体平台不具备个人媒体平台的网络社交优势，在创建之初主要需要利用内部人员、已有用户等资源形成第一批粉丝，再通过积累起来的影响力吸引新粉丝。

①内部推荐。内部推荐就是让企业内部员工关注企业微博 / 微信公众号，以及通过使用一些奖励措施激励员工利用人脉资源，增加企业平台粉丝数。

②合作关注。合作关注是指企业与合作伙伴进行沟通，双方利用各自的资源互相宣传和关注。

③邀请已有用户关注。企业在官方网站或其他电子商务平台网站为用户提供服务时，可以予以一定利益，吸引购买产品的用户关注微博 / 微信，以便更好地为用户提供服务和优惠。

④对外宣传。对外宣传是指在公司网站、员工名片、各种印刷宣传品、媒体广告、行业展会，甚至在产品包装上添加官方微博 / 微信的相关信息，邀请用户关注。

⑤开展活动。开展活动是指设计一个微博 / 微信活动，提供诱人的物质或现金奖励，吸引微博 / 微信转发和关注。

2. 注重新媒体粉丝的维护

在获取粉丝后，媒体运营方还需要对粉丝进行维护，才能使新媒体运营得更长久，使媒体的活跃度更高，与粉丝间的黏性更好，传播力更强。下面将从与粉丝互动和粉丝维护的注意事项两个方面进行介绍。

（1）与粉丝互动

与粉丝互动是提升新媒体活跃度非常重要的手段。粉丝越活跃，传播力和影响力才会大，展示给其他新媒体用户查看的机会才会越多。在媒体上与粉丝保持互动的方式主要有四种，分别是评论、转发、私信和提醒。

一是评论。评论是指直接在原微博/微信下方发表看法或观点，可以供所有人查看。粉丝可以在微博内容下方发表自己的评论；微博博主则可以对时间早、内容精彩或有趣的粉丝评论进行点赞、回复，拉近与粉丝的距离，提高粉丝的积极性。

二是转发。转发是指将他人的微博/微信信息转发至自己的微博/微信上。粉丝可以通过转发将自己喜欢的内容展示在平台中；新媒体运营方也可以通过转发将粉丝评论的内容展示在自己的平台中。

三是私信。私信是一种一对一的交流方式，讨论内容仅讨论双方可以查看。

四是提醒。新媒体运营方可以通过添加微博昵称等方式，提醒用户关注某信息，可以对较有趣的提醒内容进行点赞、评论、转发，甚至私信。

除了新媒体运营方与粉丝互动之外，还可以引导粉丝之间的互动，如微博账号“微博搞笑排行榜”就经常通过性别互换、游戏等方式，引导粉丝进行互动。引导粉丝之间互动可以调动粉丝的积极性，保持粉丝的活跃度。

（2）粉丝维护的注意事项

新媒体粉丝的维护不仅需要积累大量的粉丝，而且需要保持这些粉丝的忠诚度。因此，在维护粉丝时应注意以下四个方面的问题。

第一，帮助粉丝解决问题。为粉丝提供切实的帮助是提升粉丝忠诚度的重要方式。这需要持续的投入，把粉丝真正当成朋友，持续地进行互动，赢得粉丝的信赖和好感。

第二，处理粉丝问题要及时。面对粉丝的问题要及时做出回答，这样就容易获得进一步交流与互动的机会，这种交流和互动也是提升粉丝忠诚度的方法。

第三，注意积累精准粉丝。赠送礼品吸引的粉丝不容易长久，可以通过关键词搜索和外部平台引流等方式有效地保证粉丝的精准性。

第四，建立粉丝数据库。建议建立粉丝数据库，内容包括粉丝的昵称、地址、爱好、行为习惯和购物特征等信息，为信息的主动传播做好准备。

（二）粉丝流量变现

粉丝经济泛指架构在粉丝和被关注者关系之上的经营性创收行为，是一种通过提升用户黏性并以口碑营销形式获取经济利益与社会效益的商业运作模式。进入移动互联网时代后，伴随着各种新媒体的出现，粉丝经济变现模式也随之增多。目前存在的主要形式如下。

1. 广告变现

广告变现的关键是用户的使用体验。在广告变现中，通常由四个主体组成：第一，广告主，是想做广告的人；第二，媒体，是用来提供广告位的主体；第三，广告商，是广告主与媒体之间的中介；第四，受众，是广告的观众。广告变现主要分为四种形式，如表 7-2 所示。

表 7-2　广告的变现形式

广告的类型	形　式
传统排期广告	传统排期广告的形式一般为某 App 的开屏广告或固定的广告位。竖屏全屏的广告给人以强冲击力，但是无法精准划分受众，效果有限
冠名广告	冠名广告是指在影视类作品、综艺、演唱会等中加上广告主的名称进行同步宣传，这样的形式尽管成本较高，但影响力较大
贴片广告	贴片广告一般存在于短视频开始或结束的几秒之中，这样的形式传播范围比较广，但是有些广告内容与短视频内容毫不相关，这样会影响观看短视频的体验
植入广告	植入广告是将广告植入短视频的情节中，广告内容与短视频内容高度贴合，这种形式效果比较好，不会让受众产生抵触情绪

广告变现有以下几个流程：确定广告位、寻找广告来源、价值估算、上线广告和跟踪数据。

第一，确定广告位。广告位有非标准运营位和标准运营位两种。非标准运营位包括弹窗广告位、开屏广告位等；标准运营位是固定的广告位，如一些页面的固定入口等。

在不同的位置投放广告成本是不一样的，平台要做的就是去核算不同广告位的价值并实时检测，根据品牌的需要或产品的性能安排合适的广告位，实现最大的效益。除此之外，在安排广告位时要重视用户的使用体验。

第二，寻找广告来源。当平台规模较小时，可以进入第三方广告平台寻找广告资源，而当平台具有一定规模时，在与第三方广告平台合作的基础上还可以建立自己的广告平台。平台需要对广告来源的途径及广告内容进行严格审查，对于违规广告零容忍，不能因为短期利益而影响广告变现带来的长期获益。

第三，价值估算。平台需要对不同广告位的价值进行核算，这样与广告主或第三方广告平台合作时才能报出合适的价格。核算一般由专门的平台或机构完成，对于估值结果平台要进行审核。与此同时，平台要进行灰度测试，了解平台的实际收益情况，同时完成测试服务器压力、审核广告主等工作。平台需要注意的是，在关注广告位价值的同时还要考虑用户的使用体验，不能因为广告收益而不重视用户的使用体验，因小失大。

第四，上线广告。在前面的工作都完成之后，平台就要将广告上线。平台要保证广告上线的稳定性，当用户流量达到峰值时，要实时监测；要做好备选方案解决第三方服务器配置问题；与此同时，还要监督广告主，不能让他们打擦边球。

第五，跟踪数据。平台要定时对广告的数据进行跟踪，不仅要关注广告产生的收益，更重要的是要不断更新和优化广告变现的效率。通过优化广告位，如更换广告类型等来提升效率。

2. 内容付费变现

近几年，得到、喜马拉雅、微博问答、知乎等越来越多的知识付费平台接连兴起，尤其是直播行业的知识付费，主要体现在直播教育行业，其他行业的知识付费还并未成熟。

知识付费的优点包括用户的留存与黏性较高，收入较为稳定，并且非常容易产生正向的循环。知识付费的缺点则包括对内容质量要求极高，内容质量是直接与用户的订购数量成正比的，如果内容质量不够出彩难以畅销。

值得一提的是，在直播行业还有另外一种内容付费的形式，那就是我们熟知的打赏。打赏已成为所有短视频平台的标配，但直播才是打赏变现模式效率最高的地方，直播平台设置的虚拟礼物是主播的主要经济来源。主播的直播室都有一个礼物榜，粉丝们可以清楚地看到主播收到的礼物。这些礼物包括虚拟的花朵、巧克力、香槟、宝马、奔驰和游艇等，粉丝们通过花钱购买，然后赠送给主播，这些钱最终会落入直播平台、主播和主播所在公司的手中，主播们的经济变现便由此产生。

3. IP 打造变现

IP 译作知识产权，随着互联网的发展，IP 成了一个商业入口。IP 可以是一个人物、一部漫画或一个故事情节等。IP 具有流量、具有热度、具备商业价值，所以现在大家都想打造 IP。IP 具有以下几个特点：首先，IP 是无形的；其次，IP 以多种形态存在；最后，尽管 IP 是虚构的，但是大家都能感受它的存在。

IP 打造就是通过各种不同的方式来打造一个富有影响力的品牌或个人形象。通过打造 IP 来赋予 IP 更多的价值。打造 IP 分为定位、策划、拍摄、发行、运营互动、数据分析和内容迭代七个步骤。

第一，定位。IP 打造的基础是定位，要找准自己想要发展的领域，找准受众是谁。模糊的定位不容易被大家记住，而清晰的定位则能让大家在想了解某方面的信息时快速地找到相应的产品或品牌。

第二，策划。在进行短视频创作之前，要先选题，从热点出发确定主题后再进行具体内容的策划，新鲜有趣的内容会让受众印象深刻。创作时要注意在模仿的基础上进行创新，对用户的需求进行调查，根据不同的受众有针对性地去创造他们想看到的内容。

第三，拍摄。短视频的拍摄操作较为简单，对设备也没有过高的要求。相比于拍摄，后期剪辑更为重要，要在短时间内吸引用户。

第四，发行。作品要放在合适的平台发行，这样好的作品才能有效地呈现。如今有腾讯视频、微博、抖音、小红书、微信视频号、淘宝短视频等一系列平台，不同的内容要发布在不同的平台上。腾讯视频里的多是电视剧或综艺的剪辑视频，微博的互动性强，抖音利用用户的碎片化时间浏览，小红书多是好物推荐和分享，淘宝则是购物类的视频较多。依据不同平台的特点，选择性地进行发布，这样才能达到吸引粉丝的最佳效果。

第五，运营互动。发布短视频后，要想让粉丝记住，与粉丝互动也十分重要，通过回复粉丝的评论和私信来解答粉丝的疑问。通过这样的方式来加强和粉丝之间的联系，赢得粉丝的信赖，这样能够大大提升粉丝的忠诚度。

第六，数据分析。数据分析也是很重要的环节，实时监控后台数据，查看视频的浏览量、点赞数量和用户的反馈，这样能够更好地掌握用户喜好，通过数据来调整接下来的方向。

第七，内容迭代。根据数据分析的结果及时更新视频内容和形式，做好调整。这样能大大提高打造 IP 的效率，确保长期运营，实现长期收益。

经过以上七个步骤，能够打造出 IP，从而实现 IP 流量变现。

4. 电商变现

新媒体自带的社交属性为其与电子商务企业的结合提供了可能，通过交易分成实现流量变现是未来重要的营利趋势。对于电商企业而言，与新媒体合作不仅能将充沛的流量导入电商，同时还能利用社交平台加强粉丝营销和内容营销，提升用户体验，从而提高商品销量。

京东微信购物、手机 QQ 购物等社交电商为商家提供了一个直接与消费者建立信任关系的平台，上线后积累大量用户，成为消费者移动购物的新入口。对企业而言，电商所具有的完善的支付与物流体系可以补齐 O2O 营销的闭环。同时由于新媒体具有高度的用户黏性，让微信等社交媒体能够将用户流量引向电商，通过为电商引流实现流量变现。

第五节　新媒体营销创新阶段的运营策略

一、粉丝裂变

粉丝裂变是指利用用户的社交属性以及特定心理（赚钱、省钱、炫耀、求关注等），促进用户自发地分享传播。人们常说，这个世界上，两个没有利益关系的人很难建立关系，而但凡建立关系的人，多半是在利益和价值取向上达成了某种一致。

事实上，社群的存在价值就在于它可以通过一个小小的行动让自己的关系网络源源不断地裂变扩展，将身边的陌生人聚合成自己的客户群体，然后带着利益价值的期待融入自己的粉丝洪流。从此，流量成了裂变营销中最核心的内容，而这种内容将随着企业平台的建立成为一种私域的资产，它将源源不断地裂变成为更大的资产，成为当下企业互联网产业转型的核心价值和重要的红利基础。在此背景下，推动粉丝裂变尤为重要。

（一）内容驱动裂变

在“内容至上”的时代，要想实现粉丝裂变倍增，一个重要的核心驱动力就是内容，无论采取何种形式，实现粉丝倍增的关键都是优质的内容。可以说，口碑是粉丝裂变的关键，它是购买决策的重要影响因素。

在新媒体环境下，消费者网络口碑与传统线下口碑相比，展现出了截然不同的特点。第一，在传播范围上，网络口碑不再受到空间上的限制，其传播范围扩展到了全世界。第二，在传播速度上，网络口碑在互联网的支持下实现了高速传播。第三，在传播时间上，网络口碑能够存在很长甚至是无限的时间。第四，在传播数量上，网络口碑具有数量巨大的特征。

上述优势特征使得消费者网络口碑突破了企业的控制和影响，有利于消费者获取关于品牌和产品的最真实的信息，消费者网络口碑对消费者的行为和整合营销传播的效果产生了极大影响甚至可以说是起到了决定性作用。当企业的产品和品牌获得了良好的口碑以及大量的关注时，这种起到正面作用的口碑和关注就会在消费者内部自动地快速传播和发酵，形成宣传和推广企业形象的免费媒体，增强甚至是超越其他整合营销传播的效果。

因此，企业要想在进行营销活动时有效利用粉丝裂变的力量，就不能忽视口碑的力量，优质的内容又是好口碑的来源，所以企业要注意确保优质内容的稳定输出，吸引用户关注，进而驱动用户进行正面的口碑传播。

（二）利益驱动裂变

1. 邀请实现式

通过邀请的形式让老客户向新客户积极推荐，使其关注、加群、下载等，并且无论是老客户还是新客户都能享受一定的优惠或福利，在充分发挥口碑力量的基础上达成“一传十、十传百”的裂变效果。举例来讲，瑞幸咖啡这一品牌就是利用老用户向新用户发出邀请，推荐其下载注册，使得他们各自都可以获得一杯免费咖啡，从而实现邀请的目标。

2. 拼团折扣式

拼团信息由用户主动发起,然后借助多样化的渠道把一定数量的人拉入成团，若是拼团成功则可以享受更优惠的价格。典型的应用实例就是美团、拼多多，在应用中开展几人拼团的活动，分别设置普通价和拼单价，若是用户拼团成功，则可以享受更为优惠的拼单价。

3. 游戏分享式

在近几年手游兴起的基础上出现了一种新型营销方式，即游戏分享式营销。用户在游戏中获得乐趣的同时，还可以通过把自己的游戏成绩发送到朋友圈中进行分享，从而产生一种额外的愉悦、满足感，进而对新用户产生一定的吸引力，掀起全民游戏分享的热潮。从本质上讲，这种推广方式是对人们寻求社会认同感心理的有效利用。

二、价值创新

生意归根究底来讲就是“价值创造”的问题。现代管理学之父彼得·德鲁克说过，企业唯一的使命就是创造客户，所谓价值创新主要是指基于消费者角度，通过为其创造新的价值来实现新客户的持续获取进而取得竞争优势，而并非单纯依靠企业技术竞争力的提升来实现企业的稳步发展与成功，这是现代企业竞争的一个新理念。

在结合新媒体时代特点的基础上，对新媒体营销的价值创新进行划分，可以将其分为发掘用户需求、创新消费需求和开展跨界合作。

（一）发掘用户需求

在传统营销模式下，企业在寻找市场时往往会将关注点放在现有消费者身上，并习惯于通过市场细分来实现市场的拓展，这种观念会造成一定的消极影响，使得目标市场过小。因此，运营者应同时对现有用户以及非用户加以关注，寻找新的目标用户，同时对于新的用户需求进行深入发掘。所谓的非顾客群体主要是指现有顾客之外的顾客群体，它可划分为三个层次：准非顾客、拒绝型非顾客、未探知型非顾客，如图 7-3 所示。

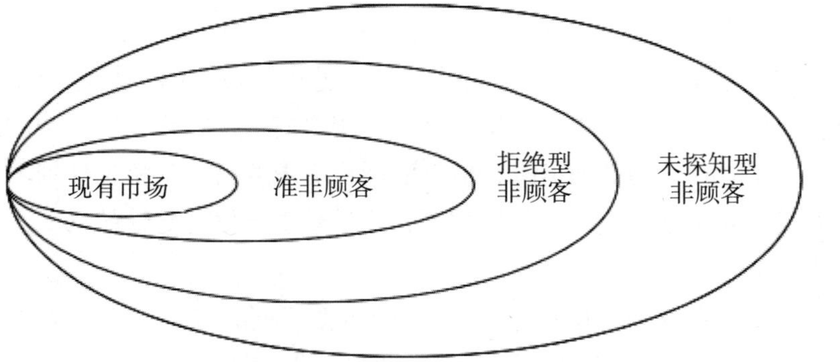

图 7-3　现有市场和非顾客群体

离企业现有市场最近的一个群体就是准非顾客，他们往往会基于自身需要而最低限度地购买产品或服务，但一旦出现更好的选择他们便会立刻进行转移，从而进入另一个企业的市场中。所以对于企业而言，要重点关注此类用户的共同点，把他们的注意力吸引到本企业上，从而实现市场范围的扩大。

拒绝型非顾客往往拒绝使用企业的产品或服务，而最主要的原因往往是市场现有的产品或服务不在他们的经济承受范围内或者他们对于市场现有的产品或服务不可接受。这是一个未经发掘的需求群体，企业可以瞄准他们的共同需求，在积极推进产品或服务优化完善的基础上将其转变为用户。

对于现有市场而言，离它最远的就是未探知型非顾客。通常情况下，企业并未将其看作潜在消费者，但是这类非顾客往往会拥有庞大的数量，如果能通过价值创新来满足他们的共同需求，那么获得的新市场将非常可观。

企业可以通过对这些非顾客进行重点关注，深入了解其需求，从而实现针对性营销策略的动态制定，发掘用户需求，将其转化为目标用户。此外，在针对非顾客的需求进行选择时，不仅要关注每个层次的共同需求，也要跨越不同层次对这三个层次的非顾客是否有重叠的共同需求进行深入探究，从而选取规模最大的需求市场。

（二）创新消费需求

企业可以以顾客价值为导向尝试针对现有用户的需求进行改变，使其原有的消费习惯彻底颠覆，进而实现新的消费需求的创造，达成价值创新的目标。通常情况下，从用户口中得到的需求具有局限性，大多数用户提出的抱怨和建议都基于现有的产品或服务体验。而多数用户并非专家，难以对产品和服务形成深刻的理解，如果这样的用户需求不经分析而被采用，那么最终产品和服务只能是渐进式的创新，而对于品牌而言，只有进行颠覆式的创新才能获得更多用户的赞赏。例如，在汽车被发明出来之前对用户需求进行研究，得到的结果可能只是用户对于更快的马有所需求，但其实用户需求背后的动机是更加快速、便捷的出行方式，如果不对这一点加以理解，只是着眼于培育更快的马，汽车就永远无法发明出来。

因此，企业在发展过程中需要对用户需求背后的动机进行深度挖掘，将现有产品的束缚抛开，通过技术跨领域运用、发挥创新思维作用、赋予技术新的情感联系等手段，实现颠覆式创新。例如，京东、淘宝等网站使得“宅式购物”模式得以实现，而随着消费者传统消费习惯的变革，消费量也随着用户网络在线时长的增加而不断上升，在“互联网+”时代，新型消费需求的产生已经逐渐成为常态，企业要时刻注意走在价值链的前沿，具备敏锐的商业触觉，随时发觉新型消费模式，如此才能更有效地获取关联利润。

（三）开展跨界合作

在新媒体以及大数据技术迅速发展的时代背景下，单一媒体、单一平台、单一地域已经难以使企业营销的需要得到满足，如今现实意义上企业的整合营销传播呈现跨媒体、跨平台、跨地域的特点，更加强调开展跨界合作。

无论是“互联网+”的模式还是行业跨界的模式，系统重组能力都是跨界成功与否的关键所在。

跨界的本质不仅在于物理意义上领地的拓展或是简单的行业延伸，更注重组织系统的跨界重组。这要求企业能整合内外部资源，打破固化的组织边界和原有的系统结构。就像碳元素一样，可以组成石墨，也可以组成钻石，结构变化的本质是产生了一种全新的物质。

企业如果没有足够强大的系统重组和系统再生的能力，只是为了跨界而跨界的话，那么盲目进入陌生的领域，将容易陷入非常危险的境地。分析顺丰成功跨界的商业逻辑会发现，关键能力是其自身强势的物流基因和强大的执行能力。

商业模式的颠覆仅是跨界的外在表现，真正成功的跨界必然会颠覆组织的内部系统。即使在思维、战略上进行了跨界，如果组织管理各方面没有系统的调整，跨界成功率也不会高。

跨界的过程需要强大的创新动力来推进，只有具备高度协同化、动态化、灵动可变的柔性组织，才能在系统重组的过程中达到“动态调适”的效果，并输出强大的创新动力，实现成功的跨界。

对于企业主而言，跨界的另一个好处是能够让自己保持清醒的头脑，有时候人难免会“当局者迷”，而要想“旁观者清”，天天待在自己划定的“界”里则很难做到，借用他人的眼光反而更有利于确立对自己的正确认识。

当然，最重要的一点就是人们通常都会透过老板的个人行为来探索他背后公司的运作逻辑。并不是所有规划缜密的营销策略和一流的执行都能造就预期的成效，“有心栽花花不开”，失败反倒成为大多数，一个精心策划、投入数十万在主流媒体上打出的平面广告有时还没一个老客户几句话管用。有时非功利性的营销反而效果显著，人们似乎更乐于接受这种“无声的恩赐”。

举例来讲，万科集团创始人王石的跨界就是无意的，他的“7+2”计划也并不是在第一次爬山就设定的。最值得一提的是，这个计划与他的企业并没有直接的关系，他的原始目的也不是为公司做营销，如果真是这样的话，他也不可能如此坦然地享受整个过程。

如果不想让别人把跨界理解为哗众取宠，那就专注于跨界这件事，在本质上是诉求与所跨之界的融合与互通，而不是功利性地追求短期利益，跨界尤其要求的是真诚。跨界营销的目标同样要很单纯，在跨界过程中也会出现很多诱惑和其他选项，对目标的坚守很重要。这个世界总会遵循一定的平衡法则，只要真实地热爱他人之“界”，别人也会投以相应的回报。即便不是这个“界”本身，也会得到其他“界”的垂青。

真正成功的跨界首先需要越过“小我”这个界，将自己置身于所跨之界，纯粹地享受它的风景。只有主动理解他人的内涵，别人才会充分地尊重自己。显然，作为一个经营者，做出的任何行为都有可能让人联想到他的企业。而对老板们来说，个人的某些动作就是企业最好的营销，因为人们通过他能最直观地了解到企业的实力与经营风格。可以说，跨出营销做营销一定是“于无声中听惊雷”，真正的营销是一个战略范畴。

通过与不同行业的企业或品牌进行跨界合作，注重企业系统重组和系统再生能力的培养，可以有效推动营销传播空间进一步拓展，促使更大的市场空间得以开创，这正在成为越来越多具有远见卓识的企业的共识。

参考文献

[1] 郑金洲. 教育文化学[M]. 北京：人民教育出版社，2000.

[2] 周滢. 内容平台：重构媒体运营的新力量[M]. 北京：中国传媒大学出版社，2012.

[3] 戴赛鹰. 引爆新媒体：企业社群运营模式[M]. 广州：广东经济出版社，2016.

[4] 谭贤. 新媒体营销与运营实战从入门到精通[M]. 北京：人民邮电出版社，2017.

[5] 刘娅. 新媒体运营与管理概论[M]. 南京：南京大学出版社，2018.

[6] 张文强. 带你认识不一样的新媒体运营[M]. 北京：石油工业出版社，2018.

[7] 李昕. 全能运营：新媒体营销和运营实战手册[M]. 北京：清华大学出版社，2018.

[8] 李夏，勾俊伟. 新媒体运营技术与应用：视频指导版[M]. 北京：人民邮电出版社，2020.

[9] 黄桓. 新媒体运营与推广从入门到精通[M]. 北京：清华大学出版社，2021.

[10] 董福君. 论接受美学视野中文学解读的方式[J]. 哈尔滨学院学报，2006（05）：36-38.

[11] 匡文波. 关于新媒体核心概念的厘清[J]. 新闻爱好者，2012（19）：32-34.

[12] 苗嫒嫒. 论“口碑营销”对中国独立电影营销的影响[J]. 现代装饰（理论），2012（12）：189.

[13] 金煦. 新媒体及新媒体对体育发展的影响[J]. 新闻研究导刊，2014，5（10）：67-68.

［14］张甜．试论新媒体环境下的版权保护问题［J］．中国传媒科技，2014（09）：44-46．

［15］周念丽．世界上没有两片完全相同的叶子［J］．幼儿教育，2014（07）：28．

［16］韩志鹏．基于新媒体背景下高校班级凝聚力建设的研究［J］．高教学刊，2015（10）：40-41．

［17］孙雪娇．新媒体对高职学生文学阅读的影响分析及对策：以辽宁广告职业学院为例［J］．课程教育研究，2015（07）：87．

［18］汤素兰．海纳百川 有容乃大［J］．民主，2016（02）：56-57．

［19］刘文红，徐倩．社会化媒体时代大学生媒介素养思考：基于北京某普通高校大学生微博微信的调查研究［J］．教育教学论坛，2016（36）：218-221．

［20］吴昊．提高运用新媒体推进党的建设能力研究［J］．山西青年，2017（18）：38．

［21］陈志明，胡震云．UGC 网站用户画像研究［J］．计算机系统应用，2017，26（01）：24-30．

［22］王欣．网络直播的发展及问题浅析［J］．新媒体研究，2017，3（24）：50-51．

［23］吴信训．新媒体：文化艺术创新的引擎、杠杆和本体［J］．西南民族大学学报（人文社科版），2018，39（01）：157-160．

［24］张雨萌．短视频 App 的营销推广模式分析：以抖音为例［J］．传媒论坛，2018，1（09）：174-175．

［25］李芳．浅论新媒体时代广播媒体的发展趋势［J］．新闻研究导刊，2019，10（23）：255-256．

［26］冷艳．浅析传统媒体与新媒体的融合发展［J］．报林，2021（01）：56-57．

［27］孙博．整合营销沟通策略在中国家电企业的应用研究［D］．北京：对外经济贸易大学，2006．

［28］王莞．论企业微博营销［D］．武汉：中南民族大学，2013．

［29］彭延荣．网络互动性对新闻语体的影响研究：以腾讯新闻为例［D］．西安：陕西师范大学，2015．